HIER GEHT'S HOCH

»Leben allein genügt nicht.
Sonnenschein, Freiheit und eine kleine Blume
gehören auch dazu.«

Hans Christian Andersen,
Der Schmetterling

DORIS MÄRTIN

HIER GEHT'S HOCH

21 Strategien für den Aufstieg, egal wo Sie stehen

Campus Verlag
Frankfurt/New York

ISBN 978-3-593-51681-3 Print
ISBN 978-3-593-45331-6 E-Book (PDF)
ISBN 978-3-593-45330-9 E-Book (EPUB)

Umschlaggestaltung: *zeichenpool, München
Umschlagmotiv: © shutterstock, MJgraphics
Satz: DeinSatz Marburg UG | tn
Gesetzt aus: Minion und ITC AvantGarde Gothic Pro
Druck und Bindung: Beltz Grafische Betriebe GmbH, Bad Langensalza
Beltz Grafische Betriebe ist ein klimaneutrales Unternehmen (ID 15985-2104-1001).
Printed in Germany

www.campus.de

INHALT

WIE DER SOZIALE STATUS DAS LEBEN BESTIMMT

14. April 1912, kurz vor Mitternacht, südöstlich von Neufundland. Hundertfach erleuchtet gleitet die Titanic durch die eiskalte Nacht. In drei Tagen sollen die 1 300 Passagiere in New York an Land gehen. Dann geschieht, was ausgeschlossen schien. Ein 300 000 Tonnen schwerer Eisberg schlägt ein 90 Meter langes Leck auf der Steuerbordseite. Zweieinhalb Stunden später nimmt das vermeintlich sicherste Schiff seiner Zeit 809 Passagiere und drei Viertel der Besatzung mit sich in die Tiefe.

Zu den Toten gehören einige der reichsten Menschen der Welt: der Millionär John Jacob Astor, der Tycoon Benjamin Guggenheim, die Miteigentümer der Kaufhauslegende Macy's Ida und Isidor Straus. Ihre berühmten Namen machen vergessen: Die Überlebenschancen auf der Titanic waren von Rang und Reichtum bestimmt. 63 Prozent der Reisenden der ersten Klasse konnten sich retten. Bei den Passagieren der zweiten Klasse waren es 45 Prozent. Am schlechtesten erging es den Auswanderern in der dritten Klasse. Von ihnen überlebten nur 24 Prozent die Katastrophe.

Ein Blick auf den Längsschnitt der Titanic liefert die Erklärung. Das Leben an Bord bildete wie in einem Brennglas die viktorianische Klassengesellschaft ab: Unten im Schiffsbauch waren die Passagiere der dritten Klasse untergebracht. Ihre Kajüten befanden sich auf den Decks, die als erste geflutet wurden. Darüber lagen die Kabinen der zweiten Klasse. Ganz oben thronten die Suiten der Superreichen, in unmittelbarer Nähe des A-Decks, wo auch die Rettungsboote installiert waren. Die Reisenden der dritten Klasse gelangten dorthin nur, wenn sie sich durch das Gewirr der Gänge und Treppen hocharbeiteten. Aus dem *Titanic*-Film mit Kate Winslet und Leonardo DiCaprio wissen Sie: Wenn die ärmeren Passagiere das oberste Deck überhaupt erreichten, waren die wenigen Boote oft schon besetzt und ins Wasser gesenkt.

Warum Dabeisein nicht alles ist

Die Schichtung der sozialen Klassen auf der Titanic mag Ihnen wie ein fernes Relikt erscheinen. Doch sie besteht fort. Bis heute bildet jedes Flugzeug, jedes Theater und so manche Wohnimmobilie gleichsam einen Mikrokosmos der Gesellschaft ab. Wer mehr hat, sitzt weiter vorn, weiter oben und meist auch am längeren Hebel. Das ist ein gutes Gefühl für Habende. Denn ob Eigenleistung oder Zufallsglück, es macht Lust, sich positiv abzuheben. Jedes kleine Like, jede positive Empfehlung, jedes Upgrade in eine bessere Sitzkategorie steigt uns zu Kopf. Dopamin und Adrenalin werden ausgeschüttet und heben das Selbstbewusstsein.

Umgekehrt verhält es sich genauso: Ein winziger Misserfolg nur, und wir fühlen uns schlecht. Wer jemals beim Ballspiel als eine der Letzten ins Team gewählt wurde, spürt physisch: Selbst eine vorübergehende Ausgrenzung beschämt. Man möchte in den Boden versinken und verliert die Motivation. Ein ähnliches Gefühl stellt sich ein, wenn man nach einem ermüdenden Überseeflug in den hintersten Reihen der Economy-Class mit den Füßen scharrt. Einstweilen eilen die Reisenden der First Class schon zur Einreisekontrolle und sind auch dort wieder die Ersten.

Wenn aber schon flüchtige soziale Privilegien und Frustrationen Spuren hinterlassen, um wie viel mehr berührt uns dann die relativ stabile Statusposition, die wir in der gesellschaftlichen Rangordnung einnehmen? Wie prägt und formt uns unser soziales Milieu? Was löst der Vergleich mit anderen in uns aus? Was macht es mit Menschen, wenn sie das Gefühl haben, sozial oder ökonomisch nicht mithalten zu können?

Teilnehmen ist wichtiger als Siegen, unter dieses Motto stellte Pierre de Coubertin die Olympischen Spiele der Neuzeit. Der Gedanke klingt nobel. Er passt allerdings nicht zu unserer menschlichen Physiologie.

Studien der amerikanischen Hirnforscherin Caroline Zink verraten: Wir alle überprüfen ständig, wo wir in der gesellschaftlichen Rangordnung stehen. Sogar ein eigenes Gehirnzentrum besitzen wir dafür. Es ist im ventralen Striatum lokalisiert, und Untersuchungen durch funktionelle Magnetresonanztomographie (MRT) zeigen: Wir hassen es, unterlegen zu sein. Ein Statusabstieg beziehungsweise die Panik davor löst im Gehirn ähnlich starke Erregungszustände aus wie die Angst vor einem Finanzverlust. Kaum sehen wir unseren Rang bedroht, schon sinkt der Serotoninlevel und mit ihm das Wohlbefinden. Wir geraten aus der Balance und wenn wir uns nicht im Griff haben, zeigen wir uns betroffen oder angegriffen und gefährden umso mehr die soziale Anerkennung, an der uns zurecht so viel liegt. Schließlich hängt von unserem Status einiges ab. Sieht man genau hin, gibt es kaum einen Lebenswinkel, wo er keine Rolle spielt.

Schöne Bescherung

Bereits auf neuronaler Ebene lässt sich also erkennen: Wir alle wünschen uns eine gute Position im Leben. Allerdings kommen wir nicht alle gleichermaßen reich beschenkt auf die Welt. Arbeitsmarktforscher vom Institut für Weltwirtschaft in Kiel und der Universität Madrid fassen den Unterschied in Zahlen. Mit Hilfe mathematischer Modellierungen ermitteln sie: Rund 60 Prozent von dem, was bei uns die gesellschaftliche Stellung eines Menschen ausmacht, haben wir von unseren Vorfahren mitbekommen. Neben Begabungen und Talenten erben wir von ihnen auch Geld und Besitz, Manieren, Erfolgsgewissheit und Vitamin B und zwar bis in die Urgroßelterngeneration zurück.

Aus dem Geburtslotto resultieren Ungleichheiten, die sich gewaschen haben. In ihrer Dimension erinnern sie an die Gewinnquoten im Lotto 6 aus 49. Vergleichen Sie einmal: Drei Richtige plus Superzahl bringen Gewinnern gut 20 Euro ein, vier Richtige rund 200 Euro, fünf Richtige circa 20 000 Euro. Damit lässt sich einiges anfangen. Trotzdem wirken selbst fünf Richtige wie Peanuts, wenn man sie mit dem millionenhohen Jackpot vergleicht. Auf der anderen Seite steht natürlich: Die meisten im Spiel gehen komplett leer aus …

Beim Lotto bestimmen die Gewinnklassen die Gewinnhöhe. Im wahren Leben beeinflusst das Milieu, in das Sie hineingeboren wurden, wie Sie in den einzelnen Lebensbereichen abschneiden: beim Einkommen und Vermögen, bei Gesundheit und Bildung, bei der Ausdrucksfähigkeit und den sozialen Beziehungen und darin, welche Möglichkeiten Sie für sich erkennen können. Aus all diesen Aspekten gemeinsam errechnet sich die soziale Position. Besitz und Geld spielen dabei eine Rolle, aber nicht die einzige.

Das Forschungszentrum Ungleichheit und Sozialpolitik malt aus, wie der soziale Rang den Alltag prägt: Kaum jemand im untersten Fünftel der Gesellschaft besitzt Wohneigentum. Nur ein Drittel der Ärmeren nimmt am politischen Geschehen Anteil. Weniger als ein Viertel besucht Ausstellungen oder Konzerte, und überhaupt und vor allem: Von den Kindern aus schlecht gestellten Familien nimmt nur eines von vier ein Studium auf.[1] Im obersten Fünftel gestaltet sich das Leben anders: Die Top-20-Prozent verdienen um ein Vielfaches mehr. Fast alle wohnen im eigenen Haus, mischen kulturell und politisch mit, halten sich fit und dass ihre Kinder studieren, ist fast schon gesetzt: drei von vier gehen an die Uni. Der Platz im Leben beeinflusst aber nicht nur die Lebensqualität. Wie auf der Titanic verlängert er die Lebensdauer: Das gut aufgestellte obere Drittel genießt im Schnitt neun gute, gesunde Jahre mehr als das untere.[2] Das ist so lang, wie das G9-Gymnasium dauert.

Natürlich sagen Statistiken wenig über den Einzelfall aus. Es gibt Menschen, die mit Wenigem glücklich sind, und andere, die sich rastlos fühlen, egal, wie viel sie erreicht haben. Es hängt also keinesfalls allein vom sozialen Status ab, ob Sie sich innerlich erfüllt und äußerlich anerkannt fühlen. Eine gute Position in der gesellschaftlichen Hierarchie hebt aber die Chancen dafür: Im obersten Fünftel bezeichnen sich 69 Prozent als zufrieden mit sich und der Welt, in der breiten Mitte sind es 50 Prozent, im untersten Fünftel dagegen nur 39 Prozent. Die subjektive Einschätzung gibt zu denken. Fern jeder Neiddebatte, frei von Ressentiments lese ich daraus ab: Der soziale Status ist die halbe Miete, und das nicht mal, weil Reiche schöner wohnen, ferner reisen oder Autos fahren, die ihre Besitzer wie ein Bollwerk vor den Zumutungen der Welt bewahren. Tatsächlich geht es um viel mehr:

> **Ob ein Neugeborenes in der Sozialwohnung, im Reihenhaus oder im Villenviertel groß wird, zeichnet vor, welches Leben ihm einmal offensteht.**

Erinnert sich noch jemand an den Roman *Schöne neue Welt* aus dem Jahr 1932? Der britische Autor Aldous Huxley schildert darin eine Gesellschaft, in der fünf unterschiedlich intelligente Klassen von Menschen im Labor produziert werden. Je nach Sauerstoffzufuhr kommen sie als Alphas oder Epsilons auf die Welt, als künftige Entscheider oder künftige Kanalreiniger.[3] Die von Huxley entworfene Gesellschaftsordnung entbehrt nicht der Realität. Auch Ihre und meine Zukunft ist ganz schön vorgezeichnet. Vom Zufall der Herkunft hängt ab, was wir vom Leben erwarten dürfen, wie viel Freiheit und Unabhängigkeit wir genießen, wie viel wir bewegen und welche Vorhaben und Ideen wir verwirklichen können. Immerhin: Unsere soziale Position ist nicht in Stein gemeißelt. Anders als auf der Titanic können Sie die Klasse unterwegs wechseln.

Geht da noch was?

Im 21. Jahrhundert setzt eine glänzende Zukunft keine glänzende Herkunft mehr voraus. Menschen wie Biontech-Chef Uğur Şahin oder Bundestagspräsidentin Bärbel Bas beweisen: Auch bei suboptimalen Startbedingungen können wir auf eine hohe Flughöhe aufsteigen. Jeder kann mit Bildung, Biss und Talent die Grenzen seiner Ausgangslage überschreiten. Jeder. Aber bei weitem nicht alle. Werfen wir noch einmal einen Blick auf die Zahlen. Im internationalen Vergleich stand Deutschland 2020 in Sachen soziale Durchlässigkeit auf Platz 11 von 82 Ländern.[4] Zwischen den sozialen Lagen aufzusteigen, gestaltet sich bei uns schwieriger als beispielsweise in Dänemark, Norwegen, Schweden oder Finnland. Und auch wenn der Aufstieg gelingt, führt er selten auf höchste Höhen hinauf:

Die wenigsten Aufsteigerinnen und Aufsteiger wandeln sich vom Aschenbrödel zur Prinzessin oder vom Tellerwäscher zum Millionär.

Extremaufstiege kommen zwar vor. Doch der Normalfall sind sanfte Milieuwechsel. Also zum Beispiel: Die Eltern leben von Hartz IV, die Tochter qualifiziert sich zur Meisterin im Garten- und Landschaftsbau. Oder: Die Oma arbeitete als Altenpflegerin, der Sohn baut eine Praxis für Physiotherapie auf, die Enkelin befindet sich auf dem besten Weg, Chefärztin zu werden. Oder: Die Eltern haben als Lehrer ein gutes Auskommen, die Tochter verdient als Associate in einer internationalen Kanzlei so viel wie Mama und Papa zusammen. Und schließlich auch: Die Eltern führen eine Apotheke, der Sohn prägt als Bundeswirtschaftsminister das Land.

Die Beispiele verdeutlichen: Sozialer Aufstieg kann sich in allen gesellschaftlichen Lagen vollziehen. Die einen arbeiten sich aus prekären Verhältnissen in die Mitte vor, sozusagen von der Badstraße des Monopoly-Spielbretts zur Münchner Straße. Andere schaffen es aus der unteren Mitte in die obere. Wieder andere sind schon in der Schlossallee geboren und schwingen sich von dort aus zur internationalen Spitze auf. Und manchmal, ganz selten, katapultieren Können und Schicksal einen Menschen von der Holzklasse in die Stratosphäre der hundert reichsten Deutschen oder den hyperelitären Club der amerikanischen Präsidentenfamilien hinein. So war es bei Uğur Şahin und Michelle Obama.

Egal, ob jemand im kleinen Stil aufsteigt oder im ganz großen, ganz gleich, welches Teilstück des Anstiegs Sie bewältigen, als Spaziergang erweist sich keines davon. Denn ob Sie sich von ganz unten zur Mittelstation hoch mühen oder aus großer Höhe das letzte Steilstück zum Gipfel erklimmen, jeder Aufstieg verlangt Ausdauer, Mut, Glück und Kraft, und auf dem nächsten Level gelten andere Spielregeln als auf der Ebene, die Sie hinter sich lassen.

Und selbst so?

Statistische Erhebungen zeigen: Über 23 Millionen Menschen der deutschsprachigen Bevölkerung hegen den Wunsch, sozial aufzusteigen und mehr zu erreichen als ihre Eltern.[5] Allerdings – das geht aus den Forschungsarbeiten der Organisationspsychologen Hee Young Kim und Nathan C. Pettit hervor – offenbaren Menschen das Verlangen danach so selten wie die Lust auf Erdbeeren im Januar. Auch Politik und Wissenschaft halten sich in Fragen der sozialen Mobilität auffällig bedeckt. Die eigene Biografie zu entwerfen, bleibt weitgehend Privatsache: »Wir reden viel zu wenig über Begriffe wie Klasse, Milieu und Habitus in Deutschland – das gilt übrigens auch für die Psychologie«, bemängelt der Aufstiegsforscher und Bestsellerautor Aladin El-Mafaalani.[6]

Es scheint, über Status und soziales Fortkommen spricht man nicht, und Aufsteiger genießen einen ähnlichen Ruf wie Streber in der Klasse. Meine eigene Sozialisierung ist in diesem Punkt anders verlaufen. Das Wort vom Aufstieg kannte ich schon mit fünf. Es bedeutete für mich, dass mein Vater wochenweise in der nächstgrößeren Stadt wohnte, freitags mit einem Mitbringsel für mich zurückkam und samstags zu Hause lernte. Ich wusste auch genau den Grund dafür: Bei meinen Großeltern war in den Nachkriegsjahren das Geld knapp geworden. Zwei Jahre vor dem Abitur war deshalb für meinen Vater Schluss mit Griechisch und Chemie. Statt im humanistischen Gymnasium fand er sich in einer Ausbildung zum mittleren Beamten wieder. Um etwas von den versäumten Möglichkeiten nachzuholen, qualifizierte er sich als junger Familienvater für den gehobenen Verwaltungsdienst. Im öffentlichen Dienst heißt dieser Weg bis heute: den Aufstieg machen.

Als ich in die zweite Klasse kam, hatte mein Vater die nächsthöhere Laufbahn erreicht, erklomm die sich nun öffnenden Karrierestufen, und ich wuchs mit Eltern auf, die schulische Leistungen wichtig nahmen, mir in Mathe und beim Aufsatz halfen und für die der Ablativus absolutus kein vollkommenes Fremdwort war. Dass ich ins Gymnasium ging, stand außer Frage. Ich segelte ziemlich mühelos durchs Abitur. Der Übergang ins Studium fiel mir weniger leicht. An der Uni musste ich mich allein zurechtfinden. Dafür gab es keine Vorbilder mehr. In meiner Familie hat vor mir niemand (und nach mir jeder) studiert. Ich schwankte zwischen Psychologie, Jura und Journalismus und wählte am Schluss das, was ich am besten kannte und meine Eltern für das Vernünftigste hielten: das Lehramt an Gymnasien mit Englisch und Französisch als Fächerkombination. Es sprach ja alles dafür. Ich half seit Jahren jüngeren Schülern beim Lernen, war in Sprachen gut, und als Studienrätin würde ich in die Gehaltsstufe einsteigen, die mein Vater erst kurz vor dem Ruhestand erreichen konnte.

Was folgte, illustriert Brechts Ballade von der Unzulänglichkeit menschlichen Planens. Der scheinbar so solide, sichere Weg erwies sich als Sackgasse: Als ich mich dem Staatsexamen näherte, gab es mit meiner Fächerverbindung auf absehbare Zeit keine Lehrerinnenstellen mehr. Mein Lebensplan löste sich in Luft auf. Wie alle in meinem Jahrgang und vielen nachfolgenden verfolgte ich Pfade, für die es keine Landkarte gab. Sie waren unübersichtlich und unwegsam und die Ziele, zu denen sie mich führen würden, lagen im Nebel. Lange wusste ich nicht, ob ich überhaupt die Ausrüstung und Kondition dafür besaß.

Gute Aussichten

Heute gehöre ich zu den über 12 Millionen Menschen in Deutschland, die nach eigener Einschätzung eine höhere soziale Stufe erreicht haben als ihre Eltern.[7] Die gemeinsame Erfahrung des Anstiegs verbindet, macht aber nicht gleich. Aufsteigerinnen und Aufsteiger unterscheiden sich in ihren Voraussetzungen, kulturellen Hintergründen, ihren finanziellen Möglichkeiten, ihren Lebenszielen und den Stufen des Erreichten. Die Volljuristin und Managerin Stefanie Mattes, die die gemeinnützige Mentoring-Plattform Aufsteiger GmbH gegründet hat, fächert die Bandbreite der Aufstiegserfahrungen auf: »Es gibt Aufsteiger, die soweit möglich von zu Hause gefordert und gefördert wurden und solche, deren Umfeld den Wunsch nach mehr nicht versteht oder sogar ablehnt. Manche wachsen in absolut prekären Verhältnissen auf, bei anderen fehlt es nicht an Geld. Ich kenne Aufsteiger, die stolz sind auf ihren Weg, und solche, die ihren Hintergrund gern vergessen würden.«[8]

So wenig sich die Menschen ähneln, so wenig gleichen sich ihre Aufstiegswege. Die Aufstiegsrouten verlaufen unterschiedlich lang und steil, führen unterschiedlich weit und fordern psychologisch anders heraus. Während die einen alles und mehr wahrmachen, wonach sie sich je gesehnt haben, kommen andere nur schwer über die Brüche hinweg, die der Aufstieg ihnen abverlangt. Eines aber erleben alle Aufsteigerinnen und Aufsteiger: Weiter oben, wo immer das im Einzelfall ist, weitet sich der Blick. Man hat Zugang zu Chancen und Optionen, Erfahrungen und Verbindungen, die es vorher nicht gab. Der höhere Status trägt häufig, aber nicht notwendigerweise, mehr Geld und Wohlstand ein. Er bietet Perspektiven, die nur Menschen selbstverständlich finden, die schon immer da waren, wo Aufgestiegene erst hinzukommen. Je nach Ausgangslage bedeutet Aufstieg, nicht jeden Cent dreimal umdrehen zu müssen, kreativ zu arbeiten, selbstbestimmt zu entscheiden, sich abgesichert zu fühlen, sich einen Namen zu machen, Ideen zu verwirklichen, Gehör zu finden, Achtung zu genießen, große Träume zu haben und in vieler Hinsicht das Leben so führen zu können, wie es (zu) einem passt. Jeder einzelne dieser materiellen und immateriellen Wohlstandszuwächse ist dazu angetan, das Leben schöner und leichter zu machen. Deshalb bin ich fest überzeugt:

> Keines dieser Vorrechte darf vom Lebenszuschnitt, der geistigen Offenheit und dem Bildungsstand der Eltern abhängen.

Allen gebührt das Recht, sich ein vielversprechenderes und ja, auch privilegierteres Leben zu erschaffen als das, das ihnen in die Wiege gelegt wurde. Wie Sie dieses Anliegen verwirklichen, wie Sie den Aufstieg planen und bei allen Mühen als anregende und aufregende Erfahrung erleben, dabei möchte ich Ihnen Orientierung geben. Nicht als Bergführerin und schon gar nicht als Sherpa. Denn hochfinden und hochkommen können Sie nur aus eigener Kraft. Nur Sie wissen, wo es Sie hinzieht, wie weit Sie dafür gehen wollen und worin sich das Gipfelglück für Sie ausdrückt: in mehr Können, Einfluss, Luxus, Kultiviertheit, Prestige, darin, eine Autorität auf dem eigenen Gebiet zu sein? Nichts davon ist einfach zu erreichen, für nichts von alledem gibt es eine Gipfelgarantie. Dieses

Buch kann Sie aber als eine Art Expeditionsmanager begleiten. Es rüstet Sie dafür aus, dass Ihr Aufbruch in unbekannte Höhen so gut und sicher wie möglich gelingt. Dazu verbindet es wissenschaftliche Erkenntnisse und philosophische Überlegungen mit Erfahrungen prominenter Aufsteigerinnen und Aufsteiger und fiktionalen Beispielen aus Film und Literatur. *Hier geht's hoch* unterstützt Sie,

- einzuschätzen, wo Sie sozial stehen,
- Ihren Habitus weiterzuentwickeln,
- Ihre herkunftsspezifischen Stärken auszuspielen,
- ohne Berührungsängste Kontakte zu knüpfen,
- Hochstapler-Gefühle abzulegen,
- mit der Familie und den alten Freunden verbunden zu bleiben,
- Topliga-Codes zu verstehen,
- eine neue Haltung zu Geld und Besitz zu entwickeln,
- Ihre Souveränität zu steigern
- und bei vielem mehr.

Denn keine Frage, das Geburtsglück ist ungerecht verteilt. Wir starten von höchst unterschiedlichen Linien aus. Natürlich müsste und könnte unser Land bessere Rahmenbedingungen für soziale Mobilität und mehr Bildungsgerechtigkeit bieten, beginnend bei den Allerkleinsten. Das alles ist unbestritten. Bis allerdings der strukturelle Wandel greift, sind Sie in erster Linie auf sich gestellt: mit Ihrer Kraft und Kompetenz, Ihren Begabungen, Ihrem Wollen und Ihrem Sinn für das Mögliche. Denn wie immer sich Ihre äußeren Umstände gestalten: In jeder Situation wohnt auch die Freiheit, größer zu denken und aus wenigem mehr zu machen. Dabei geht es nicht darum, andere zu überbieten, auszustechen, rauszukicken.

> Es geht um Sie und Ihr Glück,
> sich an der richtigen Stelle zu erleben.

Oder wie Coco Chanel es formulierte: »Ma vie ne me plaisait pas, alors j'ai créé ma vie.« Mein Leben hat mir nicht gefallen, also habe ich mein Leben selbst entworfen. Gehen Sie es an! Erschaffen Sie sich den besten, schönsten Platz im Leben, den Sie finden und verwirklichen können.

1

STELLEN SIE SICH DEN TATSACHEN

Aufsteigen ist nichts für Feiglinge

Sie gehört zu den meistfotografierten Frauen der Welt. Sie ist mit dem Ersten in der englischen Thronfolge verheiratet. Böse Zungen behaupten, sie habe ihn sich gekrallt. Mit ihrem Aufstieg aus dem Mittelstand in den höchsten Kreis der britischen Monarchie machte Kate Middleton Märchenträume wahr. Doch ganz so einfach ist es nicht. Während die heutige Prinzessin von Wales sich langsam, dafür aber pannenfrei in ihre royale Rolle vortastete, erlebte sie die gleichen Vorbehalte wie alle, die höher hinauswollen: Ihr wurde die Klasse abgesprochen. Als »Glyzinie« verhöhnte sie die Presse: »sehr dekorativ, wahnsinnig duftend und ausgestattet mit einem heimtückischen Klettertalent«.[1]

Wer aufsteigt, muss einstecken können. Der Aufbruch in unbekannte Gefilde birgt Fallstricke und wird nicht immer freundlich begleitet. Das erschwert das Fortkommen, egal von welcher Situation aus man sich erhebt. Mit diesen drei Hürden müssen Sie rechnen.

Hürde 1: Der eingeschriebene Habitus

Es vollzieht sich ohne unser Wissen. Wir werden in eine Familie hineingeboren, eine Wohnumgebung, einen Lebensstil, und wenn wir mit sechs in die Schule kommen, sind die einen mit Büchern bis unter die Stuckdecke großgeworden und die anderen vor einem Flachbildfernseher mit über hundert Kanälen. Ich weiß, das klingt pauschalisiert. Aber so sind die Gegensätze. Es prägt ein Kind, ob es mit den Eltern auf Fernreise geht oder kaum aus dem eigenen Stadtviertel herauskommt, ob eine Familie zusammen kocht oder jeder etwas aus dem Kühlschrank nimmt, ob man die *Welt* abonniert, das Lokalblatt oder überhaupt keine Zeitung, ob die Eltern eine Spitzenposition innehaben oder einen sicheren Arbeitsplatz, ob sie mit Pannen und Rückschlägen gestresst umgehen oder entspannt. Kinder registrieren, welche Werte in ihrer Umgebung als wichtig gelten und welches Verhalten als richtig. Unbewusst übernehmen sie die Denk- und Handlungsweisen, die ihnen vorgelebt werden. Je statushöher das Elternhaus, desto sicherer erben sie das Denken, Auftreten und Selbstverständnis, das alle Türen öffnet. Wem das Leben so viel Glück vorenthält, der kann später immer noch viel aus sich machen. Eines bekommen allerdings die wenigsten spurenlos weg: den inneren Druck, die latente Anspannung, die gern dann dazwischenfunkt, wenn es am wenigsten passt.

»Wer den Habitus einer Person kennt, der spürt oder weiß intuitiv, welches Verhalten dieser Person verwehrt ist«, schrieb der französische Sozialphilosoph Pierre Bourdieu, der den Begriff des Habitus grundlegend definierte. »Der Habitus ist ein System von Grenzen.«[2] Die Prägung erfolgt über das soziale Umfeld: Je nachdem, in welcher Familie Sie aufgewachsen sind, haben Sie sich bestimmte Einstellungen und Vorlieben angeeignet. Sie drücken sich in Ihrem Kleidungsstil aus, der Ernährung, der Freizeitgestaltung, Ihrer Sprache und Ihrem Geschmack, den Menschen, unter denen Sie sich wohl fühlen, und in den Verhaltensweisen und Interessen, die Sie als normal empfinden. In den unterschiedlichen sozialen Lagen tragen die unbewussten Gewohnheiten des Denkens und Handelns unterschiedliche Züge, je nachdem, ob man irgendwie durchkommen muss, das Fortkommen gekonnt befördert oder sich seit Generationen an der Spitze der Gesellschaft angekommen weiß.

Entgegen verbreiteter Ansicht ist der Habitus also kein Oberschichtending.

Jeder von uns ist damit ausgestattet, egal, woher wir kommen und was aus uns geworden ist. Er ist ein Teil Ihrer und meiner Persönlichkeit, nur dass er nicht in unseren Genen schlummert, sondern von unseren klassenspezifischen Lebensumständen hervorgebracht wurde. Wie eine perfekt auf Wetter und Sportart abgestimmte Funktionsjacke hilft er uns, in unserem angestammten Umfeld bestmöglich zurechtzukommen. Angenommen Sie finden es gut, wenn sich in Ihrem Wohnviertel alle duzen und man einander unkompliziert aushilft. Dann ist Ihr Habitus wie gemacht für das Klima im dicht bebauten Vorort, einer typischen Wohnform der Mittelschicht. Natürlich würden Sie sich auch im Villenviertel zu benehmen wissen. Doch ob Sie sich dort auch vollkommen wohl und zu Hause fühlen? Möglicherweise nicht so ganz. Unser Habitus funktioniert nämlich immer dort am besten, wo er geprägt wurde. Wechseln wir die Klasse, passt er prompt weniger gut. Damit wir uns in einer neuen Umgebung so ungezwungen bewegen wie in der alten, muss unser verinnerlichtes Denken und Handeln erst Anschluss finden.

Das dauert, aber es geht. Je mehr Stationen im Leben Sie durchlaufen, je mehr Sie von der Welt sehen, desto weiter treten die Muster der Kindheit in den Hintergrund. Schule, Beruf, Medien, Auslandsaufenthalte, Begegnungen mit Menschen, veränderte Lebensverhältnisse und eine veränderte Finanzsituation wirken auf Ihren Habitus ein und überlagern ihn durch neue, auf die veränderte Umgebung zugeschnittene Verhaltensweisen und Vorlieben. Weil keine zwei Menschen in ihrem Habitus identisch sind, tun sich auch Soziologen schwer, trennscharfe Grenzen zwischen den großen sozialen Schichten zu ziehen. Zudem gibt es auch innerhalb der Klassen signifikante Abstufungen: Zwischen einem Langzeitarbeitslosen und einem angestellten Lieferfahrer liegen Welten im Selbstverständnis, und eine superreiche Unternehmenserbin ist finanziell um ein Vielfaches besser gestellt als der auch schon sehr wohlhabende Partner einer Wirtschaftskanzlei.[3] Das alles ändert nichts an der Tatsache: Die gesellschaftlichen Klassen unterscheiden sich voneinander und zwar ziemlich klar erkennbar. Arbeiten wir uns der Reihe nach vor.

Der Notwendigkeitshabitus der Unterschicht regiert in den gut 30 Prozent der Haushalte, wo das Geld knapp ist, die Qualifikationen niedriger ausfallen und an Besitz kaum zu denken ist.[4] Hier leben die Menschen, die unseren Alltag am Laufen halten: verkaufen, pflegen, liefern, kochen, kassieren. Prekäre Arbeitsverhältnisse, niedrige Löhne, körperliche Arbeit, anstrengende Arbeitszeiten und Erwerbslosigkeit machen es zur Herausforderung, Kinder in das Bullerbü-Idyll einzuhüllen, das sich in besser gestellten Familien eingebürgert hat. Der Habitus ist darauf ausgelegt, dass man über die Runden kommt. Man krempelt die Ärmel hoch, schaut auf die Preise und stellt keine verstiegenen Ansprüche ans Leben. Auch für den Nachwuchs nicht.

Der Leistungshabitus der traditionellen Mittelschicht bestimmt das Leben und Denken der durchschnittlichen Bevölkerung. Hier ist die Welt der stabilen Familien, der Eigenheime, Sparverträge, Elektrogrills, der mittleren und immer öfter auch Hochschulabschlüsse. Vom unteren Drittel der Gesellschaft aus gesehen wirkt der gesicherte Lebensstandard der traditionellen Mitte wie ein ferner Traum. Zwar wachsen auch in der Mitte der Gesellschaft die Bäume nicht in den Himmel. Doch wer ihr wie jeder Zweite in Deutschland angehört, verdient in der Regel zwischen 80 und 150 Prozent des Medianeinkommens, also des Einkommens, von dem aus gesehen es genauso viele Haushalte mit einem höheren wie mit einem niedrigeren Einkommen gibt. Man fühlt sich als Teil der großen Mehrheit und hat verinnerlicht: Anstrengung lohnt sich. Das schlägt sich im Habitus nieder: Man denkt zukunftsorientiert, setzt auf Ausbildung und Bildung und glaubt an das meritokratische Versprechen, dass die Leistung den Erfolg bestimmt. Der Ehrgeiz für die eigenen Kinder ist groß, die Sorge, es könnte ihnen einmal schlechter gehen als den Eltern allerdings auch. Denn die traditionelle Mitte hat ein Problem: Ihre Abschlüsse verlieren angesichts der Akademisierung der Berufswelt an Wert.

Der Wachstumshabitus der akademischen Mittelschicht. Natürlich gab es schon immer eine Art Oberschicht der Mittelschicht. Dort fuhr man anstelle des gebrauchten Kombis die Mercedes E-Klasse und ließ den Konzertabend gepflegt im Edelrestaurant ausklingen. Inzwischen verkomplizieren sich die Dinge: Die obere Mitte verdient zwar, diese Grenze zieht das Institut der deutschen Wirtschaft Köln, bis zum Zweieinhalbfachen des Medianeinkommens.[5] Der eigentliche Unterschied liegt aber im Selbstverständnis: Die akademisch geprägte Mittelschicht, der auch ich mich zuordne, begreift sich und die Welt als grundsätzlich entwicklungsfähig. Breit informiert gefällt sie sich darin, die Dinge neu und besser zu denken: moralisch, technologisch, politisch, im Umgang mit dem Körper, mental. Ihre Erkennungszeichen sind daher mehr kultureller als materieller Art: der Einkauf im Hofladen, der Ausflug in den so klimafreundlichen wie angesagten Präriegarten, das Fahrrad als sportlichere, ökologischere Alternative, die Gewissensfrage, ob man Sohn oder Tochter die *Pippi-Langstrumpf*-Ausgabe aus der eigenen Kindheit in die Hand geben darf, in der der Südseekönig noch anders heißt. Die Sensibilitäten der akademischen Mittelschicht stellen die Gepflogenheiten der traditionellen Mittelschicht infrage, vom Billigflug bis zum Eigenheim. Aber auch die viel wohlhabendere Oberschicht kommt an den stilbildenden Mustern der akademischen Mitte nicht vorbei: Achtsamkeit, Nachhaltigkeit, Diversität.

Der Distinktionshabitus der Oberschicht. Der Oberschicht gehören je nach Berechnungsweise höchstens 5 Prozent der Deutschen an. Das Institut der deutschen Wirtschaft Köln definiert Menschen als einkommensreich, die mehr als das Zweieinhalbfache des mittleren Einkommens verdienen. Jenseits dieser Schwelle sind nach oben alle Grenzen offen. Die Reichsten der Reichen beziehen Einkommen und halten Vermögen jenseits der üblichen Vorstellungskraft. Allein die Quandts und die anderen 44 reichsten Familien in Deutschland besitzen so viel wie die ärmere Hälfte der Bundesbürger zusammen.[6] Doch auch für den einkommensreichen, aber nicht superreichen Teil der obersten Schicht sind finanzielle Nöte weit weg. Die Preissprünge beim Essen, Wohnen, Heizen mögen die anderen drei Statusgruppen empfindlich treffen, in der Jackpot-Klasse fallen sie kaum auf. Man ist jemand, denkt nach vorn und lebt der Masse enthoben. Unternehmerisches Denken, anspruchsvolle kulturelle und sportliche Aktivitäten und Vertrauen in die eigene Leistungskraft bestimmen das Auftreten. Eltern verstehen sich als Sachverwalter und Weichensteller für die nächste Generation. Die Kinder sollen den Erfolg der Familie fortführen, sei es als Nachfolger oder an verantwortungsvoller Stelle innerhalb der wirtschaftlichen oder kreativen Elite.

Hürde 2: Der unterschätzte Klassismus

Aufsteigen, Unterschicht, Mittelschicht, Topliga. Wenn wir über Klasse sprechen, verwenden wir »Vertikalismen«, also Vokabeln, in denen mitschwingt: Menschen haben, sind und gelten unterschiedlich viel. Der Soziologe Andreas Kemper rückte das Thema vor einigen Jahren ins Bewusstsein: »Eine klassengerechte Sprache müsste komplett auf Vertikalismen verzichten, da in den europäischen Kulturen Oben als das Gute und Unten als das Schlechte eingeschrieben ist. Vertikalismen verhindern die gleiche Augenhöhe.«[7] Der Hinweis gibt zu denken. Trotzdem hat es bisher niemand geschafft, eine neue Sprache für soziale Unterschiede zu entwickeln, und ich gebe zu: Auch ich habe absolut keine Idee, wie es gehen könnte. Zu exakt benennen Vertikalismen die gesellschaftliche Wirklichkeit, an der wir alle zusammen mitwirken: dass Menschen aufgrund ihrer sozialen Herkunft und Position in Güteklassen kategorisiert werden wie Spargelstangen.

Bestimmt haben Sie irgendwann einmal *Pretty Woman* gesehen. Nach heutigen Maßstäben strotzt die Romantikkomödie mit Julia Roberts und Richard Gere vor Sozialklischees. Nicht an Gültigkeit verloren hat dagegen die Szene, wie Julia Roberts in einem ziemlich trashigen Outfit eine Luxusboutique in Los Angeles betritt. Ihr Blick fällt auf ein sehr edles, sehr zurückhaltendes Kleid, doch eine Verkäuferin bügelt sie ab: »Ich glaube nicht, dass wir etwas für Sie haben. Bitte gehen Sie.« Merke: Man muss gut gekleidet sein, um in einem Geschäft willkommen zu sein, das die Art von Kleidung führt, die in gehobenen Kreisen Anklang findet.

Wie das Geschlecht und die Hautfarbe prägt die Klasse, die jemand ausstrahlt, die Lebens- und Zukunftsperspektiven: die Lebenserwartung, die Bildungsabschlüsse, das Selbstbewusstsein, die beruflichen Chancen. Der amerikanische Wirtschaftsprofessor Paul Ingram von der Columbia Business School in New York liefert Zahlen. In seinen Studien hat er den Zusammenhang von sozialer Herkunft und beruflichem Erfolg gemessen. Es zeigte sich: In den USA erreichen Frauen und Männer aus einer niedrigen Statusklasse um 32 Prozent seltener eine Managementposition als Konkurrenten aus einer hohen Statusklasse. Die ungleichen Erfolgsaussichten haben nichts mit individueller

Intelligenz oder persönlicher Anstrengung zu tun. Sie sind einzig und allein den sozialen Ausgangsbedingungen geschuldet. Ingram zufolge tritt das gleiche Phänomen in allen großen Volkswirtschaften auf.[8]

Nur dass darüber keiner spricht. Über Sexismus und Rassismus schreibt die *Bild-Zeitung*. Klassismus, die Diskriminierung von Menschen aufgrund ihrer sozialen Herkunft oder Position, ist dagegen vielen nicht einmal als Wort bekannt. Wie sollte es auch. Selbst das Grundgesetz blendet Klassismus und soziale Ungerechtigkeit aus. Zwar verpflichtet Artikel 3 Absatz 1 GG den Staat, dass niemand wegen seines Geschlechtes, seiner Abstammung, seiner Rasse, seiner Sprache oder seiner Heimat und Herkunft benachteiligt oder bevorzugt werden darf. Das Wort »Herkunft« bezieht sich aber vornehmlich darauf, ob jemand seine Wurzeln in Aachen oder Antalya hat. Ob man als Metzgerinnensohn oder Ministertochter groß wurde, bleibt dagegen außen vor. Darauf weisen die Wissenschaftlichen Dienste des Deutschen Bundestags ausdrücklich hin: »Das Diskriminierungsmerkmal ›soziale Herkunft‹ gehört nicht zu den durch das AGG geschützten Diskriminierungsmerkmalen.«[9] Vor diesem Hintergrund leuchtet ein, wenn Unternehmen und Parteien ihre Anstrengungen um mehr Vielfalt auf das Geschlecht und das Herkunftsland konzentrieren. Dagegen wird Diversität nur selten sozial gedacht.

Hinzu kommt: Aufsteigerinnen und Aufsteiger hängen ihre Biografie ungern an die große Glocke. »Vielen Menschen fällt es schwer, über ihre sozialen Ausgangsbedingungen zu sprechen«, sagt die deutsche Autorin und Unternehmerin Tijen Onaran.[10] Das deckt sich mit meinen Erfahrungen: Selbst Menschen, die sich gut kennen, schweigen sich über Unterschiede aus, die der sozialen Herkunft oder Position geschuldet sind.

> Ob wir lieber *Star Trek* und *Star Wars* gucken, ist ein Thema. Ob wir im Wohnblock oder der Walmdachvilla groß wurden, eher nicht.

In Wohlstand und Reichtum Aufgewachsene realisieren oft nicht einmal, um wie viel besser es ihnen geht, Aufsteigende überspielen, dass sie an manchen Erfahrungen nicht teilhaben können: dass sie nie ein

Musikinstrument gelernt haben, dass sie das Geld für den Aperitif vor dem Essen lieber sparen würden oder dass sie sich für die Kleinstadtuni entschieden haben, weil anderswo die Mieten unbezahlbar erschienen. Wenige Aufsteigerinnen und Aufsteiger offenbaren die Irrungen und Wirrungen ihres Werdegangs so ungeschminkt wie Michelle Obama, deren Geschichte aus diesem Grund in diesem Buch eine Hauptrolle spielt. Der Schleier lüftet sich allenfalls, wenn alle am Tisch sich als Aufgestiegene verstehen und eine ähnliche Höhe erreicht haben. Gelegentlich kommt dann zur Sprache, was sonst nur Romane und literarische Erinnerungen enthüllen: die Entfremdung von der eigenen Familie, die Angst, trotz aller Anstrengung nicht gut genug zu sein, die Frage, was es über einen sagt, dass man den vom Schicksal zugewiesenen Platz verbessern will, wie ein Gast, der heimlich die Tischkarten vertauscht. Die Scham der Aufgestiegenen führt dazu, dass Klassismus, sofern er sich oberhalb von Armut und Chancenlosigkeit abspielt, kaum ins Bewusstsein rückt.

So gesehen bleibt *Pretty Women* übrigens doch relevant. Wenn Julia Roberts alias Vivian den Start in ein besseres Leben schafft, dann weil sie ihre soziale Zurücksetzung eben nicht verschleiert. Sie fackelt nicht lang, holt sich Hilfe und bekommt sie auch. Natürlich sorgen Tischmanieren und ein Kleid mit braun-weißen Polkatupfen nur im Märchen für ein Happy End. Aber niemand wird bestreiten: Wenn es schon an den banalsten Äußerlichkeiten fehlt, bleibt der Einstieg in den Aufstieg von vornherein verwehrt.

Hürde 3: Der hinderliche Statusfatalismus

Das Geburtslotto kann ungerecht sein. Es steht aber in unserer Macht, unser Schicksal selbst in die Hand zu nehmen. Was viele allerdings nicht wissen: Auch der Glaube an die eigene Selbstwirksamkeit ist unten, in der Mitte und oben unterschiedlich ausgeprägt: In den einkommensschwachen Schichten denkt nur jeder Vierte, jeder könne durch eigene Leistung mehr erreichen. In der breiten Mitte hält dies jeder Dritte für möglich, ganz oben ist es jeder Zweite.[11] Die Zahlen verraten: Knappe Ressourcen verpassen hochfliegenden Zielen schnell mal einen Dämpfer.

Mir ist es an einer entscheidenden Abzweigstelle meiner Karriere so ergangen. Ich hatte meine Doktorarbeit abgeschlossen, zwei Großkonzerne und ein Start-up von innen kennen gelernt, den Schritt in die Selbstständigkeit gewagt, der Laden lief, der erste Buchvertrag war unter Dach und Fach, und ich war mir sicher, nach Jahren des Suchens und Findens auf dem richtigen Weg zu sein. Ungefähr zu dieser Zeit lud mich eine Hochschule ein, mich um eine neu zu schaffende Professur für Technikkommunikation zu bewerben. Obwohl ich die Berufungsvoraussetzungen erfüllte, winkte ich ab. Erstens war ich von meinen Plänen absorbiert, und zweitens sah ich sofort den Haken: Ich kannte mich mit Unternehmenssprache, Werbetexten und wissenschaftlichem Publizieren aus. Aber Technikkommunikation? Ohne technologisches Wissen wäre es mir vermessen erschienen, auf diesem Gebiet lehren und forschen zu wollen. Mein Mann, der damals schon Professor war, redete mit Engelszungen gegen meine Bedenken an. Doch selbst er konnte mich nicht überzeugen, über meinen Schatten zu springen.

»Statusfatalismus« nennen Soziologen die Selbstbescheidung, die uns davon abhält, anstrengende und anspruchsvolle Ziele ins Auge zu fassen, nicht einmal dann, wenn sie auf dem Silbertablett an uns herangetragen werden. Psychologen sprechen von »unbewusster Selbstselektivität«. Beide Termini bedeuten: Menschen verharren auf dem Boden der Tatsachen. Sie wählen die kleinere Lösung, weil sie die größere für verstiegen oder unerreichbar halten. Die Zurückhaltung hat viel mit dem eigenen Background zu tun, und ihre Folgen wiegen schwer:

Statusfatalistinnen und -fatalisten erheben sich nicht über ihren Stand.

Sie übersehen Optionen und lassen Chancen entwischen. In der Konsequenz bedeutet das: Sie gründen keine Firmen, heiraten keinen Prinzen, werden nicht Professorin, kaufen keine Neuemissionen, bringen sich nicht ins Gespräch und wenn überhaupt, steigen sie höchstens in unspektakulären Schritten auf.

Ein Weg muss aber nicht der falsche sein, nur weil er steil nach oben weist oder Sie von seiner Existenz bisher nichts wussten. Sollte Ihnen an einer halb lockenden, halb gefährlichen Abzweigung der Gedanke durch den Kopf schießen »Das ist nichts für mich« – dann glauben Sie sich nicht kritiklos, was Sie denken. Stellen Sie stattdessen die Situation auf den Prüfstand: Bin ich tatsächlich noch nicht so weit? Oder fürchte ich nur, ich könnte mich vergaloppieren? Wie tragen Freunde und Familie zu meinen Bedenken bei? Zeigen sie Interesse, reagieren sie achselzuckend, ermutigen sie mich, lese ich Zweifel in ihren Gesichtern? Dann machen Sie den Schwenk: Was fehlt mir noch? Was hindert mich, eine Chance beim Schopf zu packen? Wie kann ich Lücken schließen und Hindernisse aus dem Weg schaffen? Wer könnte das Gleiche besser als ich? Wer traut mir zu, was ich mir selbst nicht zutraue? Warum? Sollten Sie auch nach diesen Überlegungen der bescheideneren, einfacheren, vertrauteren Option zuneigen, graben Sie noch ein Stück tiefer: Wie viel Statusfatalismus steckt in Ihrer Entscheidung drin? Mir ist bewusst, das ist kein naheliegender Impuls. Doch es ist nun mal so: Wie viel wir uns zutrauen, hängt auch davon ab, von welcher Warte aus wir die Welt betrachten. Für Menschen aus den oberen Schichten leuchten die Sterne zum Greifen nah. Für Mittlere liegen die Glitzerpunkte am Himmel Lichtjahre entfernt. Und Untere ahnen vielleicht nicht einmal etwas von ihrer Existenz. Unsicherheit und Nicht-Wissen aber erschweren es, weiter und größer zu denken. Es lohnt sich, diesen Zusammenhang sehr nachdrücklich auf dem Radar zu haben.

UND JETZT?

Habitus. Klassismus. Statusfatalismus. Zusammen bilden sie ein unseliges Dreigestirn. Mit Macht versucht es, Sie dort zu halten, wo Sie geboren sind. Möglicherweise spüren Sie seine Wirkung selbst dann noch, wenn Sie die angestammte Herkunft finanziell und sozial hinter sich gelassen haben. Immerhin: Je besser Sie die Gegenkräfte kennen, desto mehr haben Sie ihnen entgegenzusetzen. Schärfen Sie Ihren Blick für die äußeren, aber auch Ihre eigenen inneren Widerstände, die sich Ihnen in den Weg stellen. Halten Sie mit Ihrer Ambition dagegen, Ihrem Können, Ihrer Beobachtungsgabe, Ihrer Beharrlichkeit, Ihrer Selbstreflexion. Wenn Sie Ihre Wunschvorstellungen Schritt für Schritt verfolgen, wird immer mehr zur Wirklichkeit, was Ihnen anfangs als vermessen erschien. Kate Middleton zum Beispiel hat nicht nur ihren Prinzen bekommen. In den Folgejahren widerlegte sie auch ihre Widersacher. Von der bürgerlichen Aufsteigerin hat sie sich in der royalen Rangfolge und in der Achtung der Briten nach ganz vorn gearbeitet.

2

HELFEN SIE IHREM GLÜCK AUF DIE SPRÜNGE

Wie Sie sich am eigenen Schopf nach oben ziehen

»Ich muss mich kneifen, wenn ich das hier sehe«, sagt ein Unternehmer. Er hat die stillgelegte Ziegelei saniert, in der sein Opa einst Steine klopfte und führt dort ein boomendes Software-Unternehmen. »Ich habe jetzt gerade die dritte Apotheke dazugenommen«, strahlt eine approbierte Pharmazeutin mit zehn Mitarbeiterinnen und Mitarbeitern, deren Mutter als Verkäuferin arbeitet und sie und ihre Geschwister allein erzog. »Ich hätte nie gedacht, dass ich einmal dem Vorstand angehören würde«, erinnert sich eine Studienfreundin. Ihre Eltern betrieben einen einfachen Campingplatz am Ende der Welt. Als Schülerin stand sie jeden Morgen kurz nach fünf auf, um mit dem Zug ins fünfzehn Kilometer entfernte Gymnasium zu fahren. Wenn Aufgestiegene über ihren Erfolg sprechen, klingt ihr Werdegang im Nachhinein oft wie ein Wunder: Wir kennen den Anfang, wir sehen das Ende, doch was bitte passierte eigentlich zwischendrin? Werfen wir einen Blick auf die wichtigsten Biografie- und Sozialisationsfaktoren, die den sozialen Aufstieg unterstützen.

Aus dem wenigen das meiste herausholen

Was genau unterscheidet Menschen, die es aus dem Nichts zu solidem Wohlstand bringen? Oder aus der Mitte höher und höher steigen? Was trägt sie nach oben? Warum gelingt einigen, was andere im Leben nicht schaffen? Ist es harte Arbeit? Eine außerordentliche Begabung? Schieres Glück? Die Zeit, in die jemand hineingeboren wurde? Alles davon spielt eine Rolle. Doch das entscheidende Puzzlestück fehlt. Ich nenne es »Bootstrapping« – sich aus eigener Kraft hochrappeln. »Bootstrap«, so heißt auf Englisch die Schlaufe, die bis heute die Fersenkappe von Schnürstiefeln oder Sneakers ziert. Der Legende zufolge zog sich an einer solchen Schlaufe der Baron von Münchhausen hoch, nachdem er in einen Sumpf eingesunken war. Heute ist Bootstrapping vor allem ein technologischer Fachbegriff. In der Informatik bezeichnet er einen selbsterzeugenden Kreislauf, also einen Prozess, mit einfachen Entwicklungswerkzeugen mächtigere zu entwickeln.[1] Bootstrapping liefert damit eine Antwort auf das Paradoxon, wie man etwas verwirklicht, was eigentlich unmöglich scheint: Man arbeitet mit dem wenigen, was man hat, und holt das meiste daraus heraus.

Wie Aufsteigerinnen und Aufsteiger einen selbsterzeugenden Kreislauf in Gang setzen, haben die schwedischen Erziehungswissenschaftler Björn Ivemark und Anna Ambrose an der Universität Göteborg erforscht. In einer Studie erkundeten sie die Frage: Was braucht es, damit Studienanfänger ohne studierte Eltern und Großeltern mit ähnlichen Erfolgsaussichten ins Studium starten wie Gleichaltrige aus Akademikerfamilien?[2] In einem Satz zusammengefasst lautet ihr Befund:

Wer auf den nächsten Level will,
saugt am besten so viel Kultur wie möglich auf.

Es liegt nahe, wenn diese Empfehlung Sie als Erstes an den Besuch von Ausstellungen und Opern denken lässt. Im Alltag verbinden wir den Begriff »kulturell« gewohnheitsmäßig mit den schönen Künsten: Musik, Literatur, Theater, Malerei. Der Begriff Kultur hat aber noch eine weitere und für den Lebenserfolg größere Bedeutung. Er bezeichnet, wie wir als Land, als Familie, als Individuum unseren Alltag und unser Leben gestalten: wie wir die Dinge angehen, wie wir miteinander umgehen, uns kleiden, essen, uns ausdrücken, ob wir beim Schwimmen Bikini, Burkini oder überhaupt nichts tragen, wie wir Probleme und Konflikte lösen, welche Podcasts und Playlists wir hören, wer was im Haushalt macht und ob das Smartphone beim Frühstück aus bleibt oder nicht.

Das höchste Ansehen genießt dabei die »legitime Kultur«: die Lebensführung, der geschulte Geschmack und die Herangehensweisen der gehobenen Statusgruppen. In den gut gestellten Teilen der Gesellschaft wird die erfolgserprobte legitime Kultur direkt von Generation zu Generation weitergereicht: Man drückt sich gewählt und elaboriert aus, kennt den Unterschied zwischen geölten und geseiften Dielen, setzt sich in Szene, ohne dass es so wirkt, weiß, wo man Neo Rauch oder Joanna Mallwitz einordnen muss, geht zur Vorsorge und beugt Sonnenschäden vor, verschafft sich charmant sein Recht und wenn man überhaupt noch klassisch fernsieht, dann eigentlich nur auf Arte oder 3sat. Kinder aus einfacheren Verhältnissen kommen mit der verfeinerten Kultur der statushohen Schichten weniger und möglicherweise überhaupt nicht in Berührung. Die Unkenntnis der vielen Kleinigkeiten und Oberflächlichkeiten, an denen sich Status festmacht, erschwert den Einstieg in den Aufstieg. Doch es gibt Abhilfe.

So sehr das Elternhaus prägt, in modernen Gesellschaften spielt sich das Leben zu einem großen Teil außerhalb von Familie und Verwandtschaft ab. Von Tag eins an wurde der familiäre Kosmos durch die Außenwelt erweitert: Einen großen Teil Ihres kulturellen Kapitals haben Sie in der Kita aufgelesen, in der Schule, im Wohnviertel, bei den Freunden, im Sportverein, im Beruf, aus Büchern und Medien und definitiv und besonders intensiv: in der Liebe. Alle Spielfelder des Lebens sind dazu angetan, Sehnsüchte und Interessen zu wecken, Perspektiven zu eröffnen und den angestammten Habitus zu verfeinern.

Bootstrap 1:
Was die Familie zu bieten hat

Wenn Sie aus genügsamen Verhältnissen kommen, wissen Sie am besten, welche Möglichkeiten Ihnen als Kind gefehlt haben: Das kann die Zahnspange sein, das Pausenbrot, Hilfe beim Lernen oder die Sensibilisierung, wie man sicher surft und chattet. Auch übermittelte Einstellungen halten die Seele klein. Aline kränkt es noch heute, dass sie nie die ersehnten Reitstunden bekam. Dabei mangelte es ihrer Familie nicht an Geld, der Getränkemarkt ihrer Eltern lief wie geschmiert. Wenn die Eltern sich sträubten, dann »weil das nichts für uns ist«. Aus einem ähnlichen Grund verabschiedete sich Jennifer von dem Gedanken, Jura zu studieren. Ihre Mutter, die in der Gemeindeverwaltung die Melde- und Passangelegenheiten bearbeitet, traute ihr nicht zu, die ganzen Gesetze und Paragraphen auswendig zu lernen. Erst Jahre später wurde Jennifer bewusst, dass das auch überhaupt nicht notwendig ist.

Eltern ohne akademischen Hintergrund rechnen anders. Das lässt sich nicht wegdiskutieren. Es bedeutet aber nicht, dass Arbeiterhaushalte, Eltern ohne Studium oder einkommensschwache Familien ihren Kindern überhaupt nichts bieten. Laut einer repräsentativen Studie der Konrad-Adenauer-Stiftung führen Aufgestiegene ihren Erfolg auf zwei Bedingungen zurück: eine gute Bildung und ein unterstützendes Elternhaus.[3] Auch weniger gut betuchte und gebildete Eltern tun also einiges, um ihren Kindern auf die Beine zu helfen.

Nehmen Sie die finnische Regierungschefin Sanna Marin. Als sie ihr Amt übernahm, war sie nicht nur die jüngste Regierungschefin weltweit, ihr Aufstieg war auch alles andere als vorgezeichnet. 1985 wurde sie in einer Arbeiterfamilie geboren, ihr Vater war Alkoholiker, ihre Mutter hatte selbst eine schwere Kindheit durchlebt. Nach der Trennung der Eltern wuchs Sanna bei ihrer Mutter auf. Als Erste in ihrer Familie ging sie an die Uni. Ihre Mutter, sagt sie, habe sie immer unterstützt und ihr den Glauben vermittelt, sie könne alles erreichen, was sie wolle.[4]

Ähnlich erlebte es Michelle Obama. Ihre Mutter arbeitete als Sekretärin, ihr Vater reparierte Boiler. Die Familie wohnte beengt, beiden Eltern war ein Studium verwehrt geblieben. Obwohl die Eltern nicht begütert waren, erzogen sie Sohn und Tochter zu selbstbewussten Streitern in eigener Sache. Klugerweise und voller Stolz folgten sie ihnen in ihre Welten. In ihrer Biografie erzählt Michelle Obama, wie ihr Vater im Auto durchs halbe Land fuhr, um ihren Bruder bei Uniwettkämpfen im Basketball anzufeuern. Sie selbst fiel nach der Schule fast jeden Tag mit einem Rudel Freundinnen zu Hause ein. Während sie lachten und redeten, machte ihre Mutter ihnen etwas zu essen, »ohne zu verbergen, dass sie jedes Wort mit anhörte.«[5]

Auch der jedes Maß sprengende Erfolg von Beyoncé fußt auf elterlichem Rückhalt. Seit sie mit neun eine Mädchenband gründete, schneiderte ihre Mutter, die einen Friseursalon führte, ihr die Bühnen-Outfits. Noch viel weiter ging ihr Vater: Um die Tochter zu managen, gab er seinen Job als Handelsvertreter bei Xerox auf.[6] Im Rückblick nimmt sich die elterliche Schützenhilfe angesichts des Erreichten nicht spektakulär aus. Doch was wäre gewesen, hätte es sie nicht gegeben?

Zum Glück gab es sie. Genau wie in Millionen anderen Familien auch. Eine Studie des Instituts der deutschen Wirtschaft (IW) zeigt: In allen Schichten bringen Familien ihre Kinder deutlicher nach vorn, als gemeinhin vermutet. Von Söhnen, deren Väter zwischen 1984 bis 1993 einkommensmäßig zu den untersten 25 Prozent gehörten, schafften es 60 Prozent in ein höheres Einkommensviertel. In den beiden nächsthöheren Einkommensvierteln arbeiteten sich 44 beziehungsweise 38 Prozent in ein höheres Viertel vor.[7] Besonders zugutekommt es Nicht-Akademikerkindern, wenn ein älteres Geschwister schon eine weiterführende Schule besucht und beweist: Das geht.[8] Nur eins wirft Kinder wirklich zurück: wenn Eltern nichts von Bildung halten und erwarten, dass der Nachwuchs sich schnellstmöglich selbst finanziert.

Bootstrap 2: Sag mir, wer deine Freunde sind

Ein nigerianisches Sprichwort lautet: »Um ein Kind aufzuziehen, braucht es ein ganzes Dorf.« Dahinter steht die Idee, dass Kinder in einem sozialen Gefüge aufwachsen. Was aus ihnen wird, hängt nicht allein von den Eltern, Geschwistern und Großeltern ab. Auch das Wohnumfeld und der Freundeskreis einer Familie liefern Anregungen, Vorbilder und Unterstützung.

Dennis, 42, verantwortet die Produktionsintegration bei einem internationalen Autobauer. Groß geworden ist er in einem klassischen Arbeiterviertel. Kurz bevor er in die Schule kam, änderte sich die Sozialstruktur des Viertels. Das stadtnahe Gebiet mit Backsteinbauten zog auch besser situierte Familien an, und Dennis spielte mit Kindern, die Anwalt werden wollten oder Meeresbiologin, und er dachte: »Vielleicht kann ich auch so etwas machen«. Als sein bester Freund aufs Gymnasium wechselte, stand außer Frage, dass Dennis mitkommen würde. »Das Beste war, wenn ich bei ihm zu Hause mit zu Abend essen durfte. Der Fernseher blieb aus, und wir Kinder wurden als Gesprächspartner ernst genommen. Es wurde erwartet, dass man eine Meinung hat und sie vertritt.« Bis heute ist Dennis überzeugt: Ohne Sebastian und dessen Familie stünde er nicht da, wo er heute ist.

Ob als Kinder oder als Erwachsene, die Menschen in unserer nächsten Umgebung prägen uns. Wir müssen nicht einmal eng mit ihnen befreundet sein. Ihr Verhalten färbt schon auf uns ab, wenn wir aus der Ferne mitbekommen, wie sie sich benehmen, welche Worte sie wählen, welche Stimmung sie verbreiten, wie sie sich kleiden und einrichten, was sie so denken und tun. Auf Kinder wirken Anregungen von außen noch ungleich stärker ein. Das liegt daran, dass ihr Habitus sich erst bildet und weniger gefestigt ist als der von Erwachsenen. Durchmischte Wohnviertel eignen sich deshalb ideal, den Erfahrungshorizont zu erweitern. Wenn Eltern ihrem Kind Alltagserfahrungen außerhalb der Familie gönnen, bekommt der Nachwuchs von Freunden, Nachbarn oder beim Schüleraustausch etwas von dem kulturellen Kapital mit, das die Voraussetzung für ein besseres Leben schafft.

In Martin Kordićs Aufsteigerroman *Jahre mit Martha* findet der 15-jährige Jimmy einen solchen Menschen in der Professorin, bei der seine Mutter die Villa putzt: »Ich fand es schön, Frau Gruber beim Denken, beim Schreiben, beim Klugsein zu beobachten. Über den gesamten Garten hinweg bewunderte ich sie für ihre Intelligenz.« Die Einblicke durchs Schlüsselloch setzen den Wunsch frei, selbst jemand zu werden, dem die Welt offensteht: »mit viel Luft und viel Glanz«.[9] Noch stärker wirkt konkrete Hilfe: Die Nachbarin, die einspringt, wenn man in Englisch etwas nicht versteht, die Familie, die die ausgelesenen *GEOlino*-Hefte weiterreicht, der Vater einer Freundin, der erklärt, was bei einer Mondfinsternis passiert.

Bootstrap 3: Wie die Schule das Leben bestimmt

Im Prinzip sind Kitas, Schulen, Unis und Ausbildungsbetriebe für alle da. Tatsächlich begünstigen sie Kinder aus bildungsnahen, wohlhabenden Elternhäusern. Dort hat der Nachwuchs schon als Baby im Bauch Mozart gehört, sitzt im Hochstuhl bei politischen Diskussionen dabei und bringt mit der Schultüte alles mit, was Lernen fördert: Wissbegierde, Weltwissen, Konzentration, ein differenziertes Sprachvermögen, Stift halten, Uhr kennen, Schleife binden.

Kinder aus schwächeren Milieus bekommen vergleichbare praktische und mentale Fähigkeiten zu Hause weniger systematisch vermittelt. So wie es ihnen später beim Bewerbungsinterview am Stallgeruch mangeln wird, fehlt ihnen in Kita und Schule die soziale Ähnlichkeit zu Erziehern und Lehrerinnen. Hohe Erwartungen und anspruchsvolle Bildungsimpulse erleben Arbeiterkinder deshalb leicht als Überforderung und Druck. Es sei denn, sie haben Glück und machen elektrisierende Lernerfahrungen. Noch mehr als von Haus aus optimal geförderte Kinder brauchen ärmere Erfolgserlebnisse, Struktur und emotionale Sicherheit: Anerkennung, gute Noten, Exkursionen, Bücher, Wohlfühlräume, tolle Lehrer, eine super Klassengemeinschaft, das Gefühl, gut mitzukommen, im Sport herauszustechen, es in Mathe allen zu zeigen. Versteht sich Schule als Lebensraum für den ganzen Tag, mit einem umfangreichen Kurs- und Freizeitangebot, dient sie Kindern aus ärmeren oder bildungsfernen Elternhäusern als wichtigster Nährboden für eine gute Zukunft.

> Schon eine einzige Lehrerin kann Ehrgeiz wecken und Türen öffnen weit jenseits der Möglichkeiten, die das Elternhaus bietet.

Wie durchschlagend Lehrerinnen und Betreuer mit ihrem Vorbild, ihrer individuellen Zuwendung und manchmal sogar nur mit einer einzigen Geste oder einem Satz das Schicksal einzelner Kinder beeinflussen, ist ihnen häufig nicht einmal selbst bewusst. So mag es der früheren Mathelehrerin von Uğur Şahin gegangen sein. Vermutlich bringen nicht viele ehemalige Schülerinnen und Schüler ihre Dankbarkeit so öffentlich zum

Ausdruck wie der Biontech-Chef: »Es ist auch Ihrem Unterricht und Ihnen persönlich zu verdanken, dass wir im Januar letzten Jahres mit aller Entschlossenheit begonnen haben, den Impfstoff zu entwickeln.« Die Schlussfolgerung, dass sich das Corona-Virus in die ganze Welt verbreiten werde, sei »nicht komplexer als Oberstufen-Mathe« gewesen.[10]

Schule leistet ihr Bestes, wenn sie Ansprüche stellt und Ansprüche weckt – auch und gerade bei Kindern, deren Leben zu Hause von Härte geprägt ist. Es mag gut gemeint sein, Schülerinnen und Schüler aus einfachen Verhältnissen mit Breakdance-Kursen oder Musicalbesuchen in ihrer Lebenswelt abzuholen. Der Sozialwissenschaftler Armand Farsi rät dennoch von extra niederschwelligen Angeboten ab: »Die lassen die Unterschiede zu den Entscheidern in der Wirtschaft nur noch größer werden.«[11]

Bootstrap 4: Wunder gibt es immer wieder

Bei Sascha legte das ausgemusterte Teleskopfernrohr den Schalter um, das ihm die Unternehmerfamilie überließ, bei der sein Vater die Heizung wartete. Bei Aysha bewirkte die Schwärmerei für die junge Referendarin, die nicht nur cool war, sondern auch mega italienisch sprach, dass Aysha plötzlich Interesse an Sprachen entwickelte. Bei Nadine triggerte die Morbus-Crohn-Diagnose ihrer Schwester den Wunsch, Medizin zu studieren, statt Bürokauffrau zu lernen wie geplant, obwohl niemand in ihrer Familie wusste, wie sie das schaffen wollte. Und ich? Ich lernte beim Schüleraustausch in Frankreich die sozialen Unterschiede kennen, deren Krassheit mir als Mittelschichtskind möglicherweise nie in dieser Weise aufgefallen wären. Eine Woche lang hielt ich es bei einer Familie in einem Sozialbau-Ghetto aus, dann durfte ich umziehen: direkt in die Pariser Bourgeoisie. Beides war nicht meine Welt. Aber beides ließ mich die Welt mit anderen Augen betrachten.

Aufgestiegene nennen wundersame Zufälle, wenn es um die Frage geht, was sie über ihr Umfeld hinauswachsen ließ. Begegnungen mit Menschen, Dingen oder Erlebnissen brachten etwas zum Klingen. Ein Spalt in eine andere Welt tat sich auf. Intellektuelle Neugier keimte auf. Wenn Sie Ähnliches erlebt haben, wissen Sie: Es gibt Eindrücke, nach denen alles anders ist. Plötzlich machte es Sinn, über den eigenen Schatten zu springen, sich anzustrengen, mehr zu lernen, Neues zu erkunden. Eines kommt zum anderen, Ehrgeiz stellt sich ein, Perspektiven werden erkennbar, Mentoren zeigen Wege auf, vermitteln Kontakte, geben Orientierung, wie der nächste Schritt aussehen könnte.

Was so schicksalhaft klingt, hat nur einen Haken: Erweckungsmomente lassen sich nicht planen. Wenn ein Schlüsselereignis oder zufällig entdecktes Talent Ihren Aufstieg auslöste, bedeutet das nichts anderes, als dass Sie um Haaresbreite einem ganz anderen Leben entgangen sind. Einfach, weil Sie es nie anders gekannt hätten. Der in Wuppertal geborene Rechtswissenschaftler und *taz*-Autor Mesut Bayraktar beschreibt es nachdrücklich: »Solange du nur in der Enge deines eigenen Milieus lebst, merkst du gar nicht, dass du unterdrückt wirst. Für dich ist alles ganz normal, als würde jeder dasselbe Leben führen wie du. […] Aber wenn du dieses Milieu verlässt, dann stellst du überhaupt erst einmal fest, dass andere gefüllte Bücherregale zu Hause haben, während das bei dir und niemandem, den du bisher kanntest, der Fall war.«[12]

Gesellschaftlich gesehen finde ich es schwer zu akzeptieren, wenn das Erreichen eines guten Platzes in der Welt von einem kleinen oder großen Wunder abhängt. Aber im Einzelfall kommt das Glück des Zufalls einem Geschenk des Himmels gleich. Sascha zum Beispiel forscht heute als Astrophysiker. Erst kürzlich kam er vom Very Large Telescope in der Atacama-Wüste in Chile zurück.

Bootstrap 5: Liebe lieber ungewöhnlich

Früher war das Einheiraten in gesellschaftlich vorteilhafte Verhältnisse gang und gäbe: Die Krankenschwester heiratete den Arzt, der begabte, aber arme Ingenieur die Fabrikantentochter und die Stewardess den Piloten. Heute kommt Hypergamie, also das Daten oder Heiraten nach oben, seltener als früher vor. Stattdessen entwickelt sich die statusgleiche Partnerwahl zum neuen Normal: Der Arzt ist mit der Ärztin liiert, die OP-Schwester mit dem Rettungsassistenten. Das Zeug, uns zu verändern, hat die Liebe so oder so. Bringt sie zwei Königskinder zusammen, vervielfachen beide ihr finanzielles, kulturelles und soziales Potenzial.

Begegnen sich zwei Menschen, die so verschieden wie Frosch und Prinzessin sind, verschiebt die Verbindung den sozialen Status.

Der Soziologieprofessor Thomas Klein beschreibt die Arithmetik des modernen Heiratsmarkts: »Ungleiche soziale Herkunft und/oder ungleicher Sozialstatus der Partner können zu sozialen Auf- und Abstiegsprozessen führen, die beruflichen Auf- und Abstiegen in nichts nachstehen.«[13] Und wer sich keinen Millionär oder wenigstens eine Allgemeinmedizinerin geangelt hat, hat Pech, oder was? Nicht ganz. Auch Paare, bei denen beide einen ähnlichen Status haben, setzen wechselseitig Transformationen im Habitus in Gang. Mit hoher Wahrscheinlichkeit eröffnen sie einander neue Denkweisen und Möglichkeiten. Denn die Person, mit der wir das Leben oder einen Abschnitt davon teilen, zieht uns mit in ihre Welt. Sie schleppt uns zum Fußball mit oder auf die Trabrennbahn, erschließt uns den Hip-Hop oder die klassische Musik, misst Geld eine andere Bedeutung bei, sichert das Leben ab, wenn wir beruflich den riskanteren Weg wählen, führt uns in eine Familie ein, die selten eine Kopie unserer eigenen ist, hat ein Netzwerk, das plötzlich auch unseres ist, oder versteht wie der Mann, mit dem ich verheiratet bin, überhaupt nicht, was so schwer daran sein soll, einen Vortrag vor hundert Leuten zu halten. Die englische Dichterin Elizabeth Barrett Browning fasste literarisch in Worte, wie sich Unterschiede zwischen Liebenden als persönliches Lifting erweisen können: »Ich liebe dich nicht nur für das, was du bist«, schrieb sie an ihren Mann Robert Browning, »sondern für das, was ich bin, wenn ich bei dir bin. Ich liebe dich nicht nur für das, was du aus dir gemacht hast, sondern für das, was du aus mir machst. Ich liebe dich für den Teil von mir, den du herausbringst.«[14]

UND JETZT?

Gut gestellte Familien geben ihre Vorteile an die nächste Generation weiter, wenn nicht alles schiefgeht. Aufsteigerinnen und Aufsteiger ziehen sich aus eigener Kraft nach oben, wenn alles gut geht. Beides ist nicht das Gleiche. Bei weitem nicht. Die Biografien sehr erfolgreicher Menschen beweisen aber: Ein hoher gesellschaftlicher Rang der Eltern begünstigt den Lebenserfolg der Kinder, er stellt aber keine notwendige Voraussetzung dar. Den entscheidenden Ausschlag gibt vielmehr, wie gut Sie es schaffen, Ihre Talente zu entfalten: die Innovationskraft, das Wissen, die Bildungstitel, die Kultiviertheit. Die Möglichkeiten dafür sind gegeben, wenn auch nicht in der gleichen üppigen Fülle wie ganz oben. Umso mehr zählt, dass Sie flexibel bleiben und Chancen beim Schopf packen. Darüber hinaus hilft ein langer Atem.

Der Aufstieg in die höchste Spitze der Gesellschaft vollendet sich nämlich selten innerhalb einer einzigen Generation. Die amerikanische Wissenschaftlerin Suzanne Kellner hat den Werdegang der Dynastien der Rockefellers und Kennedys nachvollzogen. Hier wie dort schuf die erste Generation Tatsachen, arbeitete sich hoch und legte das wirtschaftliche Fundament. Vollkommen akzeptiert fühlten sich die Gründerväter auf der erreichten Höhe allerdings nicht:

»In der Generation, die das Vermögen aufbaut, liegt der Fokus zunächst strikt darauf, die notwendigen Ressourcen zu akkumulieren.«[15]

Zu der souveränen Leichtigkeit, die wir mit Klasse assoziieren, finden typischerweise erst die nachfolgenden, in Wohlstand aufgewachsenen und an den besten Schulen und Universitäten erzogenen Generationen.

3

TRETEN SIE AUS IHREM SCHATTEN HERAUS

Wenn Cinderella nicht zum Ball geht, begegnet sie auch keinem Prinzen

In ihrer Anfangszeit als Bundeskanzlerin wurde Angela Merkel gefragt, was denn ihr Mann, der Physikprofessor Joachim Sauer, von ihrem Aufstieg zur Regierungschefin halte. Merkel antwortete so knapp, wie sie alle Fragen nach ihrem Privatleben beantwortete: »Er staunt, was ich mir alles zutraue.«[1] Treffender kann man das Geheimnis eines großen Aufstiegs nicht benennen: Am besten packen wir es an und kümmern uns selbst darum. Menschen, die an anderen vorbeiziehen, haben eines gemeinsam: Sie treten aktiv aus dem Schattendasein heraus, aus der Unsichtbarkeit, der Zurückhaltung, dem Unterschätzt-Werden, dem Sich-Bescheiden. Oder wie es die frühere Yahoo-Chefin Marissa Mayer sagte, die mit 33 zur jüngsten der fünfzig damals mächtigsten Frauen weltweit aufstieg: »Ich habe immer Dinge getan, für die ich noch nicht bereit war. So wächst man.«

Aufstieg wie im Märchen

Die Ungleichheit der Verhältnisse ist nicht zu leugnen. Es gibt sie, und sie nimmt gerade eher zu als ab. Auf diese strukturelle Ungerechtigkeit können wir als Individuen nur sehr bedingt einwirken. Jetzt und gleich können Sie mit unmittelbaren Erfolgsaussichten nur eins ändern: sich selbst. Das ist mehr, als es klingt. Denn nicht nur gesellschaftliche Umstände behindern den Aufstieg in ein reicheres Leben, nicht nur das

Geburtslotto verteilt die Chancen willkürlich. Auch unsere eigenen inneren Widerstände halten uns klein: die Unlust, gewohnte Pfade zu verlassen. Die Angst zu versagen. Das verunsichernde Lächeln der anderen über so viel Verbissenheit, Verstiegenheit und Traumtänzerei.

Menschen, die ihren Platz im Leben im kleinen oder großen Stil verbessern, spüren diese Gegenkräfte auch. Sie lassen sich aber nicht davon abhalten, sich auf den Weg zu begeben und das Bestmögliche aus ihrer Situation zu machen. Denken Sie an Angela Merkel, Kate Middleton, Karl Lauterbach. Alle drei sind wie Sie und ich von der Mittelstation oder sogar der Talstation aus in ihr Leben gestartet. Alle drei haben an ihrem Erfolg gebaut, an ihre Ambition geglaubt und Häme ignoriert, lange bevor die öffentliche Stimmung sie auf hohe und höchste Gipfel trug. Hatten sie eben Glück? Sicher auch. Doch der entscheidende Erfolgsfaktor liegt an anderer Stelle: Alle drei entsprechen in ihrer Persönlichkeit der Märchenfigur des Aschenbrödels, das bei Disney Cinderella heißt. Zweiteres klingt schöner, bedeutet aber auch nichts anderes, als dass die Namensträgerin zunächst ein Leben in Sack und Asche führt (englisch *cinder* = Asche).

Vermutlich kennen Sie das Aschenbrödel in der Gestalt der jüngsten, dritten Tochter, die über ihre widrigen äußeren Umstände hinauswächst. Weniger bekannt ist, dass in früheren Variationen des Märchens auch männliche Aschenbrödel vorkamen. »Dies wort (Aschenbrödel) enthält eine uralte [...] vorstellung«, erklären die Gebrüder Grimm, die nicht nur Märchen sammelten, sondern auch das Wörterbuch der deutschen Sprache begründeten. »von drei söhnen gilt der jüngste für dumm und wird verachtet, weil er seine erste jugend im schmutz und in der asche der küche zubringt; als endlich seine zeit erscheint, tritt er auf, thut es seinen brüdern weit zuvor und erreicht das höchste ziel.«[2]

Küss dich wach!

Vom Küchenherd an den Königshof, von der sozialen Ausgrenzung zu höchster gesellschaftlicher Ehre. Von Cinderella lernen, heißt siegen lernen. Anders als Dornröschen warten männliche und weibliche Aschenbrödel nämlich nicht darauf, wachgeküsst zu werden. Sie befreien sich von Abwertung, Ausgrenzung und Ausbeutung, indem sie selbst erwecken, was in ihnen schlummert. Ob bei Disney oder im Märchenbuch, Cinderella macht sich nichts vor: Wenn sie ihr Schicksal verbessern will, muss sie bei dem dreitägigen Fest dabei sein, zu dem der König alle jungen Frauen des Landes einlädt, damit sein Sohn eine Frau finden kann. Also bittet sie und fleht, erfüllt alle Anforderungen und Aufgaben, die ihr die Stiefmutter als Vorbedingung auferlegt, doch die erfindet immer neue Einwände: Aschenbrödel habe kein schönes Kleid, könne nicht tanzen, man müsse sich ihrer schämen, wenn sie so, wie sie ist, beim Ball erschiene. Schließlich hilft Cinderella sich selbst. Sie schüttelt ihren Zauberbaum – zeitgemäß ausgedrückt: sie ruft ihre Ressourcen ab – und ein goldenes Kleid und silberne Pantoffeln segeln auf sie herab. Unerkannt geht sie zum Fest, und der Prinz hat nur Augen für sie.

Cinderella fällt das Königreich, das sie am Ende gewinnt, nicht in den Schoß.

Wenn sie es erobert, dann weil sie das Dreigestirn aus »falschem« Habitus, Klassismus und Statusfatalismus aufbricht. Anders als es das Klischee von der untätigen Unterschicht will, klagt und jammert sie nicht. Sie spannt ihre Kräfte an und bietet unfairen Rahmenbedingungen die Stirn. Statt zu warten, bis sich die Welt, die Gesellschaft, die Strukturen ändern, passt sie ihr Verhalten an. Sie wagt sich ins Rampenlicht und zeigt es allen, indem sie sich zeigt.

»Man sagt immer, dass die Zeit alles verändert, aber eigentlich muss man es selbst ändern«, sagte der Pop-Art-Künstler Andy Warhol, dessen Leben wie eine moderne Variation der Aschenbrödel-Geschichte klingt. Als jüngster von drei Söhnen einer armen slowakischen Einwandererfamilie arbeitete er sich zur Ikone der amerikanischen Kunst hoch. Soeben wurde sein Porträt von Marilyn Monroe für 185 Millionen Euro verkauft. Kein Kunstwerk des 20. Jahrhunderts hat bisher einen höheren Preis erzielt.[3]

Wie Promikult den Aufstieg behindert

Klein anfangen. Groß rauskommen. Wer vom Aufstieg träumt, hätte gern eine Anleitung, wie er am sichersten gelingt. Im Moment wissen wir allerdings vor allem, wie er *nicht* funktioniert. »Erfolgreiche Aufstiegsbiografien hatten ihren Startpunkt – entgegen mancher Vermutung – gerade nicht in einem ›klassischen Aufstiegsmotiv‹«, sagt der Bildungsforscher Aladin El-Mafaalani. »Wer vornehmlich nach materiellem Reichtum und Ruhm strebt, wird eher vom Bildungsweg abgelenkt.«[4] Reichtum, Berühmtheit und Macht können zwar aus dem Aufstieg resultieren. Die Sehnsucht nach einem Leben in Saus und Braus treibt Statusverbesserungen aber nicht voran. Sie behindert sie sogar. Menschen, die vom Lamborghini träumen oder davon, als Profifußballer oder Super-Influencerin entdeckt zu werden, übersehen den Aufwand hinter dem Glamour und bleiben meist dort, wo sie sind: da, wo sie herkommen.

Karriereträume im XXL-Format können zwar in wenigen einzelnen Fällen aufgehen. Einer, der sie sich erfüllt hat, ist der Rap-Superstar Jack Harlow. Aus der Mittelschicht stieg er zum aktuell erfolgreichsten Star der Hiphop-Szene auf. »I became exactly what I wanted to, I became a millionaire at 22«, heißt es in einem seiner Songs. Schaut man genauer hin, zeigt sich aber: Sein Erfolg steht auf grundsoliden Füßen. Harlow beherrscht seine Kunst in allen ihren Facetten. Schon als Teenager arbeitete er systematisch auf ein Leben in der internationalen Musikszene hin.[5] Tatsächlich bestätigt sein Aufstieg die Befunde der Bildungsforschung:

Groß rauszukommen, ohne das eigene Talent entwickelt zu haben, ist so selten wie der Jackpot im Lotto.

Der Weg zwischen Wunsch und Wirklichkeit verläuft in Stufen und Sprüngen und nicht nur das Hochkommen braucht Geduld, auch sich oben zu halten, fordert die Psyche. Wer sich den sozialen Aufstieg vorstellt wie eine Fahrt im Aufzug des Shanghai Tower, der seine Passagiere zwanzig Meter in der Sekunde nach oben katapultiert, bleibt ziemlich sicher auf dem Boden.

Leider geben sich romantischen, überdimensionierten Aufstiegsillusionen am meisten die hin, denen das soziale Vorankommen am dringendsten zu wünschen wäre: Kinder und Jugendliche aus den unteren Schichten. Ihre Träume sind verständlich. Mehr als alle anderen erleben sie, dass es ihnen und ihren Familien an Kaufkraft und Anerkennung fehlt. Die von Sportidolen, Filmgrößen und Tech-Tycoons genährte Illusion von Ruhm und materiellem Reichtum senkt aber die Bereitschaft, das Leben durch eigenes Zutun zu verbessern. Die Arbeit an der eigenen Persönlichkeit und Qualifikation erscheint mühsam und wenig erstrebenswert, wenn im Kopf die Bilder vom ganz großen Coup herumspuken. Für den Quali zu lernen, Bücher zu lesen oder zu überlegen, wie man beim Berufspraktikum einen guten Eindruck macht, könnte zwar die Brücke zur nächsten Erfolgsstufe schlagen. Aber mühsame Kleinarbeit und unspektakuläre Fortschritte passen nicht zu den Vorstellungen, die Stars und Sternchen vom beeindruckenden Leben wecken. Der Unterschied zwischen der eigenen Tristesse und den Hochglanzbildern reicher Idole ist zu groß, um einen realistischen Weg zu weisen. Es bleibt bei der Bewunderung aus der Ferne.

Wunscherfüllung für Selbstabholer

Es gibt nur einen Weg, ungünstige Startbedingungen zu überwinden: Wir müssen immer und trotz allem Handelnde bleiben. Oder wie es der Dreifachweltmeister im Schwergewicht-Boxen Muhammad Ali formulierte: »Aufwachen ist die beste Art, seine Träume wahr zu machen.« Der Jahrhundertsportler, der selbst aus kleinen Verhältnissen kam, begann mit zwölf mit dem Boxen. Dazu gebracht hat ihn die Wut, dass jemand sein nagelneues rotes Fahrrad geklaut hatte. Sollte er den Dieb jemals erwischen, das schwor sich Muhammad Ali, wollte er es ihm heimzahlen können. Später beschrieb *The Greatest* die Entscheidung, boxen zu lernen, als seinen »Red Bike Moment« – den wichtigsten Wendepunkt seines Lebens.[6] Heute ermutigt das von ihm gegründete Muhammad Ali Center in Louisville, Kentucky, junge Menschen unter dem Motto Red Bike Moments©, an sich zu glauben, zu wachsen und für ihre Ziele und Werte einzustehen.

Wunscherfüllung für Selbstabholer nennt Eva Wlodarek diese zupackende Haltung. Die Hamburger Psychologin hat entschlüsselt, wie unsere Sehnsüchte Wirklichkeit werden: indem wir sie uns nämlich selbst wahr machen. Bei Wünschen, die in uns summen, gelingt uns das erfolgreicher als bei Wünschen, die eher zur Kategorie der äußeren Anreize und Belohnungen gehören.[7] Sie wissen schon: Dinge wie der Jobtitle, die Einladung zum Charity-Turnier, die Designer-Tasche, die Anzahl der Follower und Likes, der eigene Pool ... Vieles davon lacht uns vor allem an, weil uns Freunde, die Werbung oder der Zeitgeist suggerieren, es könnte unser Glück vollenden. Traumbilder und Vorbilder inspirieren.

Der beste Auftrieb für den Aufstieg erwächst aber aus dem tiefen inneren Wunsch, das Leben zu führen, das Ihnen vorschwebt und zu Ihnen passt.

Psychologen bezeichnen diese Art von Antrieb als intrinsische Motivation. Im Alltag sprechen wir von Herzenswünschen. Mehr als die Lust auf Geld, Ruhm und Status helfen uns summende Wünsche, uns aus einer als unbefriedigend empfundenen Situation zu befreien und mehr Luft und Licht ins Leben zu bringen. Die Mutter, die halbtags bei Aldi an der Kasse sitzt, um der Jüngsten den Reitunterricht zu ermöglichen, ist von einem solchen Wunsch beseelt. Gleiches gilt für den Migrantensohn, der an die Schauspielschule strebt, oder die Bankkauffrau, die sich als Finanzberaterin selbstständig macht, um so unparteiisch beraten zu können, wie es ihr unter dem Verkaufsdruck der Branche nicht möglich war.

Jenseits von Konsum und Status

Aufstiegsfantasien erstrecken sich nicht nur auf berufliches Fortkommen, Kaufkraft und Wohlstand. Auch die Lebensform und Lebensfülle der statushöheren Schichten üben eine große Anziehungskraft aus.

Vor allem Bildungsaufsteigerinnen und -aufsteiger treibt die Sehnsucht an, ein kultivierteres oder aufgeschlosseneres Leben zu verwirklichen, als es im Elternhaus üblich war. Um daran teilhaben zu können, nehmen sie in Kauf, an sich zu arbeiten und sich in Sprache und Auftreten grundlegend zu verändern. Von der tiefen Sehnsucht nach dem besseren, schöneren Leben erzählt die Schriftstellerin Ulla Hahn in ihrem autobiografisch gefärbten Roman *Das verborgene Wort*. Er handelt von Hilla, einem Mädchen, das schon in der Grundschule am Mangel und der Freudlosigkeit ihres Milieus leidet. Mit allen Mitteln kämpft sie gegen die Enge des Elternhauses an, den rheinischen Dialekt, die Feindseligkeit, mit der ihre Arbeiterfamilie auf jede Art von Verfeinerung reagiert. Beharrlich liest sie sich an, was ihr fehlt, eignet sich die Sprache an, die Kultur, die Manieren, die sie bei den bessergestellten Freundinnen sieht und zu Hause einübt, so gut es gegen den Widerstand der Eltern und Großeltern möglich ist.

Ökonomische Wünsche befeuern sie dabei am wenigsten. Wie viele Aufsteigende verfolgt Hilla immaterielle Ziele. Es geht ihr um Erkenntnis und Wissen und immer wieder um das schöne Sprechen – die sorgfältige Wortwahl, die korrekte Grammatik, den gepflegten Umgangston. Wie Cinderella möchte sie die sein, die sie sein könnte. In der Arbeitersiedlung lässt sich dieses Anliegen so wenig verwirklichen wie im Schmutz und der Asche der Küche. Also arbeitet sie sich Etappe für Etappe an das heran, was sie an Lehrern und Gleichaltrigen bewundert, schafft es auf die Realschule, ertrotzt sich den Abbruch der Bürolehre, kämpft sich am Aufbaugymnasium durch, studiert, promoviert, findet den Anschluss an die neue Welt und söhnt sich mit der alten aus. Ihr Erfolg ist ein Prozess, der sich aus vielen winzigen Schritten zusammensetzt. Jeder Fortschritt bestärkt sie darin, dass sie ihr Los zum Besseren wenden kann. Nicht zu dem Leben, das ihr vorschwebt. Aber zum Besseren. Wenn man wie Hilla aus dem Nichts kommt, ist das viel.

Auch Michelle Obama, die es als Arbeitertochter hinauf in die höchsten Ränge der Macht schaffte, entwickelte früh die Überzeugung: Es liegt an uns, was wir aus unserem Schicksal machen. Noch ehe sie in die Schule kam, begriff sie, wie viel eigene Anstrengung bewirkt. Mit vier wollte sie unbedingt Klavier lernen, doch an ein eigenes Instrument war nicht zu denken. Also bekam Michelle Unterricht bei ihrer

Tante und übte auf deren malträtiertem Schulklavier. Dabei lernte sie nicht nur Tonleitern und Arpeggien. Sie merkte auch: Es gab einen »einfachen, anspornenden Zusammenhang zwischen der Zeit, die ich geübt hatte, und den Fortschritten, die ich machte.«[8]

Aufsteigerinnen und Aufsteiger können nicht auf ein Wunder hoffen. Um hochfliegende Ziele zu verwirklichen, müssen sie eine Aufholjagd hinlegen: über ihren Schatten springen, Unbequemlichkeiten in Kauf nehmen, in Vorleistung treten, Zurückweisung aushalten, Provisorien und Zwischenlösungen akzeptieren. Das kostet ein Maß an Mut und Einsatz, das Altersgenossen erspart bleibt, die von weiter vorne aus starten. Immerhin: Aus dem Nachteil erwächst ein Vorteil. Aufsteigende lernen, sich selbst zu helfen. Mit jedem erfolgreich absolvierten Schritt wächst die Fähigkeit, Herausforderungen zu meistern. Diese Erfahrung ist unbezahlbar.

UND JETZT?

Sich trauen. Anfangen. Machen. In der Bereitschaft, für sich einzustehen, liegt der Schlüssel für den Aufstieg, ganz gleich, wo er beginnt, egal, in welche Höhe er Sie führt. Hinterfragen Sie Ihre Lage, und finden Sie heraus, wie Ihr Platz im Leben beschaffen sein muss, damit er sich für Sie gut anfühlt: Bin ich mit dem aktuellen Zustand zufrieden? In welche Richtung möchte ich mich entwickeln? Was möchte ich in nächster Zukunft haben oder erreichen? Was muss ich tun, damit mir das gelingt? Welche Werte spielen dabei eine Rolle? Geht es mir um Freiheit, persönliche Entwicklung, Unabhängigkeit, Ästhetik, eine bessere Welt? Alternativ gehen Sie es wie Cinderella an. Sie hatte zwar noch keinen fertigen Lebensplan, wusste aber: Eine Zukunft in Sack und Asche war ihre Sache nicht. In einer Welt, in der man als Mädchen allenfalls zur Prinzessin aufsteigen konnte, folgte daraus: Wenn sie aus der Misere rauswollte, musste sie zum Ball. Natürlich gab es keine Gewähr, dass das Auge des Prinzen auf sie fallen würde. Doch die Abwandlung einer bekannten Weisheit gilt für Aufsteigende mehr als für Arrivierte, die schon lange am Ziel ihrer Wünsche sind: Wer sich traut, kann verlieren. Aber wer sich nicht traut, hat schon verloren.

4

LEGEN SIE DIE BESTMÖGLICHEN GRUNDLAGEN

Warum viele Wege nach oben führen und trotzdem nichts über das Gymnasium geht

»Mein Lehrer wollte, dass ich auf die Hauptschule gehe. Erst durch das Einschreiten meines deutschen Nachbars konnte ich aufs Gymnasium.« Neun Jahre später legte der, der das sagte, das beste Abitur seines Jahrgangs hin. Es folgte ein erfolgreiches Medizinstudium, eine mit Bestnote bewertete Dissertation, die Habilitation, schließlich die Berufung zum Professor für experimentelle Onkologie.[1] Doch die medizinische Bilderbuchkarriere war für Uğur Şahin erst das Warmlaufen. 2008 gründet er mit seiner Frau Özlem Türeci Biontech. Alles Weitere ist bekannt: Der Arbeitersohn und die Chirurgentochter entwickelten mit ihrem Team einen der ersten Coronaimpfstoffe der Welt und schützten mit ihrer Erfindung Millionen von Menschenleben.

Der exorbitante Aufstieg von Uğur Şahin und Özlem Türeci beweist: Der sprichwörtliche amerikanische Traum kann sich auch in Deutschland erfüllen. Egal, wo wir herkommen, wir können uns mit Talent und Willenskraft nicht nur ein wohlhabenderes und erfüllteres Leben erkämpfen. Selbst ein Platz im Geschichtsbuch und auf der Liste der hundert reichsten Deutschen sind drin. Für nichts davon ist die Gymnasialempfehlung zwingend notwendig. Aber wer sie bekommt, hat schon mit zehn die härteste aller Bildungshürden genommen.

Bildung: Nie war sie so wertvoll wie heute

Natürlich kann man ohne akademische Meriten sein Glück machen, Innovation vorantreiben und einen Beruf ausüben, der im Zweifelsfall systemrelevanter ist als der eines Physikers oder einer Philosophin. Definitiv verlangt es einem mehr ab, in einem Hartz-IV-Umfeld die Gesellenprüfung zu schaffen, als mit Hilfe von zwei Akademikereltern durchs Abitur zu segeln. Selbstverständlich braucht man keinen Doktortitel, um erfolgreich durchs Leben zu kommen, und ja, es gibt Akademiker und Akademikerinnen, die deutlich weniger verdienen als der Techniker, der ihnen die Daten am Notebook rettet. Das alles ändert aber nichts an der Tatsache: So wie die wirtschaftliche Selbstständigkeit der vielversprechendste Weg zum Reichwerden ist,[2] so legen Abitur und Studium das sicherste Fundament für den sozialen Aufstieg.

Das war nicht immer so. Als BRD und DDR im Jahr 1949 gegründet wurden, machten gerade mal fünf von hundert Schülern das Abitur. Noch für die Generation meiner Eltern bedeutete das: Nur jeder Zwanzigste eines Jahrgangs konnte studieren. Die winzige Quote ließ auch Cleveren, Zupackenden, Aufstrebenden ohne Abi und Uni viel Luft, sich weiterzubilden, aufzusteigen, fortzukommen. Siebzig Jahre später hat sich die Lage gewandelt:

Gymnasien und Hochschulen haben aufgehört, elitäre Clubs zu sein.

Längst führen viele Wege zur Hochschulreife, jede Kleinstadt hat ihr eigenes Gymnasium, der Wechsel zwischen den Schularten wurde erleichtert, die Akademikerquote ist so hoch wie nie zuvor. Die Chance, ein Abitur zu erwerben, hat sich aus diesen Gründen verzehnfacht. Jeder und jede Zweite kann heute studieren, und die meisten von ihnen nutzen die Chance.[3] Daraus folgt eine einfache Rechnung: Im Internet-Zeitalter ist die vordere Hälfte der Plätze belegt. Ganz überwiegend sitzen dort Absolventinnen und Absolventen, die das Abi, den Bachelor, den Master haben. Aus ihren Reihen stammen die meisten Leistungsträger in Wirtschaft, Wissenschaft und Gesellschaft. Eine anspruchsvolle Karriere im In- und Ausland, in der Technologie, im Management, im Finanzbereich, in der Medizin, in Gerichten und Ministerien setzt so gut wie immer einen akademischen Grad voraus. Das Gleiche gilt für den Zugang zu den hochangesehenen und mit hohen Eingangshürden versehenen freien Berufen. Patentanwalt oder Virologin wird man nur mit Uniabschluss.

Das engste Nadelöhr im Lebenslauf

Gesamtgesellschaftlich standen die Chancen, die begehrtesten, höchsten Bildungstitel zu erlangen, noch nie so gut. Sie sind aber, wenn auch in geringerem Maß als vor fünfzig Jahren, zutiefst ungleich verteilt. In der Grundschule lernen die Tochter der Tierärztin und der Sohn des Busfahrers noch gemeinsam. Nach der vierten Klasse trennen sich häufig ihre Wege: Die Mehrzahl der Akademikerkinder tritt ins Gymnasium über, die Mehrzahl der anderen bleibt zurück.[4]

Dem Mediziner und Bundesminister für Gesundheit Karl Lauterbach widerfuhr dieses Schicksal. Sein Vater arbeitete in einer Molkerei nahe der damaligen Kernforschungsanlage Jülich. »Wir Arbeiterkinder gingen mit den Kindern der Atomkraftingenieure in dieselbe Grundschule. Ich war ein sehr guter Schüler, aber meinen Eltern wurde abgeraten, mich aufs Gymnasium zu schicken – ich hätte einfach zu oft Bronchitis«, erinnert sich Lauterbach. »Diese Formulierung habe ich nie vergessen. Erst später wurde mir klar: Die Gymnasialempfehlungen waren für die Ingenieurskinder reserviert.«[5] Also landete Karl auf der Hauptschule. Erst dort erkannten engagierte Lehrkräfte seine Begabung und sorgten dafür, dass er auf die Realschule und von dort aufs Gymnasium kam. Seit der Gesundheitsminister zur Schule ging, wurde die Hauptschule zur Mittelschule aufgewertet und die Kreidetafel ist dem interaktiven Whiteboard gewichen. Doch auch für die Mias und Maliks von heute gilt:

Der Übergang ins Gymnasium ist und bleibt für Nichtakademiker-Kinder das Nadelöhr.

Nirgendwo wird sozial so unerbittlich ausgesiebt wie in der vierten Klasse der Grundschule, und alles deutet darauf hin: Den Ausschlag gibt der Bildungs- und Finanzhintergrund der Eltern. »Verglichen mit der Hürde nach der Grundschule, waren Abitur, Medizinstudium, Promotion und Professur wirklich harmlos«, sagt Lauterbach, der alle Übergangsschwellen einer akademischen Karriere aus eigener Erfahrung kennt. Dorthin aber muss man erst einmal kommen, und meine These ist (und vielleicht widersprechen Sie mir gleich heftig): Am besten fährt, wer ohne Umweg den Weg über das Gymnasium nimmt.

Alles Abi, oder was?

Die Zeiten ändern sich. Doch nach wie vor ist für Arbeiterkinder nichts schwerer zu erreichen als die Bildungserfahrung, die in den oberen gesellschaftlichen Schichten zur Kindheit wie das Seepferdchen gehört:

> **Ab zehn auf dem höchsten Niveau lernen zu dürfen, das das staatliche Bildungssystem zu bieten hat.**

Nun können Sie natürlich einwenden: Aber unser Bildungssystem ist doch durchlässig. Das stimmt. Die Gesamtschulen und Fach- und Berufsoberschulen eröffnen einen bodenständigeren Zugang zur Hochschulreife als die Gymnasien. Auf dem Lehrplan stehen erste Begegnungen mit der Arbeitswelt und marktgängige Spezialisierungen und Inhalte: Gestaltung, Soziales, Technik, Umwelt oder Wirtschaft. Wer obendrein die FOS 13 dranhängt, erwirbt neben dem Fachabitur, das zum Studium an den Hochschulen für Angewandte Wissenschaften berechtigt, die Allgemeine Hochschulreife. Das bedeutet: Er oder sie kann an der Uni jedes Fach studieren und steht formal den Abiturientinnen und Abiturienten vom Gymnasium in nichts nach.

Also alles gut? Nicht ganz. Es gibt einen Nachteil, und darauf möchte ich Ihren Blick lenken. In der FOS nehmen Schülerinnen und Schüler nicht mit 10, sondern erst mit 16 oder 17 den Anlauf in Richtung Abitur. Vordergründig erhalten Spätzünder auf diese Weise mehr Zeit, sich zu entwickeln. Dieser Vorteil wird aber durch einen Nachteil erkauft. Der Professor für Differenzielle Psychologie an der Universität

Graz Aljoscha Neubauer bringt ihn zum Vorschein: »Intelligenz wird in den ersten 15 Lebensjahren entwickelt, sie ist maßgeblich abhängig von Quantität und Qualität des Besuchs von Kindergarten und Schule. Daraus ergibt sich ein klarer Auftrag an die Bildungspolitik, wirklich allen Menschen, egal, welcher Herkunft, die bestmöglichen Entwicklungschancen zu geben.«[6]

Das Zeitfenster zwischen 10 und 15 ist so kostbar, dass es bestmöglich genutzt werden sollte. Die beruflichen Oberschulen tun in den zwei oder drei Jahren hin zu Fachabitur und Abitur ihr Bestes. Sie können aber unmöglich ausgleichen, dass Schülerinnen und Schüler am klassischen acht- oder neunjährigen Gymnasium mindestens dreimal so viel Zeit haben, neben dem fachlichen Wissen auch den kulturellen Erfahrungshorizont zu erweitern.

»Matura« heißt das Abitur in Österreich und der Deutschschweiz, abgeleitet von lateinisch *maturitas* »die Reife«, und allein das Wort besagt: Es geht bei der Reifeprüfung um mehr als um Gedichtinterpretationen oder trigonometrische Funktionen. Zehnjährige Kinder erfahren am Gymnasium mehr geistige Anregungen und lernen ein gehobeneres Umfeld kennen als Gleichaltrige in der Mittel- und Realschule. Überdies genießen sie diesen Vorzug zu einem idealen Zeitpunkt: Ihr Habitus entwickelt sich noch signifikant und ist »nicht so fest geronnen und damit leichter transformierbar«.[7] In Sachen Sprache, Mindset, Weltoffenheit oder Geschmack saugen Kinder ab zehn daher mehr und anderes auf als Jugendliche, die schon den Mopedführerschein haben. Konkret bedeutet das: Streben Schülerinnen und Schüler das Abitur auf Umwegen an, versäumen sie wertvolle Jahre. Von dem kulturellen Kapital, das sich mit Geld nicht kaufen lässt, absorbieren sie weniger – einfach deshalb, weil ihnen weniger angeboten wird.

Eltern sollten diesen Aspekt nicht unterschätzen: Ein verinnerlichter gehobener Habitus bietet die beste Voraussetzung, ein Studium zuversichtlich zu meistern. Akademikerkinder bekommen ihn im Elternhaus bei jedem Gespräch und jeder Unternehmung vermittelt. Gymnasiastinnen und Gymnasiasten werden in der Schule Tag für Tag darauf vorbereitet. Nichtakademikerkindern hingegen, die über berufsbildende Schulen an die Hochschulen kommen, fehlt eine vergleichbare Erfahrung. Die Folgen beschreibt der Erziehungswissenschaftler Peter Alheit: Öfter als ihre Altersgenossen nehmen FOS- und BOS-Absolventen den an der Uni üblichen Habitus als »fremd«, »realitätsfern« und »anmaßend« wahr.[8]

Geht doch!

Je früher ein Kind an den bestmöglichen Bildungschancen teilhat, desto mehr hat es davon. Akademikereltern wissen das. Ihnen ist auch klar: Je mehr Kinder die Schule mit dem Abitur verlassen, desto wichtiger wird es, dass ihr Kind, um sich überhaupt noch abzuheben, wenigstens die angesehenste Version davon vorweisen kann. Entsprechend sitzen drei von vier Akademikerkindern mit zehn im Transrapid Richtung Abitur. Bei den Nichtakademikerkindern verhält es sich umgekehrt: Drei von vier verpassen den schnellsten, direktesten Zug. Sie können bestenfalls später und nach mehreren Umstiegen hinterherkommen. Dabei sind exzellente Bildungschancen, engagierte Lehrer und vorbildhafte Professorinnen für ihren Lebenserfolg noch wichtiger als für ihre von Haus aus besser gestellten Altersgenossen. Denn Kinder aus begrenzenden Verhältnissen erben selten ein Vermögen, geschweige denn ein Unternehmen. Sie sind zu sehr auf Normalität und sichere Arbeitsplätze gepolt, um in jungen Jahren Firmen zu gründen, wofür es zu Hause weder Zuspruch noch finanziellen Rückhalt gibt.

> Gute und sehr gute Karrieren machen Nichtakademikerkinder am ehesten bei Toparbeitgebern, in Großunternehmen oder im Mittelstand.

Dort aber sind formale Qualifikation gefragt: der Bachelor, der Master, der MBA, auf jeden Fall aber das Abitur oder Fachabitur. Der Weg dorthin ist für den Nachwuchs aus bildungsfernen Familien nicht vorgezeichnet. Weder haben sich schon ihre Großeltern beim Jugend-forscht-Wettbewerb kennen gelernt, noch wachsen sie mit Büchern über Professorenzwillinge oder Zauberinternate auf, die sich nicht nur spannend lesen, sondern beizeiten den Wunsch nach Wissen und Bildung wecken. Welchen Unterschied solche Einflüsse machen, ist mir kürzlich beim Aufräumen bewusst geworden. Beim Blättern in dem abgeliebten *Nesthäkchen*-Band, den mir meine Zweitklasslehrerin als Belohnung für einen gelungenen Aufsatz schenkte, fiel mir der Satz ins Auge: »Da kommt so was aus Berlin, kann Virgil und Cicero übersetzen.« Sicher würde Else Ury das Gleiche heute anders formulieren. Aber als ich acht oder neun war, haben mir ihre Mädchenbücher eine Ahnung vermittelt, wie ich leben wollte, wenn ich groß sein würde – verbunden mit der Bestätigung dessen, was ich auch von meinen Eltern wusste: dass ich dafür Latein lernen und auf eine höhere Schule muss.

Für mich war der Weg dorthin nicht so schwer. Auch wenn meine Eltern nicht studieren konnten, war die Oberschule für sie keine unbekannte Welt. Wenn Mama und Papa dagegen vornehmlich körperliche Anstrengung als richtige Arbeit ansehen oder schlechter deutsch sprechen als ihr Kind, erscheint ihnen das Gymi schnell als Schule für Apothekertöchter und Managersöhne. Grundschullehrerinnen kennen diese Bedenken. Sie wissen, dass das Gymnasium für den Nachwuchs aus bildungsfernen Familien kein Kinderspiel ist. In bester Absicht erhalten Nichtakademikerkinder deshalb bei gleichen Noten oft schlechtere Schulempfehlungen als Akademikerkinder, und Nichtakademikereltern finden sich häufiger als Akademikereltern damit ab.[9] Wer selbst keinen oder einen mittleren Bildungsabschluss hat, richtet den Blick nicht automatisch auf Abi und Uni. Mindestens genauso viel Ansehen genießen praxisnahe Bildungswege wie die Realschule, ein Ausbildungsplatz im Handwerk, die FOS, vielleicht die regionale Fachhochschule, wofür ja auch einiges spricht: Sohn und Tochter sollen ihre Kindheit genießen, mit dem Fahrrad zur Schule fahren statt mit dem Schulbus in die nächstgrößere Stadt, und überhaupt hat eine Ausbildung noch niemandem geschadet. Und falls das Kind doch mehr will, kann es später immer noch weitermachen. Hinzu kommt die nüchterne Realität: In Englisch und Chemie, beim Schreiben von Referaten und beim Recherchieren im Netz sind Nichtakademikerkinder auf sich allein gestellt.

Immerhin: Verhinderte Gymnasialkarrieren bilden die Wirklichkeit nur halb ab. Jedes Jahr schaffen es Tausende von Zehnjährigen aufs Gymnasium, deren Eltern Küchen aufbauen, Führerscheine umstellen oder Gebäude reinigen. Die spannende Frage ist, wie ihnen der Übertritt trotz erschwerter Bedingungen gelingt. Grundschullehrerinnen sagen: Wenigstens einer der folgenden vier Faktoren sollte erfüllt sein.

Erstens: Die Grundschule stuft eine Schülerin oder einen Schüler als sprachlich, mathematisch oder musisch begabt ein. Kind und Eltern werden frühzeitig auf die Möglichkeiten des Übertritts eingestimmt und vorbereitet.

Zweitens: Ein Kind bringt eine hohe eigene Motivation mit und drängt von sich aus aufs Gymnasium. Michelle Obama erzählt davon, dass sie Schule wie ein Spiel empfand. Sie wollte zeigen, was sie konnte: »Und wie bei jedem Spiel war ich, wie fast jedes Kind, am glücklichsten, wenn ich vorne lag.«[10]

Drittens: Die Eltern wollen, dass es ihre Kinder einmal besser haben. Sohn oder Tochter sollen erreichen, was ihnen selbst verwehrt blieb. Sie messen Schule und Bildung eine hohe Bedeutung bei, holen die Grundschullehrerin mit ins Boot, äußern ihre Hoffnungen für ihr Kind und nehmen Fördermöglichkeiten wie die schulische Hausaufgabenbetreuung in Anspruch.

Viertens: Ein glücklicher Zufall gibt den Ausschlag, beispielsweise, wenn die Freunde aus der Grundschule aufs Gymnasium übertreten, die Chefin der Mutter zum Übertritt rät oder die weiterführende Schule so günstig gelegen ist, dass das Kind in einer Viertelstunde dort ist.

Warum Akademikereltern das Beste gerade gut genug finden

Neigen Eltern mit unteren und mittleren Abschlüssen dazu, sich mit den Gegebenheiten zufriedenzugeben, wählen bildungsbürgerliche Mütter und Väter den entgegengesetzten Weg. Manche ignorieren sogar die Schulempfehlung der Grundschule und melden ihr Kind auf eigene Verantwortung in einer leistungsstärkeren Schulform an. Der Erfolg gibt ihnen Recht. Der Psychologieprofessor Joachim Tiedemann und sein Team haben in einer Längsschnittstudie nachgewiesen:

Die meisten Kinder ohne Gymnasialempfehlung packen das Gymnasium trotzdem.

Das gilt sogar für die, die mit einer Hauptschulempfehlung dorthin wechseln. Die Wissenschaftler leiten daraus ab: »Den Ergebnissen zufolge werden Bildungsressourcen nur begrenzt ausgeschöpft und somit Bildungschancen vorenthalten.«[11]

Der Bildungsdrang von Akademikerfamilien kommt nicht von ungefähr. Selbst wenn ein Kind das Abitur nur mit Ach und Krach schafft, profitiert es vom Prestige einer angesehenen Schulform, zumal Akademikerfamilien sich nicht für irgendeine Schule entscheiden. Besondere Beliebtheit genießen in den oberen Schichten Traditions-, Musik- oder internationale Gymnasien, die einen höheren Statusgewinn versprechen als die Feld-Wald-und-Wiesen-Oberschule im Speckgürtel. Die Schulwahl wird flankiert von einer vielseitigen Freizeitgestaltung zwischen Cello-Unterricht und Reiten, Kinderuni und Ballett. Später folgen die sorgfältig ausgesuchte Hochschule, die hochrangigen Praktika, das Auslandsstudium an einer namhaften Universität und als Krönung gern der MBA oder die Promotion. Im Bekanntenkreis schreiben Väter Facharbeiten, weil der Sohn so stark ins Schwimmtraining eingespannt ist, als dass er selbst dazu käme. Mütter recherchieren infrage kommende Doktorväter und fädeln den Kontakt ein, weil die Tochter sich nicht zu fragen traut.

Welches Gewicht einkommensstarke Eltern weltweit einer hochkarätigen Bildung beimessen, hat der Skandal um die amerikanische Schauspielerin Felicity Huffman gezeigt. Die Schauspielerin zahlte 15 000 Dollar an einen College-Berater, damit er Antworten ihrer Tochter beim SAT-Test aufbessern ließ. In den USA hängt von dem standardisierten Eignungstest ab, an welchen Unis man studieren kann. Der Bestechungsversuch flog auf, und Felicity Huffman wurde zu einer zweiwöchigen Haftstrafe, einer Geldstrafe und 250 Stunden gemeinnütziger Arbeit verurteilt. Ihre Tochter schaffte es später übrigens aus eigener Kraft auf die renommierte Carnegie Mellon University.

Bodenständige Eltern schütteln über solche Statusspiele höchstens den Kopf. Wo der Lebenszuschnitt enger ist, bleibt man auf dem Teppich. Wenn Sie sich für Ihr Kind mehr wünschen, als Sie selbst erreicht haben, sollten Sie aber im Auge behalten: Die feinen Unterschiede zählen mehr, als Sie vielleicht wahrhaben möchten. Es wirkt sich auf den Status aus, ob man das Abitur an der FOS abgelegt hat oder am Fridericianum, ob man den Master an irgendeiner regionalen Hochschule macht oder an einer bekannten Eliteuni, ob die 16-Jährige für ein Taschengeld Regale einräumt oder zum Nulltarif in ein namhaftes Unternehmen hineinschnuppern darf, ob der Sohn in irgendeinem Betrieb lernt oder sich für ein duales Studium beim angesehensten Arbeitgeber der Region qualifiziert. In der sozialen Rangordnung besteht am leichtesten, wer dafür optimal ausgerüstet ist.

> Kinder aus begrenzten Verhältnissen brauchen aus diesem Grund nicht nur ordentliche, sondern ebenso hochkarätige Möglichkeiten wie Kinder aus bevorzugten Milieus.

Auf allen Ebenen des Bildungs- und Ausbildungssystems gibt es erstklassige und weniger erstklassige Varianten. Darüber wird wenig gesprochen. Doch Eltern, die selbst einen hohen Status erreicht haben, wissen, was Sache ist: Scheinbar dünkelhafte Bildungsentscheidungen begünstigen große Karrieren. Schauen Sie sich als Beispiel den Werdegang des Zwei-Sterne-Kochs Benjamin Chmura an. Mit 33 wurde er zum Küchenchef des Tantris in München berufen. Der Aufstieg in den Koch-Olymp war nicht das Ergebnis einer Kochlehre in einem nahe gelegenen Gastronomiebetrieb. Genau die hätte Chmura gern mit 14 begonnen. Doch seine Eltern, ein Dirigent und eine Ärztin, bestanden darauf, dass er erst mal das Abi machte. Im Gegenzug vermittelte sein Vater ihm einen Wochenendjob in einem Brüsseler Sternelokal, wo die Familie häufiger essen ging. Nach dem Abitur wurde Chmura am Institut Paul Bocuse für Hotellerie und Kulinarische Kunst in Lyon aufgenommen, das als die beste Adresse gilt, wenn man französische Hochküche lernen will. Das Abitur gehört dort übrigens zu den Eingangsvoraussetzungen. Worin sich einmal mehr zeigt: Das klassische Abitur legt die solide Grundlage für alle erdenklichen Bildungs- und Ausbildungswege. Auch wenn es genug Gegenbeispiele gibt, dass es auch anders geht, ist und bleibt es die sicherste Bank, viel zu erreichen. Egal, ob als Sternekoch, Steuerberaterin, Scrum Master oder Senior Partner.

UND JETZT?

»Viel mehr als unsere Fähigkeiten sind es unsere Entscheidungen, Harry, die zeigen, wer wir wirklich sind«, gibt Dumbledore zu bedenken, der weiseste und gütigste Zauberer der *Harry-Potter*-Reihe. Wer aus kleinen Verhältnissen kommt, kann nicht immer nach dem Besten greifen. Bei der Bildung, das ist die gute Nachricht, haben Sie aber die Wahl. Genau wie besser gestellte Familien können Sie innerhalb des staatlichen Bildungssystems das am meisten anregende Umfeld für Ihr Kind wählen, erst recht, wenn es gute Noten nach Hause bringt und von sich aus aufs Gymnasium möchte. Gradmesser für die richtige Alternative ist nicht die wirtschaftliche Lage Ihrer Familie, es sind die geistigen Fähigkeiten Ihres Kindes: Liegen sie im sprachlichen, naturwissenschaftlichen, praktischen oder künstlerisch-musischen Bereich? Dann entscheiden Sie sich dafür, dass Ihr Kind mit der privilegierten Hälfte seines Jahrgangs lernt. Für alle anderen Bildungs- und Ausbildungsentscheidungen gilt das Gleiche: Bescheiden Sie sich nicht, wählen Sie die hochrangigste Option, die Ihr Sohn oder Ihre Tochter stemmen kann. Sie legen damit nicht nur handfeste Grundlagen, sie setzen auch den Pygmalion-Effekt in Gang: So heißt in der Psychologie das Phänomen, dass Jugendliche bessere Leistungen erzielen, wenn sie sehen, was Eltern, Lehrer, Ausbilder und Professorinnen ihnen zutrauen und mit ihnen zusammen anpacken.

5
ARBEITEN SIE MIT DEM, WAS SIE HABEN

Spielen Sie die Stärken Ihrer Herkunft aus

Der US-Serie *Maid* gelang, womit niemand gerechnet hatte: der Aufstieg in die Liste der zehn erfolgreichsten Netflix-Serien aller Zeiten. Sie beruht auf dem wahren Erleben der amerikanischen Autorin Stephanie Land und erzählt die Geschichte von Alex, die sich und ihr Kind mit Gelegenheits- und Putzjobs durchbringt. Wie Land muss Alex nach der Geburt ihrer Tochter Maddie den Traum vom College knicken. Mit Maddies Vater lebt sie in ärmlichen Verhältnissen. Doch es fehlt nicht nur an Geld und Perspektiven. Sean ist latent gewaltbereit, und um Maddie zu schützen, flieht Alex mit ihr in ein Frauenhaus. Mittellos lebt sie in Notunterkünften, putzt Luxusvillen für einen Hungerlohn, kämpft um Sozialhilfe, einen Kita-Platz, eine Wohnung ohne Feuchtigkeit und Schimmel, und setzt alles daran, damit Maddie das ganze Ausmaß ihrer Not verborgen bleibt. Am Ende der Serie schafft sie es dank eines Stipendiums dann doch an die Uni.

Die Serie zeigt, wie fies Armut ist. Sie macht aber auch die mentalen Stärken von Menschen sichtbar, die den Kampf für ein besseres Leben aufnehmen. Viele davon rühren direkt aus dem Habitus ihrer Herkunft. Denn auch wenn die Kapitaltöpfe Besitz, Bildung und Beziehungen in einer Familie nur kärglich gefüllt sind, gibt es einen Hoffnungsschimmer. Aus den Lücken erwachsen auch Stärken, die beim Vorankommen helfen: Improvisationstalent, Zielstrebigkeit, Nahbarkeit und ein eiserner Kern.

#1 Improvisationskunst: Aus Nichts etwas machen können

Ich weiß nicht, wie es Ihnen geht. Ich gehöre zu den Menschen, die am liebsten nach Rezept kochen, mit genau den richtigen Zutaten und den idealen Werkzeugen und wenn die Granatäpfel aus sind oder ich keine Backform in der angegebenen Größe im Schrank habe, lasse ich von einem Kochvorschlag eher die Finger. Genauso ist es auch im Job: Wenn ich einen Auftrag übernehme, dann am liebsten, wenn ich sicher weiß, ich habe das Zeug dazu. Diese Herangehensweise sichert Qualität. Sie ist aber auch ganz schön anspruchsvoll. So wählerisch kann nur vorgehen, wer aus dem Vollen schöpft: weil im Supermarkt fast jede ausgefallene Zutat zu finden ist oder weil die Auftragslage es zulässt, dass man ein weniger passendes Projekt auch mal ablehnen kann.

Menschen, die in beengteren Verhältnissen leben, bleiben die komfortabelsten, direktesten, einfachsten Wege oft verschlossen. Um die Hürden zu umgehen, die sich vor ihnen auftürmen, suchen sie nach Pfaden außerhalb der Norm. »Auch aus Steinen, die dir in den Weg gelegt werden, kannst du etwas Schönes bauen«, schrieb der Schriftsteller Erich Kästner, der nach eigener Aussage selbst aus ganz kleinen Verhältnissen kam. Vielleicht erscheint Ihnen die Sichtweise als Zweckoptimismus. Doch Not erweist sich tatsächlich als eine hervorragende Impulsgeberin. Die Stärke, aus wenig viel zu machen, zeigt sich in der Eigenleistung beim Hausbau ebenso wie in der Fähigkeit, den eigenen Kindern ein Gefühl von Sicherheit zu vermitteln, wo keine ist. Deshalb hat mich in *Maid* ganz besonders die Szene berührt, wie Alex mit großer Geste »Fantasiesirup« auf Maddies Pfannkuchen gießt. Mit der Luftnummer kaschiert sie den Mangel: dass das Geld selbst für den billigsten, künstlichsten Sirup nicht reicht. Maddie bekommt so, was sie dringender braucht als Süßkram: eine sichere Bindung und eine optimistische Grundhaltung.

Auch wenn wir uns das Zuwenig nicht wünschen: Es schiebt uns an, ungewöhnliche Wege zu erschließen. Menschen aus einfachen Verhältnissen sind darin geübt. Wer es als Kind geschafft hat, sich aus allem möglichen zusammengesammelten Material einen fahrbaren Untersatz zu bauen, weil für ein TÜV-geprüftes Gokart zu Hause kein Geld da war, der kompensiert suboptimale Bedingungen auch beruflich, etwa weil ein Forschungsprojekt nur begrenzt gefördert wird. Den Gewinn, der aus der Knappheit erwachsen kann, erkannte übrigens schon Leonardo da Vinci, der Schöpfer der *Mona Lisa*: »Kunst lebt von Zwängen und stirbt an der Freiheit.«

#2 Zielstrebigkeit: Weil von nichts auch nichts kommt

In der Mittelstadt, in der ich groß geworden bin, gibt es drei Gymnasien. Keines davon war elitär, auf jedes gingen Kinder aller Schichten, von der Arbeitertochter bis zum Zahnarztsohn. Unterschiede zwischen uns gab es natürlich trotzdem. Kinder, die aus bescheidenen Verhältnissen oder, wie ich, aus Familien mit mittleren Bildungsabschlüssen kamen, setzten sich zum Teil für jede Kommanote unter Druck. Akademikertöchter und Unternehmersöhne ließen es, sofern sie kein Medizinstudium planten, eher so angehen, wie es der Lehrersohn und Ex-Bundeskanzler Helmut Schmidt erfolgreich hielt: »Was mich nicht interessiert hat, habe ich nur flüchtig gemacht.«[1] Den einen waren musische und sportliche Hochleistungen wichtiger, andere wollten alles, bloß nicht als Streber gelten. Alle taten sich im Mündlichen hervor, im Formulieren von Ideen, Kritik und eigenständigen Meinungen. Sie lasen anspruchsvollere Zeitungen, kannten sich mit Wirtschaft, Politik und Hochkultur aus und wussten über Beethoven und Botticelli Bescheid. Später im Studium erlebte ich es ähnlich.

Büffeln. Ochsen. Ackern.
Wie so oft erweist sich Sprache als mieser Verräter.

Die Vokabeln für Üben und Lernbereitschaft kommen von Kühen, Rindern, Feldarbeit. Strohtrockener geht es nicht. Anders als Kinder aus Familien mit hohem Bildungskapital, die schulische Anforderungen wie nebenbei erfüllen oder jedenfalls so tun, haben Nichtakademikerkinder verinnerlicht, dass von nichts auch nichts kommt. Ihr Habitus des Bildungsstrebens kommt weniger cool rüber als der Habitus der Bildungsexzellenz. Ein Gutes haben Fleiß und Sorgfalt aber doch: Sie legen das Fundament für Leistungen, die die Nachteile einer durchschnittlichen oder unterdurchschnittlichen sozialen Herkunft ausgleichen und bisweilen komplett auslöschen. »Ich wollte eine Million verkaufen und habe eine Million verkauft«, sagte Beyoncé über sich. »Ich wollte Platin holen und habe Platin geholt. Ich habe nonstop dafür gearbeitet, seitdem ich 15 bin. Ich weiß gar nicht, wie es ist, mal nichts zu tun.«[2]

Was möglich wird, wenn jemand seine Kraft einem einzigen Ziel verschreibt, verkörpert aktuell wohl niemand so eindrucksvoll wie Uğur Şahin. Im Rennen um einen Covid-Impfstoff arbeitete er sieben Tage in der Woche 18 Stunden am Tag. Selbst zu Hause drehte sich alles um die wissenschaftliche Arbeit. Als einzige Ablenkung sah er sich hin und wieder einen Marvel-Film am Laptop an.[3] Zugegeben: Ohne das Corona-Virus wäre der Biontech-Gründer kaum in die Liste der 30 reichsten Deutschen aufgestiegen. Trotzdem hätte er wahrscheinlich Bedeutendes geleistet. So oder so beweist sein Weg: Der Notwendigkeitshabitus der unteren Schichten und der Leistungshabitus der breiten Mitte wirken vielleicht nicht glamourös. Aber sie treiben sehr wirksam das Vorankommen an.

#3 Resilienz: Robust im Nehmen

Es ist schwer, wenn die Herkunft einen mit widrigen Umständen konfrontiert. Daran gibt es nichts zu beschönigen. Genauso falsch wäre es aber zu vergessen: Auch Menschen, die auf der weniger sonnigen Seite des Lebens geboren sind, schreiben Erfolgsgeschichten. Wenn ich davon erzähle, dann nicht, um von gesellschaftlichen Missständen abzulenken. Sondern um zu zeigen, dass selbst bei armseligster Abstammung nicht nur beachtliche, sondern unglaubliche Aufstiege möglich sind. Kennen Sie die Geschichte der Modeschöpferin Gabrielle »Coco« Chanel? Ihr Leben begann, als hätte eine schlechte Fee an ihrer Wiege gestanden: Gabrielle wurde als Tochter einer Wäscherin geboren, verlor mit zwölf ihre Mutter, kam in ein von Nonnen geführtes Waisenhaus, lernte Schneiderin, versuchte sich als Sängerin und begann mit 23 eine Affäre mit einem Industriellensohn. An seiner Seite lernte sie den Lebensstil der Reichen und Schönen kennen, mit seiner finanziellen Unterstützung eröffnete sie ein Modeatelier im Seebad Deauville. Von da an ging's bergauf. Chanel entwickelte erste Kollektionen: Röcke aus Jersey, Matrosenblusen, das Tweedkostüm, das kleine Schwarze. Ihre Mode ist inspiriert von dem, was sie kannte: der Kleidung der Armen, der Nonnen, der Fischer der Normandie. Und sie schlägt ein. »Ein revolutionärer Stil«, urteilte 1931 das Intellektuellen-Magazin *The New Yorker*. Der Rest ist Geschichte.

Gabrielle Chanel gehört zu den erfolgreichsten Unternehmerinnenpersönlichkeiten aller Zeiten. Trotz düsterer Ausgangsvoraussetzung, trotz Armut und Ablehnung, trotz dunkler Punkte in ihrer Biografie vollbrachte sie Grandioses auf ihrem Gebiet. Diese Fähigkeit des Aufstehens und Immer-wieder-Aufstehens nennt man Resilienz. Sie bedeutet: Man wird niedergedrückt und federt zurück wie ein Schilfrohr.

> Wie es aussieht, findet sich die Fähigkeit, an Krisen zu wachsen, besonders ausgeprägt bei Menschen, die keinem perfekt behüteten Elternhaus entstammen.

Diese Erkenntnis geht auf die amerikanische Psychologin Emmi Werner und ihr Team zurück. Die Wissenschaftler haben einen kompletten Jahrgang von Kindern untersucht, die im Jahr 1955 auf der Insel Kauai geboren wurden, und über vierzig Jahre lang begleitet. Ungefähr zweihundert der untersuchten Studienteilnehmer wuchsen unter erschwerten Lebensbedingungen auf. Von ihnen fiel ein Drittel durch eine erstaunliche Fähigkeit auf: Verwundbar, aber unbesiegbar entwickelten sie früh und besonders erfolgreich die Gabe, Schwierigkeiten zu meistern. Sie holten sich Hilfe, passten Ziele flexibel an und gewannen auch Situationen eine Perspektive ab, die vom Schicksal Verwöhnte verzweifeln ließen. Im Umgang mit Herausforderungen zeigten sie eine Nervenstärke, die sich nicht schnell mal anlesen oder antrainieren lässt. Wie sieht es damit bei Ihnen aus? Wie ist es um Ihre Krisenfestigkeit bestellt? Macht Ihnen so leicht nichts Angst? Finden Sie noch in jeder Situation eine Lösung? Können Sie auch in dunklen Zeiten die Sonnenseiten des Lebens erkennen? Dann arbeiten Sie mit diesem Vorzug. Eine robuste Psyche bildet die beste Voraussetzung, dass Sie das Leben nach Ihren Wünschen organisieren.

#4 Nahbarkeit: Dicht dran am Leben

Kalte Ökonomen. Professorenherrlichkeiten. Götter in Weiß. Unnahbare Autoritäten fallen immer mehr aus der Zeit. Zwar gibt es Kraft- und Machtmenschen weiterhin. Ich vermute, es wird sie immer geben. Doch der Führungstrend weist in eine andere Richtung: Als Booster für den Vertrauensaufbau gilt eine Fähigkeit, die so neu ist, dass ihre Substantivform es noch nicht einmal in die Online-Ausgabe des Duden geschafft hat: Nahbarkeit. Oder auf Englisch: *relatability*. Nahbare Leaderinnen und Leader sind sich fürs Alltägliche, fürs Mitfreuen und Mitleiden weder zu schade, noch scheuen sie davor zurück. Egal, ob es um die Champions League geht, das neue Baby der Kollegin oder ob jemand im Team einen Schicksalsschlag erlitten hat, sie können über Themen sprechen, die viele bewegen, denken andere Lebenswirklichkeiten mit, reden mit Menschen, nicht über sie hinweg und tun sich weder groß noch wichtig.

Allerdings will Nahbarkeit echt sein, wenn sie ehrlich wirken soll. Aufsteigenden kommt das zugute: In bescheidenen sozialen Lagen wird das Nah-bei-den-Leuten-Sein von Haus aus eingeübt. Wo Menschen finanziell nicht aus dem Vollen schöpfen, sind sie darauf angewiesen, dass man einander aushilft. In kleinen und mittleren Verhältnissen lernt man daher früh, unkompliziert ein Gespräch anzufangen, sich mit Menschen gutzustellen und Konflikte beizeiten zu beschwichtigen. In der Soziologie spricht man von Interdependenz: wechselseitiger Abhängigkeit.

Wer aus wohlhabenden Verhältnissen kommt, kann sich deutlich mehr abheben, abgrenzen und ausleben. Das Wohlwollen anderer ist nicht um jeden Preis erforderlich. Independente Menschen verfolgen daher eigenwilliger ihre Vorlieben und Interessen, zeigen höhere Selbstwertscores, begreifen sich als einzigartig und pflegen Verbundenheit bevorzugt unter ihresgleichen.[4] Der britische Schriftsteller Aldous Huxley brachte es auf den Punkt: »Wenn man reich ist, kann man sich den Luxus leisten, anderen zu missfallen.«[5]

Weder Interdependenz noch Independenz kommen in Reinform vor. Jeder von uns trägt beides in sich. Die Anteile sind nur unterschiedlich gemischt. Ich mutmaße mal: Sie spüren selbst sehr gut, welcher Seite Sie mehr zuneigen. Vorteile bringt Ihnen beides ein. Aber Interdependenz, die Qualität der Aufsteigenden, steht im Moment besonders hoch im Kurs. Der Managementguru Stephen Covey hält sie sogar für das reifere Herangehen: »Als interdependenter Mensch habe ich die Möglichkeit, mich sinnvoll bei anderen einzubringen. Und: Ich habe Zugang zu den unermesslichen Ressourcen und Potenzialen anderer Menschen.«[6]

Darauf kommt es in unserer vernetzten Welt an: sich auf unterschiedliche Menschen einstellen, nahbar im Gespräch sein, Menschen ansprechen, die vom Elfenbeinturm aus schwer zu erreichen sind.

In der Politik zeigten die zeitweise phänomenalen Beliebtheitswerte von Annalena Baerbock und Robert Habeck: Das Direkte, Persönliche kommt an. Es hilft auch dabei, kundenfreundliche Lösungen zu entwickeln, Mitarbeiter zu überzeugen oder den richtigen Ton gegenüber Menschen mit unterschiedlichen Hintergründen zu treffen. Auf den Bestsellerlisten fährt mit dieser Gabe seit langem die Krimiautorin Rita Falk überwältigende Erfolge ein. Ihre Provinzkrimis gehen weg wie warme Semmeln, und das liegt zu einem Gutteil daran, dass ihre Schöpferin die Leute kennt, für die sie schreibt. In ihrem früheren Leben war Rita Falk nämlich Bürokauffrau, verlor ihren Job, hing in der Luft und erdachte als eine Art Anti-Frust-Therapie den Dorfpolizisten Franz Eberhofer. Inzwischen gehört sie mit über sechs Millionen verkauften Exemplaren und bald neun Verfilmungen zu den erfolgreichsten deutschen Autorinnen.[7] Titel wie *Leberkäs-Junkie* und *Gugelhupfgeschwader* ziehen nicht, weil das Feuilleton sie preist. Sondern weil ihre Erfinderin ohne Allüren schreibt, worüber ihr Publikum nach Feierabend lesen will: einen Helden zum Beispiel, der mit seinen Cholesterinwerten kämpft, und Leute, die Kaffee trinken und keinen Flat White.

UND JETZT?

»Freiheit bedeutet, dass man nicht unbedingt alles so machen muss wie andere Menschen«, lautet einer jener Sätze von Astrid Lindgren, die hängen bleiben. Für den Erfolg im Leben gilt das Gleiche. Richtig geschätzt und eingesetzt bringt Sie die mentale Ausrüstung, die Sie zu Hause mitbekommen haben, weiter als gedacht. In den Stärken der limitierten Herkunft steckt: die eigenwillige Geschäftsidee, die Extraportion Anstrengung, die Fähigkeit, Menschen zu erreichen. Auch das Stehvermögen gehört dazu, nicht beim ersten Hindernis das Handtuch zu werfen. Zum Beispiel, wenn man wie Rita Falk erst einmal »eine ganze Reihe dämlicher Kommentare zu hören bekommt«, bloß weil man eine Ambition verfolgt, die dem Umfeld vermessen erscheint.[8] Welche habituellen Stärken zeichnen Sie aus? Welche Eigenschaften haben Sie bis hierher getragen? Was davon wird Ihnen auch künftig Auftrieb geben? Was können Sie besser als Freunde oder Kollegen, die es von Haus aus eigentlich einfacher hatten? Lassen Sie sich von den Stärken anderer nicht verunsichern. Denken Sie »Ich bin ich« und setzen Sie Ihre besonderen Kräfte gezielt ein.

6

FRAGEN SIE NICHT STÄNDIG NACH DEM NUTZEN

Denn wer weiter will, muss größer denken

Mein allererster eBay-Verkauf war einer meiner aufwändigsten. Wir bauten in unserem Haus eine neue Treppe ein. Die ungeliebte Treppe vom Bauträger wurden wir für ein paar Hundert Euro bei Ebay los. Noch am gleichen Tag fuhr der Käufer mit einem Lader vor und holte die abgebauten Teile ab. Begeistert von seinem Schnäppchen erzählte er, dass er zurzeit ohne Arbeit war, das Haus seiner Oma für sich herrichtete und die Materialien dafür fast komplett bei Ebay erstand: »Was die Leute alles herschenken, da fasst du dich an den Kopf.« Als er ging, drehte er sich um und fragte: »Wieso baut ihr das schöne Haus überhaupt um?« Ja, warum eigentlich? Wieso verscherbelte ich, worüber andere sich die Hände rieben? Um stattdessen viel Geld für eine Lösung vom Schreiner auszugeben, die bei nüchterner Betrachtung auch nichts anderes tat, als was Treppen eben tun: zwei Stockwerke miteinander verbinden … Im Grund wusste ich die Antwort. Ich legte andere Maßstäbe an. Der Ebayer handelte notwendigkeitsorientiert. Was brauchte er, was nützte ihm? Mir schwebte eine Treppe vor, die nicht nur zweckmäßig war, sondern meine Vorstellungen vom schöner Wohnen erfüllte.

Es war schon immer etwas teurer, einen guten Geschmack zu haben

Ob wir Zeit und Geld für etwas aufbringen, was es in ähnlicher Form auch viel, viel günstiger gibt, hängt nicht nur vom gesellschaftlichen

Status ab. Gerade in den deutschsprachigen Ländern greifen alle sozialen Gruppen beim Kauf von Essen, Möbeln, Kleidung oder Dienstleistung gern zu, wenn sie Geld sparen können und die Qualität halbwegs stimmt. Selbst Wohlhabende, die sich Marken, Luxus und Ästhetik leisten können, reisen mit dem Billigflieger in den Urlaub, besorgen das Bio-Dinkelmehl bei Aldi oder erstehen den Range Rover gebraucht. Ein gewisses Maß an Notwendigkeitshabitus ist gesellschaftsfähig, und ich kenne Unternehmerpersönlichkeiten, die es sich nicht nehmen lassen, eigenhändig die vielen Hundert Tulpen und Narzissen in ihrem Garten zu setzen. Trotzdem wäre es ein Fehler, die oberen Prozent mit Schnäppchenjägern und Selbermachern zu verwechseln. Das gekonnte Spiel mit teuer und billig, einfach und opulent oder auch Popkultur und Hochkultur gilt in den hohen Statusgruppen als Ausweis von Kreativität und Kennerschaft. Wenn Bessersituierte behaupten, das eindrucksvolle Haus sei günstiger gewesen, als man denke, stimmt das aus ihrer Sicht absolut. Es heißt aber im Klartext: Das beauftragte Architekturbüro hat ein paar Lösungen empfohlen, die preisbewusst sind, aber auch cool aussehen. Sperrholz zum Beispiel. Rechtwinklige Fassaden. Oder deckenhohe Fenster in Standardmaßen und daher vergleichsweise *low budget.*

Der Notwendigkeitshabitus der statusniedrigen Schichten kommt anders daher. Er ist kein Spiel, sondern Ernst.

Weil man sich in vielen Bereichen guten Geschmack nur leisten kann, wenn er wenig kostet, managen Ärmere den Mangel und machen aus der Not eine Tugend. Die Freude meines eBay-Käufers galt nicht nur dem guten Zustand der Treppe. Es erfüllte ihn mit Stolz, wie toll er den Kauf hingekriegt hatte. In seiner Findigkeit fühlte er sich uns ehrlich überlegen: Hier der Selbermacher, der mit ein paar Kumpels für lau ein Haus auf Zack bringt, dort die Akademiker, die zwei linke Hände haben und sich von Architekten und überteuerten Handwerkern über den Tisch ziehen lassen.

Das hieße aber doch, dass man mit dem Notwendigkeitshabitus gut durchs Leben kommt? Ja und nein. Definitiv eignet er sich als Strategie, aus Knappheit das Beste zu machen. Sicher kennen Sie das Gelassenheitsgebet des amerikanischen Theologen und Philosophen Reinhold Niebuhr: »Gib mir die Gelassenheit, Dinge zu akzeptieren, die ich nicht ändern kann, den Mut, Dinge zu ändern, die ich ändern kann, und die Weisheit, das eine vom anderen zu unterscheiden.« Die Fähigkeit, auch schwierige Gegebenheiten gleichmütig anzunehmen, zeugt von menschlicher Reife. Wie das Gelassenheitsgebet lenkt auch der Notwendigkeitshabitus den Blick auf das, was wir beeinflussen können. Er befreit uns aus der Position, dass wir uns benachteiligt oder sogar als Opfer fühlen. So gesehen schützt er das Selbstbild und erleichtert es, mit unzureichenden Ressourcen klarzukommen.

Es gibt allerdings ein Aber: Der Notwendigkeitshabitus engt ein. Er bringt Sie nicht weiter. Ein allzu ausgeprägtes Kosten-Nutzen-Denken hält Sie genau dort fest, wo Sie sind. Mir wurde das zum ersten Mal im Studium praktisch klar. In den Semesterferien jobbte ich regelmäßig als Werkstudentin bei der Post. So war es auch kurz vor dem Ende des vierten Semesters geplant. Dann bekam ich das Angebot, in genau dieser Zeit an meiner Uni als wissenschaftliche Hilfskraft bei der Vorbereitung einer internationalen Literaturtagung zu helfen. Die Vergütung dafür war kaum halb so hoch wie der Verdienst als Werkstudentin. Obwohl meine Eltern abrieten, griff ich zu. Wie sie es vorhergesehen hatten, war ich bei der Post fortan tatsächlich raus. Dafür trug mir der Job an der Uni Lernsprünge ein, die mit Geld nicht zu bezahlen waren. Ich gewann mehr Kontakte und Sicherheit, lernte, was Kongressmanagement heißt, bekam Einblicke hinter die Kulissen und nach den Semesterferien das Angebot, auch weiter am Lehrstuhl mitzuarbeiten. Heute weiß ich: Ob man im Studium Praktika oder Aushilfsjobs macht, ist kein Zufall, sondern auch eine Klassenfrage. Während Kinder aus Akademikerhaushalten sich darauf konzentrieren, erste Erfahrungen und Verbindungen für die künftige Karriere zu sammeln, arbeiten Erststudierende viel öfter für den Lebensunterhalt. Die Entscheidung stellt Weichen für die Zukunft: Das Kellnern bringt Geld aufs Konto, die nicht vergütete Hospitanz im Stadttheater Pluspunkte im Lebenslauf.

Warum der Notwendigkeitsgeschmack den Aufstieg gefährdet

Wir können nur ändern, was uns bewusst ist. Unser Habitus gehört dazu in der Regel nicht. Normalerweise nehmen Sie ihn so wenig wie Ihren Herzschlag wahr. Lenkt niemand Ihren Blick darauf, erledigen Sie vieles so, wie Sie es schon immer gemacht haben und Ihre Eltern und Großeltern auch. Deshalb ist es für die einen das Normalste der Welt, das Hähnchen mit den Fingern zu essen, und für die anderen überhaupt keine Frage, dass man dafür Messer und Gabel benutzt. In Wahrheit liegen zwischen beiden Verhaltensweisen Welten. Wer das Hühnerbein in die Hand nimmt, reinbeißt, abnagt und sich hinterher die Finger schleckt, handelt praktisch und effizient. Welchen Sinn sollte es auch haben, sich beim Essen zu verkünsteln? Mit den Händen geht es leichter, und womöglich springt beim Hantieren mit dem Besteck der Hühnerschlegel noch vom Teller. Das Argument trifft zu. Und doch. Wenn Sie noch Großes vorhaben, wissen Sie: Wie vieles andere auch hat Essen zwei Seiten. Natürlich geht es um Sättigung: Was auf den Tisch kommt, muss schmecken und reichen. Zugleich ist und bleibt Essen aber ein zentrales Mittel der Distinktion:

> **Ob jemand die Kalorien, die der Körper braucht, genüsslich reinhaut oder formvollendet zu sich nimmt, gibt einen klaren Hinweis auf die gesellschaftliche Position in der Welt.**

Nun bedeutet es für Statushöhere kein Problem, bei passender Gelegenheit, im Bierzelt oder beim Weinfest, die gewohnten Formen beiseitezulassen. Statusniedrige dagegen können nicht mal eben so an Form und Format zulegen. Verfeinerung und Raffinesse erfordern Wissen, Zeit, Geld und Selbstbeherrschung. Stoffservietten müssen gebügelt und Fischmesser bezahlt werden, wie man einen Saibling filetiert, will geübt sein, und Sous-Vide-Garen ist für die einen ein Fremdwort und für die anderen auch schon wieder Standard, kaum mehr geeignet, sich von den Kochkreationen im Freundeskreis abzuheben. Kinder aus gehobenen Elternhäusern bekommen all das im Nebensatz mit. Sie kennen es nicht anders, als dass das Geflügel vorzugsweise aus der Region kommt und mit Rücksicht auf die Tischnachbarn verspeist wird: Gabel links, Messer rechts und bitte, nimm die Ellenbogen vom Tisch!

Wie mit dem Essen verhält es sich in vielen anderen Bereichen: Menschen, die genug zu tun haben, die Familie durchzubringen, stellen nüchterne Kosten-Nutzen-Rechnungen an. Ob es um eine aufwändige Firmenfeier geht, zu der man eingeladen ist, einen Weiterbildungskurs, der nicht exakt auf die eigenen Arbeitsanforderungen zugeschnitten ist, oder den Wunsch von Tochter oder Sohn zu studieren, womöglich noch ein Fach wie Kunst oder Psychologie – erscheint etwas als überzogen oder unerreichbar, ist das Urteil schnell gefällt: Das bringt doch nichts. Das braucht kein Mensch. Das ist nicht meins. Aus den Formulierungen spricht der Notwendigkeitshabitus. Wenn Sie ihm Einhalt gebieten wollen, empfiehlt es sich, den Maßstäben der Selbstbescheidung weniger Raum zu geben. Ein Anfang kann es sein, limitierende Sätze gegen Gedanken auszutauschen, die mehr Weite und Großzügigkeit ins Leben bringen. Zum Beispiel so:

- Statt: »Das ist nicht meins.« Zum Beispiel: »Das probier‘ ich jetzt.«
- Statt: »Das braucht kein Mensch.« Besser: »Ich kann mir vorstellen, dass das Freude macht.«
- Statt: »Die müssen es haben.« Besser: »Wie wunderbar, dass ich daran teilhaben darf.«

Der Traum, der Luxus des Denkens

Natürlich ergibt es Sinn, vor jeder Entscheidung zu überlegen, was Sie leisten und sich leisten können. Der Notwendigkeitshabitus sollte nur nicht das alleinige Maß für Sie sein. Er ist, was er ist: eine lebenskluge Notlösung in schwierigen Verhältnissen. Er hilft Ihnen, mit wenigem zurechtzukommen, ohne unterzugehen und zu verzweifeln. Hält er Sie allerdings vom Träumen ab, wird er beim Aufstieg zum Ballast. Was also dann? Soziologen setzen dem Notwendigkeitsgeschmack den Luxusgeschmack entgegen. Ich finde den Begriff zwar etwas unglücklich gewählt. Unwillkürlich ruft er in mir Assoziationen an Privatflugzeuge, Rennpferde und Jahrgangschampagner wach. Tatsächlich erschöpft sich der Luxusgeschmack aber nicht in Luxusgütern.

So wie Notwendigkeitsgeschmack heißt, dass jemand nur das unmittelbar Verwertbare gelten lässt, so bedeutet Luxusgeschmack, dass jemand sich mehr als das zum Überleben Notwendige wünscht.

Unter den Luxusgeschmack fällt so gesehen: ein Buch lesen, auch wenn man es fachlich nicht braucht. Einen Kontakt pflegen, obwohl in den Sternen steht, wozu er führen wird. Einen exzellenten Job machen, obgleich wenig dabei rumkommt. Sich für das neue Stadttheater aussprechen, auch wenn andere über dessen Kosten den Kopf schütteln. Lernen aus Interesse. Helfen um des tieferen Sinns willen.

»Luxus ist, einen Aufwand zu betreiben, der über das Notwendige hinausgeht«, schrieb vor hundert Jahren der Soziologe Werner Sombart.[1] Nach dieser Definition wäre der Aufstieg der Inbegriff von Luxus. Er entspringt der Sehnsucht, die Niederungen der Alltäglichkeit hinter sich zu lassen. Er führt Sie über das unmittelbar Notwendige hinaus. Genau genommen ist er überhaupt nur möglich, weil Sie sich etwas Besseres für sich vorstellen können als den Status quo. Weil Sie nach Höherem streben, verlangen Sie sich mehr ab, lernen, wachsen und finden sich in neue berufliche Herausforderungen und gesellschaftliche Kreise ein. Manchmal tätigen Sie dafür sogar Investitionen, von denen Sie nicht wissen, ob sie sich je auszahlen werden.

Die Krimiautorin Rita Falk hat dieses Risiko gewagt. Als ihr erstes Manuskript fertig war, hagelte es Absage um Absage. Nüchtern kalkulierende Menschen hätten an diesem Punkt zurückgesteckt, nach dem Motto: Das bringt doch nichts. Rita Falk hat sich den Luxus erlaubt und weitergeschrieben. Irgendwann hatte sie drei fertige Bücher in ihrem Laptop. Während sie der Durststrecke trotzte, konnte sie nicht ahnen, dass der Durchbruch bloß auf sich warten ließ und später umso größer ausfallen würde. Klar, die Sache hätte schiefgehen können. Und ja, das muss man sich erst einmal leisten können. Aber wo ein Traum ist, ist oft auch ein Weg. »Der Traum, der Luxus des Denkens«, hat der französische Schriftsteller Jules Renard formuliert.[2] Große Träume sind der Luxus, den Sie brauchen, um große Ziele wahrzumachen.

UND JETZT?

Sie wurden von Haus aus zum Sparen erzogen? Das Geld war in Ihrer Familie knapp? Ihre Eltern lehnten Marken, Einmalvergnügungen, Design und überflüssigen Konsum eher ab? Dann ist die Wahrscheinlichkeit hoch, dass Sie in Vernünftiges, Langlebiges und Notwendiges investieren, das neue Sofa beim schwedischen Möbelhaus holen, das Parfum bei dm und das Silvesterkonzert, wenn überhaupt, aus der Mediathek. Der nüchterne Blick hat nur einen Nachteil: Weder verfeinert er Ihr ästhetisches Urteilsvermögen, noch bringt er Ihnen mehr Sicherheit beim Auftritt in elitären Umgebungen oder unter Menschen, die Ihnen arrogant vorkommen. Natürlich kann man sich vieles anlesen, und wunderbarerweise gibt es qualitätvolle Podcasts und Dokus praktisch zum Nulltarif. Doch digitale Einblicke ersetzen nicht das Essen im Gourmetrestaurant, den Golfschnupperkurs, das Live-Konzert in der Philharmonie oder das Einchecken in der Art von Hotel, das einen wider Willen einschüchtert, weil man nie vorher in etwas Vergleichbarem war. Wenn Sie finden, das klingt snobistisch, überlegen Sie einmal: Was wäre die Alternative? Über die Unsicherheit in unbekannten Umgebungen kommen Sie am schnellsten hinweg, wenn Sie aufhören, einen Bogen um Hotellobbys, Edelboutiquen, abgehobene Einrichtungshäuser, Kunstausstellungen oder Spa-Bereiche mit ihren rätselhaften Regeln und Ritualen zu schlagen. Aus eigener Erfahrung weiß ich: Das Geld dafür ist ähnlich gut angelegt wie vergleichbar hohe Beträge, die Sie in Ihre fachliche Weiterbildung oder persönlichkeitsbildende Seminare investieren. Das Unbehagen, das Sie vielleicht empfinden, zeigt nicht, dass Sie fehl am Platz sind, sondern dass Sie Neuland erkunden und Ihre Antennen für Qualität erst entwickeln. Deshalb: Tun Sie Luxuserfahrungen nicht als Verschwendung ab. Sie tragen Ihnen jene Souveränität und Weltläufigkeit ein, die man nur bedingt aus Büchern lernt. »Luxus ist eine Selbsterfahrung durch Trotz«, sagt der Luxusforscher und Philosophieprofessor Lambert Wiesing, »keine Selbstdarstellung durch Protz.«[3]

7

NEHMEN SIE ÄUSSERLICHKEITEN ERNST

Warum Aussehen, Geschmack und Manieren kein Luxus sind

Wer geht auf der Treppe vor? Was sagt man im Lift? Sagt man überhaupt etwas? Wann entfaltet man beim Business-Essen die Serviette? Wie spricht man über Kunst, wenn man nicht weiß, was einem gefällt und ob der persönliche Geschmack ein Kriterium ist? Wer wird zuerst vorgestellt? Was mache ich, wenn's beim Smalltalk nicht läuft? Wie melde ich mich in einer größeren Runde zu Wort? Wie weise ich darauf hin, dass ein Gegenüber gerade, sorry, so was von Blödsinn redet? Was ziehe ich als Praktikantin an? Was kommt auf mich zu, wenn der Chef zum Törn auf seinem Motorboot einlädt? Was mache ich, wenn das Team gemeinsam eine Skihütte mietet und ich weder auf einem noch auf zwei Brettern einen Berg herunterkomme?

Aussehen, Sprache, Umgangsformen und immer mehr auch Freizeit und Sport sind mit Bedeutung aufgeladen, weit jenseits ihrer alltäglichen Funktion: Sie geben Hinweise auf die soziale Herkunft und den gesellschaftlichen Stand. Wer Glück hat, wächst mit Kunst, Design, guten Manieren und intellektueller Anregung auf, findet auf die meisten Fragen des kultivierten Umgangs eine Antwort und weiß sich zu helfen, falls nicht. Alle anderen können sich das Gleiche auch aneignen. Aber es dauert, bindet Aufmerksamkeit, und wenn Sie realistisch sind, stellen Sie sich auf den einen oder anderen *Bridget-Jones*-Moment ein. Trotzdem bleibt die Frage: Wofür tun wir uns den ganzen Aufwand eigentlich an? Ist es noch zeitgemäß, wenn der soziale Rang auch danach beurteilt wird, ob sich jemand wie bei Hof zu benehmen weiß? Es hängt davon ab, was Sie wollen.

Wohin solls denn gehen?

Geht es Ihnen vor allem um Geld, Macht oder Besitz? In diesem Fall können Sie die Codes und Werte der oberen Prozent auch ignorieren. Ihr Aufstiegswunsch vollzieht sich über das fachliche Können, clevere Geschäftsideen, Charisma, kluge Geldanlagen, vielleicht eine Erbschaft oder politisches Gespür. Möglicherweise spielen Ihnen die Zeitläufte in die Hände: Chancen am Aktienmarkt, in die Höhe schnellende Grundstückspreise, Vertrautheit mit einer boomenden Technologie. Was Sie erreicht haben, zeigt sich im üppigen Lebensstil: dem weitläufigen Penthouse, dem Vielfliegerstatus, dem Weinkeller, der Länge des Wohnmobils und noch weiter oben in der Zahl der Immobilien, der Höhe des Anlagevermögens, dem Chalet in Kitzbühel, der Yacht vor Kroatien oder womit auch sonst Sie sich schmücken würden, wenn Sie die Mittel dazu hätten. Zweifellos verschönern exklusive Güter und Erlebnisse das Leben. Sehr wahrscheinlich hebt Ihr Erfolg Ihren Einfluss. Sie sind als Expertin gefragt, als Arbeitgeber begehrt oder als Sponsor dezent umschwärmt. Alles andere muss Sie nicht interessieren. Das wäre das Prinzip Trump.

Kniffliger wird es, wenn Ihnen nackte Macht und glitzernder Reichtum nicht reichen, sondern wenn Sie weiter oben dazugehören wollen. So als wären Sie schon immer da gewesen. Dieses Ziel können Sie tatsächlich nur verwirklichen, wenn Sie Ihr Gespür für die Erkennungszeichen von Herkunft und Status verfeinern. Die Aufholjagd verlangt eine starke Leistung und erweist sich mitunter als schwieriger, als den Doktor zu machen. Das liegt nicht nur daran, dass der Habitus sich so träge wie ein Tanker bewegt, und Arrivierte das Bemühen von Aufsteigern belächeln könnten. Als hinderlich erweist sich auch die Sorge, eine Veränderung des herkunftsspezifischen Verhaltens könnte wie ein Verrat am eigenen Milieu erscheinen. Zwar formen Aufsteigerinnen und Aufsteiger nur den Stil um und nicht gleich die ganze Persönlichkeit, wenn sie sich auf das neue Milieu einstellen. Trotzdem fühlt sich die Anpassung an, als wollte man den vom Opa geerbten Klapperpolo gegen einen schicken Firmenwagen tauschen. Albert Einstein hat den Zwiespalt in den herrlichen Satz gepackt:

»Um ein tadelloses Mitglied einer Schafherde sein zu können, muss man vor allem ein Schaf sein.«

Der Ausspruch erfasst in knappstmöglicher Form das Dilemma: Um dazuzugehören, müssen wir uns anpassen. Jedenfalls ein Stück weit. Doch wer das tut, kommt sich nicht selten blöd dabei vor. Wer bitte will schon als Schaf durchs Leben gehen? Bevor wir uns weiter in Endlosschleifen verheddern, schauen wir an, was der Pragmatiker Goethe zu sagen hat. Er formuliert zwar nicht so knackig wie Einstein. Doch was er sagt, verdient Beachtung: »Das Lebendige hat die Gabe, sich nach den vielfältigsten Bedingungen äußerer Einflüsse zu bequemen und doch eine gewisse errungene entschiedene Selbständigkeit zu wahren.«[1] Eine Anpassung des Habitus muss demnach nicht bedeuten, dass Sie sich verlieren. Gefragt ist ein akzeptabler Kompromiss zwischen sozialer Anpassung und dem Bewahren der eigenen Persönlichkeit. Ich finde, so kann es gehen.

Wie Sie Anfängerfehler vermeiden

Was trägt man? Was sagt man? Wie steht man? Wann geht man? Der Habitus ist ein weites Feld. Er berührt alle Aspekte des Lebens und umfasst so viele Verhaltensweisen, dass sie sich wie ein Berg auftürmen. »Ich würde immer Angst haben«, begreift Elena, die strebsame Aufsteigerin in der Romansaga *Die neapolitanische Trilogie*. »Angst davor, einen falschen Satz zu sagen, einen übertriebenen Ton anzuschlagen, unpassend gekleidet zu sein, kleinliche Gefühle zu offenbaren, keine interessanten Gedanken zu haben.«[2]

Es gibt einen Ausweg aus der Angst, und er lautet: Beschränken Sie sich auf das Wesentliche. Konzentrieren Sie Ihre Energie auf wenige, effektive Verhaltensänderungen, die Sie vor Anfängerfehlern bewahren. Dabei kommt eine Art »Capsule Habitus« heraus. Wie eine »Capsule Wardrobe«, also eine Kollektion von wenigen, aber klug ausgewählten Kleidungsstücken, ist der Capsule Habitus von guter Qualität und vielseitig einsetzbar. Zugleich beschränkt er sich auf vier übersichtliche

Felder: Aussehen, Umgangsformen, Sprechweise und Kultiviertheit. Was er beinhaltet, ist weiter oben eine Selbstverständlichkeit und fällt weiter unten nicht als verstiegen auf. Ist Ihnen Ihr Capsule Habitus zur zweiten Natur geworden, können Sie entscheiden, ob und wie Sie ihn weiter verfeinern wollen.

Capsule Habitus #1: Aussehen

»Es ist wichtig, dass man represented, so oberflächlich es auch ist«, sagt die sehr kluge, sehr scharfsinnige Wissenschaftsjournalistin, YouTuberin und promovierte Chemikerin Mai Thi Nguyen-Kim. »Diese Oberflächlichkeiten sind so wichtig.«[3] Aus der Psychologie wissen wir: Eindrücke bilden sich binnen Millisekunden. Danach steht weitgehend fest, wie Menschen einander einschätzen. Ein Wollstoff, der peelt, ein zu lautes Lachen, eine Frisur, die das Gegenüber als daneben empfindet, und die Sache ist gelaufen. Die gute Nachricht lautet: Perfektion muss nicht sein. Hauptsache, es gelingt Ihnen, niemanden zu verstören oder unangenehm zu berühren.

Setzen Sie deshalb beim Erscheinungsbild auf Zurückhaltung. Ob beim Kleidungskauf oder beim Friseur: Wenn Sie sich anfangs noch nicht so sicher sind, lassen Sie sich beraten, und beschreiben Sie Ihre Wünsche mit Vokabeln wie zeitlos, klassisch, natürlich, klar. Vermeiden Sie alles, was (egal, in welcher Preisklasse) übertrieben modisch, sexy, künstlich oder extrem aussieht und Gesicht und Körper zu sehr verändert. Stilvorbilder der oberen Klassen sind eher die Kennedys als die Kardashians. Mehr als in osteuropäischen und asiatischen Ländern pflegen die gehobenen Statusgruppen in Deutschland einen schlichten Stil, eher locker geschnitten als körperbetont, eher bedeckt als offenherzig, eher gedeckt als glitzernd. Wer hat, kann für das unangestrengte Erscheinungsbild Unsummen ausgeben. Aber auch im Sortiment der großen Ketten werden Sie fündig. Das Kaschmir von COS ist zwar nicht mit dem von Iris von Arnim vergleichbar. Dafür kostet es kein Vermögen und setzt trotzdem den richtigen Akzent. Kleidung und Styling wirken übrigens nicht nur äußerlich. Sie stärken auch die inneren Kräfte. Michelle Obama erlebte es wie ein kleines Wunder, als sie als First Lady zum ersten Mal im Leben ein Designer-Ballkleid trug: »Auch wenn es aus mir keine echte Ballkönigin machte, so wurde ich darin doch zu einer Frau, die auch die nächste Stufe erklimmen konnte.«[4]

Capsule Habitus #2: Umgangsformen

Es gibt Bücher, Kniggekurse und Podcasts mit sechs Regeln für das perfekte Geschenk. Man kann lernen, wie man eine Bischöfin formvollendet anspricht, wie viele Zentimeter die Hemdmanschette unter dem Jackettärmel hervorlugen darf und was einen Smoking von einem dunklen Anzug unterscheidet. Andererseits haben Sie vermutlich nicht vor, demnächst das Protokoll im Bundespräsidialamt zu leiten. Wollen Sie einfach als Mensch gern gesehen sein, brauchen Sie dafür nicht unbedingt detailliertes Knigge-Wissen.

> **Die allermeisten privaten und beruflichen Situationen bestehen Sie souverän, wenn Sie sich auf das Wesentliche besinnen: dass eine Begegnung gelingt.**

Was man dafür wissen muss, ist nicht kompliziert. Eine achtsame Aufmerksamkeit genügt, und man wendet beim Einnehmen der Kinoplätze den anderen die Vorderseite zu und verzichtet auf Döner in der Mittagspause. Wertschätzende Menschen stehen von sich aus zur Begrüßung auf, halten die Tür auf oder schenken erst anderen Wasser nach, ehe sie sich selbst bedienen.

Natürlich gibt es Benimmregeln. Sie sind aber weniger eng als ihr Ruf. Der Knigge war seinem Ursprung nach nie als Regelwerk zum Auswendiglernen gedacht. Seinem Verfasser ging es um Achtsamkeit und ein gutes Miteinander über die Klassen hinweg, nicht um sinnfreie Spezialregeln, mit denen Wissende sich aufwerten und nach unten abgrenzen. Ich möchte Ihnen deshalb vorschlagen: Machen Sie sich gern kundig, wenn es Ihnen Sicherheit gibt. Lesen Sie Bücher, besuchen Sie

Kurse, holen Sie sich auf YouTube Tipps und vor allem: Integrieren Sie ein verändertes Verhalten so nachhaltig in Ihren Alltag, dass es zur Gewohnheit wird. Wichtiger als die vollendete Form ist aber, dass Sie sich Gedanken machen: Was tut den Menschen um Sie herum gut? Womit fühlen sie sich wohl? Wie möchten sie angesprochen und behandelt werden? Was brauchen sie, damit sie sich entspannt, respektiert und willkommen fühlen?

Capsule Habitus #3: Sprechweise

»Scheiße«, entfuhr es Annalena Baerbock, als sie nach einer Rede auf dem Bundesparteitag der Grünen vom Podium ging, nicht ahnend, dass sie noch durchs Mikrofon zu hören war. Das Kraftwort aus Politikerinnenmund ging durch die Presse. Die mediale Aufregung offenbart: Mit der Ausdrucksweise verhält es sich wie mit den Manieren.

> Nicht daneben zu liegen, ist das erste Gesetz des guten Tons, und nicht alle Variationen der deutschen Sprache tragen gleich viel Ansehen ein.

Eine nuancenreiche elaborierte Sprechweise gilt mehr als ein restringierter Sprachgebrauch, Hochsprache mehr als ein Dialekt, Sorgfalt mehr als Nachlässigkeit, und Kraftausdrücke werden zwar in allen Schichten benutzt, aber eben nicht in jeder Situation.

Natürlich ermöglichen auch Sprachvarianten jenseits von Schulbuch- oder Bildungsdeutsch Verständigung und Verstehen. Man kann deshalb argumentieren, sie seien akzeptable und sogar gleichwertige Variationen. Doch die wenigsten Menschen empfinden es so. Ein unpassender Sprachstil würde Ihnen deshalb den Aufstieg unnötig erschweren. Weder verhandeln Staatsanwälte in breitem Bayerisch noch erklären Architektinnen mit oder ohne Migrationshintergrund ihre Entwürfe in Kiezdeutsch. Wer seine wirtschaftlichen und gesellschaftlichen Chancen nutzen will, spricht Standardsprache, unabhängig von der sozialen, regionalen oder ethnischen Herkunft, und die Verantwortung für sprachliche Qualität liegt beim Sprecher, nicht bei der Zuhörerin.

Sicher wissen Sie selbst am besten, in welchen Bereichen Sie verbal und non-verbal zulegen möchten. Das kann beim Vokabular sein, bei der Körperhaltung, bei der Gesprächsführung, beim Kontern, bei der Artikulation, der Stimmlage, der Prägnanz – es gibt unendlich viele Ansatzpunkte, wie Sie sich rhetorisch steigern können. Doch noch sind wir beim Capsule Habitus, und da geht es um die Basics. Das bedeutet: Räumen Sie auf! Sprechen Sie ohne falschen Zungenschlag! Diese drei Verhaltensweisen bringen Sie aus dem Stand einem gehobenen Habitus näher.

Sprechen Sie mit Punkt und Komma. Unsicherheit erhöht das Sprechtempo. Dahinter steckt oft die Angst, unterbrochen zu werden, oder der Wunsch, etwas haarklein erklären zu wollen. Die Folgen: Vor lauter Reden verschlucken Sie Silben und formulieren unter Niveau. Eine völlig andere Wirkung erzielen Sie, wenn Sie sich eine Spur mehr Zeit zugestehen. Atmen Sie, bevor Sie den Mund aufmachen, formulieren Sie die nächsten Worte im Kopf vor, artikulieren Sie jedes Wort klar, senken Sie am Satzende die Stimme. Heraus kommt ein angenehm moderates Sprechtempo. Zusammen mit kleinen Pausen wirkt es nicht nur besonders überzeugend. Es führt auch zu korrekteren, überlegteren Formulierungen. Wenn Sie es ganz genau wissen möchten, liefert der Soziologe José Benki exakte Zahlen: Als ideal erweise sich ein Sprechtempo von 3,5 Wörtern pro Sekunde und vier bis fünf Pausen in der Minute.[5] Was Ihnen die Veränderung bringt? Eloquenz, Kultiviertheit, Gelassenheit.

Hören Sie gern zu. Gutes Zuhören fällt schwer, zeugt aber von Wohlwollen und Selbstbeherrschung. Warten Sie daher, bis andere ausgeredet haben, auch wenn es Ihnen auf der Zunge liegt zu unterbrechen, zu widersprechen oder langatmige Ausführungen mit Vorspulfragen abzukürzen. Vertiefen Sie das Thema und stellen Sie weiterführende Fragen, statt ins Fahrwasser des eigenen Erlebens zu steuern. Wenn Sie selbst sprechen, registrieren Sie, ob andere sich einschalten wollen, und geben Sie ihnen die Gelegenheit dazu. Was Ihnen die Anpassung einträgt? Sympathie, Unangestrengtheit, Souveränität.

Entrümpeln Sie Ihren Wortschatz. Wer konsequent zeitlose, neutrale Worte wählt, klingt sofort kultivierter. Auf der Streichliste stehen: Rassistische Wörter wie das N- oder Z-Wort, Schimpfwörter, Kraftausdrücke und Vulgarismen, Verkleinerungen wie Mädels oder tippi-toppi, Abkürzungen wie KiWa oder Schampus und, falls Sie wie ich, Anglizismen lieben: die besser auch. Die sprachliche Entrümpelung gelingt leicht, wenn auch nicht auf Knopfdruck wie in dem Sci-Fi-Liebesfilm *Ich bin dein Mensch*. Der Film handelt von Alma, die an einer wissenschaftlichen Studie teilnimmt und dafür mit Tom zusammenlebt, einem humanoiden Roboter, dessen künstliche Intelligenz darauf trainiert ist, ihr jeden Wunsch von den Augen abzulesen.

»Alles klärchen«, stimmt er ihr an einem Punkt zu.

Sie wirft ihm einen Blick zu, und er versteht.

»Ah«, sagt er.

»Zum Bleistift, tschüssikowsy, bis dannimanski, und tschö mit ö kannst du auch gleich streichen«, sagt sie.

»Schon erledigt«, sagt er.

Capsule Habitus #4: Kultiviertheit

Geschmackvolle Kleidung, souveräne Manieren, Redegewandtheit. Dazu gute Bücher, Filme, gesunde Lebensmittel, Weltläufigkeit. Am Lebensstil der oberen Schichten teilzuhaben, kostet nicht unbedingt die Welt. Denn mehr als Geld zählt der Sinn für Nuancen, Genuss und Verfeinerung. Das Gespür dafür wird oben kultiviert und unten ignoriert und bisweilen sogar abgewehrt. Zwar kann jeder die neueste Wagner-Inszenierung im Live-Mitschnitt verfolgen, und Trüffelöl gibt es zum günstigen Aldi-Preis. Solche Angebote richten sich laut dem Marktforschungsinstitut GfK allerdings vor allem an Kunden aus der Mittel- und Oberschicht. Menschen, die wissen, was Mangel heißt, fühlen sich davon kaum angesprochen. Um an der Fülle des Gebotenen teilzuhaben, müssten sie erst einmal den Geschmack dafür entwickeln. Genau da liegt der Knackpunkt.

Wie erwirbt man sich den Kulturgeschmack, ohne den man in gehobenen Kreisen verloren ist?

Mich hat eine Dozentin im Einführungsseminar an der Uni auf die richtige Spur gebracht: Sie stellte die Forderung auf, alle Erstsemester sollten täglich eine überregionale Zeitung lesen. Also habe ich ein Studentenabo der *Süddeutschen Zeitung* bestellt, das bis heute läuft, wenn auch nicht mehr zum Studierendenpreis. Ich brauchte nicht lange, um festzustellen: Eine überregionale Zeitung informiert breiter und tiefer als die Lokalzeitung, die ich von zu Hause kannte. Sie lässt ihre Leserinnen und Leser unmittelbar an den Themen, Interessen und dem sprachlichen und gedanklichen Niveau der Zielgruppen teilhaben, die sie anspricht. Die Leserinnen und Leser der *Zeit* zum Beispiel verfügen mehrheitlich über das Abitur beziehungsweise einen Hochschulabschluss sowie ein monatliches Haushaltsnettoeinkommen von 3 500 Euro und mehr.[6] Sie können deshalb sicher sein: Eine anspruchsvolle Tages- oder Wochenzeitung und deren Podcasts bringen Sie in Sachen Geschmack, Ästhetik und Lebensstil auf den nächsten Level – vom Reisen bis zum guten Essen, von der Technik bis zur Kunst.

Wie ein Fisch im Wasser

Man kann viele kluge Bücher lesen, sich coachen lassen und lang vom Aufstieg träumen. Und doch steht am Ende aller Anstrengungen das Gefühl: Man macht keine nennenswerten Sprünge. Die Begrüßung der Geschäftspartnerin verläuft holprig, man fragt sich unsicher, ob der neue Haarschnitt zu einem passt, und wenn andere in der Cafeteria über die Vorzüge von Robusta- und Arabica-Kaffee reden, interessiert einen das Thema, wenn man ehrlich ist, nicht die Bohne.

Lesen und lernen ist immer gut. Geht es allerdings darum, mit dem Habitus der gehobenen Statusgruppen gleichzuziehen, zeigt sich: Beides gibt nur Starthilfe. Eine Überraschung ist das nicht. Schließlich haben die Menschen, mit denen Sie sich vergleichen, den ansehensförderlichen Habitus seit Kindertagen verinnerlicht. Es gibt aber einen Weg, wie Sie Unterschiede einebnen, und er ist der gleiche, der sich auch beim Lernen von Fremdsprachen bewährt hat: Immersion (lateinisch *immersio* = »Eintauchen«, »Einbetten«).

Immersion bedeutet: Warten Sie nicht, bis Sie sich einem neuen Umfeld gewachsen fühlen. Tauchen Sie mit Haut und Haaren darin ein.

Das fühlt sich wie Eisbaden an. Das ist es auch. Doch der Sprung ins kalte Wasser schafft Wunder. Im Kleinen konnte ich die Wirkung kürzlich beim Friseur beobachten. Meine Friseurin hatte an diesem Tag zwei Mittelschülerinnen dabei, die ein Schnupperpraktikum absolvierten. Die beiden sollten erst mal zusehen. Die eine junge Frau tat genau das. 15 Minuten, 30 Minuten, eine Stunde lang. Die andere beobachtete, wie meine Friseurin mit mir Farbe und Schnitt besprach. Dann holte sie Stift und Block, machte sich Notizen und gab mir das Handtuch zurück, das mir von den Schultern gerutscht war. Kurz danach bot sie an, Kaffee zu bringen, kehrte Haare auf, reichte einer Kundin den Mantel. Später sah ich, wie ihr eine Auszubildende erklärte, wie man Haargel professionell einarbeitet. Nach zwei Stunden stand die eine Praktikantin immer noch unglücklich am Rand. Die andere orientierte sich, half mit und wirkte fast schon wie ein Teil des Teams.

Ich kenne keine bessere Art als Immersion, um den Habitus authentisch zu transformieren. Das soziale Tauchbad findet immer dann statt, wenn Sie sich vertrauensvoll auf ein Umfeld einlassen, in dem die anderen schon zu Hause sind, Sie selbst aber noch nicht. Der Vorteil für Sie: Sie bekommen den neuen Habitus hautnah mit und nehmen ihn intuitiv auf. Vielleicht stellen Sie sogar fest: Es fehlen Ihnen höchstens Kleinigkeiten. So habe ich es erlebt, als ich zum ersten Mal in den VIP-Bereich des Eishockeystadions eingeladen war. Ich hatte keine Ahnung, wie das ist und was man so trägt. Der gesunde Menschenverstand sagte mir, dass es nicht schaden kann, die wichtigsten Regeln zu verinnerlichen. Den Rest habe ich mir beim Dabei-Sein im Stadion abgeschaut: Beim nächsten Mal komme ich mit Fan-Schal und weiß, der Spielverlauf ist rasend schnell.

Was es bringt, sich vom neuen Umfeld mittragen zu lassen, hat auch Goethe erfahren. Als Bürgersohn stand er vor der gleichen Herausforderung wie jeder, der über seine Herkunft hinaus aufsteigt: Er musste sich in die aristokratischen Kreise von Weimar erst einfinden. Mit hochstehenden Persönlichkeiten zu verkehren, sei gar nicht so schwer, schrieb er im Rückblick. »Das einzige dabei ist, daß man sich nicht durchaus menschlich gehen lasse, vielmehr sich stets innerhalb einer gewissen Konvenienz halte.«[7] Sich von »besseren Kreisen« nicht einschüchtern lassen, ein paar herkömmliche Gepflogenheiten einhalten und im Rhythmus der anderen mitschwingen – die Sicherheit dafür gibt Ihnen Ihr Capsule Habitus.

UND JETZT?

Einen gehobenen Habitus erwirbt man nicht komplett nebenbei. Wir müssen schon etwas beitragen, damit er sich einstellt: in eine Ausstellung gehen, neue Freundschaften schließen, reisen, probieren, wie man Muscheln isst, überlegen, ob das Styling mit Figur und Status korrespondiert, eine Einladung annehmen, die nervös macht, offen für Themen und Thesen sein, die einem im Moment überhaupt nichts sagen. Das kostet manchmal Mühe, funktioniert aber erstaunlich gut. Das Einzige, was Sie aufhalten könnte, ist die Defensivhaltung, mit der Weniger-Habende sich vor Versagen schützen: Wer das Eigene verteidigt, als wäre der angestammte Habitus die beste aller Lebenseinstellungen überhaupt, verkürzt sich selbst. Viel besser: Tauchen Sie gespannt in neue Welten ein. Lilli Hollein, die Generaldirektorin des Museums für angewandte Kunst in Wien, bringt es auf den Punkt: »Nicht nach dem Motto, geh da rein, du Wurm, und lerne, was du nicht weißt, sondern: Hey geh da rein und schau, was du entdeckst.«[8]

8
ZIEHEN SIE IHRE FAMILIE MIT

Weil verwurzelte Bäume am höchsten in den Himmel wachsen

In einem Punkt sind arme und reiche Familien einander ähnlich: Ganz gleich, wie die Eltern gestellt sind, die Kinder sollen ihren Weg machen. Arbeiterfamilien hegen diesen Wunsch genauso wie Vorstandsfamilien. Zwar bedeuten Erfolg und Status in beiden Welten etwas anderes. Doch überall wollen Eltern das Beste für ihr Kind. Bei Familien aus kleineren Verhältnissen als jenen, die sich die Kinder erobern, kommt allerdings eine Erschwernis hinzu: Eine gute Ausbildung, ein ansehnliches Einkommen und ein sicherer Arbeitsplatz sind zwar erwünscht. Zu viel darauf einbilden sollten sich Sohn oder Tochter aber nicht.

Generationenprojekt Aufstieg

Der schottische Professor für Ökonomie Gregory Clark zeichnete in einem faszinierenden Buch nach, wie der Status der Vorfahren das Leben der Nachfahren prägt.[1] Für seine Forschungen wählte er Familien mit sehr ausgefallenen Namen aus und verfolgte ihr Schicksal im Lauf der Jahrhunderte. Zu den untersuchten Dynastien gehörte unter anderem die englische Familie Pepys, ausgesprochen »pieps«. Ihre Geschichte zeigt prototypisch, wie sehr der Klassenwechsel eines Vorfahren den nachfolgenden Generationen zugutekommt. Bei den Pepys legte deren bis heute bekanntester Vertreter Samuel Pepys (1633 bis 1703) den Grundstein für den Status der Familie. Geboren wurde Samuel Pepys als Sohn eines Londoner Schneiders. Dank eines Onkels, der es zum Gutsverwalter gebracht hatte, kam er auf eine Lateinschule und konnte in Cambridge studieren. Vom Schneidersohn stieg er zum Flottenadministrator, später zum Parlamentsabgeordneten und schließlich zum Staatssekretär auf. Zeitüberdauernden Ruhm erlangte Samuel Pepys allerdings als Autor: Die Tagebücher, die er über das London seiner Zeit schrieb, zählen zu den Glanzpunkten der englischen Literatur. Kein nachfolgender Pepys wurde vergleichbar berühmt. Doch sehen lassen konnten sich alle. Aus Unterlagen der Universitäten Oxford und Cambridge geht hervor: An den beiden britischen Eliteunis studierten über die Jahrhunderte hinweg zwanzig Mal so viele Pepys wie statistisch erwartbar. Von den 2012 noch lebenden achtzehn Familienmitgliedern haben vier als Mediziner promoviert. Wie es aussieht, legten die Pepys als Familie einen Bilderbuchaufstieg hin:

Die Generationen überreichten einander den Stab und gaben den einmal erzielten Vorsprung nicht mehr auf.

In unserer Zeit glückte eine vergleichbare Staffelübergabe von älter zu jünger niemand anderen als den Obamas. Als Barack Obama 2009 zum Präsidenten der Vereinigten Staaten vereidigt wurde, zog seine Schwiegermutter Marian Robinson aus ihrem damals von Verslumung bedrohten Wohnviertel in Chicago mit ins Weiße Haus. Die frühere Sekretärin fand sich in ihre Rolle als First Mother-in-Law ein, war in der Bevölkerung beliebt und erkannte die Lebensleistung ihrer Kinder vorbehaltlos an. Inzwischen reicht bereits Barack Obama geschmeidig den Stab an die nächste Generation weiter: »Meine Töchter sind so viel klüger, gebildeter und begabter, als ich es in ihrem Alter war.«[2]

Eigentlich ist der Aufstieg über die Generationen hinweg die natürlichste Sache der Welt. Jede nachfolgende Generation setzt auf dem sozialen Status der Vorfahren auf und gewinnt, wenn alles gut geht, ihrerseits an Höhe. Allerdings stellen sich nicht alle Familien gleich gut auf die neue Situation ein.

Parallele Universen

Aufsteigerkinder machen in ihren Familien oft ähnliche Erfahrungen und bekommen ähnliche Sätze zu hören. Einer davon heißt: »Hoffentlich vergisst du nicht, wo du herkommst.« So peinlich der Satz in den Ohren klingt, so viel Wahrheit ist darin enthalten: Eltern mögen den Aufstieg ihrer Kinder nach allen Kräften fördern und aus vollem Herzen wollen. Irgendwo aber sitzt die Sorge, es könnte ihnen ergehen wie Goethes Zauberlehrling: Sind die Geister gerufen, wird man sie so leicht nicht los. Denn es ist ja abzusehen: Aufsteigende Kinder wachsen ihren Eltern nicht nur über den Kopf, weil sie groß werden. Anders als Kinder aus besser gestellten Kreisen treten sie aus der angestammten Lebenswelt heraus. Sie folgen Wegen, erschließen Horizonte, lernen Menschen kennen, arbeiten sich in Gebiete und Themen ein, die den Eltern fern und vielleicht sogar suspekt sind.

Im Lauf der Jahre können sich die anfänglich kleinen Unterschiede zu einer Kluft weiten, die sich höchstens mit viel wechselseitigem Verständnis überbrücken lässt. Kulturelle Unterschiede schlagen dabei oft mehr zu Buche als materielle. »Diskussionen mit meinem Vater sind schwierig«, sagt Anna, 35, die politische Journalistin ist. »Er ist zwar breit informiert. Das war er schon immer. Aber natürlich stecke ich von Berufs wegen so viel tiefer in den Themen drin. Das will er nicht wahrhaben.« Übertreffen die Kinder die Eltern an Bildung, können die Älteren immer schwerer mit dem Wissen und den Erfahrungen der Jüngeren mithalten. Jedes Projekt, jeder Auslandsaufenthalt, jede neue Freundschaft verschärft die Verschiedenheit.

Die Weltsicht von Eltern und Kindern divergiert, vom Filterkaffee bis zum Frauenbild.

Wenn alles gut geht, werden die Unterschiede weggelacht, ausgehalten, diskutiert. Man bleibt sich als Familie emotional nah, interessiert sich für alte Erfahrungen und neue Erkenntnisse und ist sich einig, dass man manches oder sogar vieles unterschiedlich handhabt. Die Haltung zeugt von menschlicher Reife, und eine Portion Wertschätzung trägt weit. Wenn Eltern signalisieren: »Du machst das schon« und aufgestiegene Kinder anerkennen: »Ihr habt das toll gemacht«, können unterschiedliche Gehaltshöhen und Geschmacksvorlieben die Familienbande beleben. Manche Eltern platzen vor Stolz, andere erschließen sich angeregt von den Kindern selbst neue Interessen. Im Idealfall gelingt, was laut Marge Kennedy, der früheren Herausgeberin des *Sesamstraße Magazins*, nur im Elternhaus möglich ist: »zur Bestform aufzulaufen und dabei unglaublich schlecht angezogen zu sein.«

Immer schön auf dem Teppich bleiben

So viel Entspanntheit herrscht nicht in allen Familien, in denen es die Kinder weiterbringen als die Eltern. Oder noch schwieriger: In denen eines der Geschwister den Rest der Familie abhängt. Statt Freude auszulösen, reißen die kulturellen und mentalen Dimensionen des Aufstiegs Gräben auf. Die Familie reagiert, wie Menschen reagieren, wenn sie ihre Identität in Gefahr sehen: Der Ton wird schroffer, die Fronten versteifen sich. Statt mit der nächsten Generation mitzuziehen, hält die Herkunftsfamilie die eigenen Lebensvorstellungen hoch. Das vermeintlich lockere Arbeitsleben der Kinder wird mit den Mühen echter, ehrlicher Arbeit kontrastiert, als da wären: körperliche Anstrengung, physische Anwesenheit und ein guter Stand beim Chef. Mehr oder weniger verhüllt wird die Lebenswelt von Tochter oder Sohn kleingeredet oder schlicht nicht verstanden, erst recht, wenn der Nachwuchs keinen Beruf von erkennbar praktischem Wert ausübt wie Schuldirektorin oder Maschinenbauer, sondern etwas mit Design, Medien oder Mineralogie macht, womöglich noch im Homeoffice und bei freier Zeiteinteilung.

> Die Söhne und Töchter, denen es einmal besser gehen sollte, haben den familiären Auftrag erfüllt.

Nun sehen sie sich mit einer paradoxen Erwartung konfrontiert: Sie sollen sich auf keinen Fall für etwas Besseres halten. Nicht abzuheben, dieser Anspruch der Herkunftsfamilie folgt Aufsteigerinnen und

Aufsteigern wie ein Schatten. Statt Anerkennung bekommen sie von daheim »soziale Platzanweisungen«. So bezeichneten die Soziologen Peter Büchner und Anna Brake subtile Botschaften der Eltern, die signalisieren: Karriere hin, Aufstieg her, der neue, fremde Habitus missfällt.[3] Die Platzanweisungen verstecken sich hinter scheinbaren Alltäglichkeiten: Papa denkt nicht daran, zur Verlobung seines Ältesten einen Anzug zu tragen. Vielleicht besitzt er nicht einmal einen. Mama lehnt die Kaffeespezialitäten aus dem Vollautomaten ab und beharrt darauf, dass im Haushalt der Tochter Filterkaffee auf den Tisch kommen soll, wie bei ihr, ohne das ungemütliche Gerenne, man traue sich ja kaum, um eine zweite Tasse zu bitten. Die Geschwister spielen den Aufstieg der großen Schwester zur IT-Chefin herab, wie sie noch jeden ihrer Erfolge zurechtgestutzt haben: »Der Mensch muss eben Dusel haben.« Es wäre zum Lachen, wenn es nicht so traurig wäre.

Aufsteiger können nicht bleiben, wie sie sind

Einstweilen sieht man bei den gleichaltrigen Freunden, wie einfach alles laufen könnte: Deren Doppelkarriere-Eltern begleiten jeden Erfolg mit begeistertem Applaus. (Kunststück, wenn die Kinder wie die Eltern sind, nur nochmal eine Stufe besser.) Die eigene Herkunftsfamilie hingegen macht Liebe und Loyalität daran fest, dass man Erwartungen erfüllt, die man nicht mehr erfüllen kann: zu bleiben, wie man war. Wenn Sie damit zu kämpfen haben, sind Sie nicht allein. Fast jeder, der sich geistig von seiner Familie entfernt, muss Gegenwind aushalten. Auch der Münchener Architekt Peter Haimerl erzählt davon. Mit seinen reduzierten Formen und kraftvollen Materialien gilt er als Star in der deutschen Architekturszene. Um eine Aufführung in seinem Konzerthaus in Blaibach zu erleben, fahre ich selbst im Novembernebel in den Bayerischen Wald. Haimerls Familie weiß mit seiner Architektur weniger anzufangen: »Als ich mich um das Projekt in Blaibach bemühte, wollte ich den Gemeinderäten mein Projekt ›Chilli‹ zeigen. Sagte meine Mutter: Um Gottes willen – das gibt ja nie einen Auftrag.«[4]

In sehr vielen Fällen vollzieht sich der soziale Aufstieg über Bildung. Das bedeutet: Selbst wenn Sie nicht mehr verdienen als Ihre Eltern, leben Sie kulturell in einer anderen Welt. Was daraus folgt, beschreibt die Bundeszentrale für politische Bildung: »Es fehlen die gemeinsamen Themen, Interessen und Werte. Lebenssituationen und Lebensstile passen immer weniger zusammen.«[5] Auch wenn es der auf dem Boden gebliebenen Familie so scheinen mag: Was auf sie so abgehoben wirkt, hat nichts mit Überheblichkeit zu tun. Selfmade-Menschen durchleben große Änderungsprozesse. Sie können überhaupt nicht anders, als den Denk- und Verhaltensmustern ihrer Herkunft zu entwachsen. Trotzdem hätten Aufsteigende und Aufgestiegene gern beides: die alte Verbundenheit und die neuen Verbindungen. Peter Haimerl ist das gelungen. Seine Herkunftserfahrungen inspirieren ihn, die traditionellen Bauernhäuser seiner Heimat zu retten und sich für eine neue Lebenskultur auf dem Land einzusetzen. In diesem Engagement, wenn schon nicht in der Radikalität seiner Architektur, ist sich seine Familie dann doch wieder mit ihm einig.

»Nichts wie weg« ist keine Alternative

In ihren Erinnerungen *Zeige deine Klasse* erzählt die Schriftstellerin Daniela Dröscher, wie sie als erste Gymnasiastin in ihrer Familie bei Verwandtschaftstreffen nur noch mit Kopfhörern über der Torte saß, so sehr langweilten sie die Gesprächsthemen: Dorftratsch, Erziehungsfragen, Krankheiten, was was kostet, wer wohin reist, wer gestorben ist, wer bald sterben wird.[6] Was sie schreibt, erinnert mich an mich selbst im gleichen Alter: Bei Familienzusammenkünften hatte ich gern irgendeinen Roman griffbereit – vorzugsweise in der Originalsprache. Damals war Amazon noch nicht erfunden. Fremdsprachige Bücher waren daher ein Kulturkapital, das reichlich soziale Distinktion eintrug. Allein, dass ich sie besaß, teilte der Welt mit: Ich hatte in England und Frankreich gute Freunde. Anderenfalls wäre ich an die Penguin- und Gallimard-Klassiker überhaupt nicht herangekommen.

Später im Leben legen wir den Spagat zwischen den Welten zum Glück taktvoller hin. Trotzdem lässt sich die Distanz zu den Wurzeln nicht ungeschehen machen. Unter dieser Tatsache leidet jeder unsichtbar und für sich allein. Die meisten Aufsteigerinnen und Aufsteiger, das hat der Soziologe Aladin El-Mafaalani bei seinen Forschungen festgestellt, kommen nicht einmal auf die Idee, »dass ihre biographischen Probleme [...] mit der Familie etwas mit ihrem Aufstieg zu tun haben könnten. In der Regel wird das einfach zu einem individuellen Versagen stilisiert: Man hat es eben nicht besser hingekriegt oder die Eltern sind einfach bescheuert.«[7]

Hinkriegen aber würden wir es gern, und das ist klug so.

Denn der Rückzug von der Herkunftsfamilie mag zwar als die einfachste Lösung erscheinen, wenn Aufgestiegene spüren, was der französische Philosoph Didier Eribon beschreibt, der selbst einer Arbeiterfamilie entstammt: »Zeigen, was man geworden ist, ist angenehm und aufwertend. Zeigen, was man einmal war, ist es weniger.«[8] So wie eine angesehene Familie das eigene Ansehen hebt, so kratzt es am Status, wenn Eltern nichts mit der Welt ihrer Kinder anzufangen wissen und in Ansichten, Kleidung und Worten kundtun, wie fern sie ihr stehen.

Und dennoch: Genau wie Bäume schwächt es auch Menschen, wenn sie ihre Wurzeln kappen. Für 80 Prozent der Deutschen gehört der Einsatz für die Familie zu einem gelungenen Leben, noch vor einer glücklichen Partnerschaft und eigenen Kindern.[9] Die Zahlen lassen ahnen: Aufsteigerinnen und Aufsteigern geht es unter die Haut, wenn es im Verhältnis zur Herkunftsfamilie hakt. Zumal die Entfremdung mit den Jahren nicht kleiner wird. Familiäres Unverständnis stresst Aufgestiegene bis in die zweite Lebenshälfte hinein, obgleich sie längst dort sind, wo sie immer sein wollten. Ich meine deshalb: Es lohnt sich, die Wege zueinander offenzuhalten, auch wenn man nie mehr hundertprozentig gleich ticken wird. Immerhin gehören die Menschen, mit denen wir und die mit uns fremdeln, zu den prägendsten und liebsten in unserem Leben. Was also tun?

Warum es so hilfreich ist, wenn man weiß, wo man herkommt

Betrachten wir die Sache einmal pragmatisch. Was ist eigentlich passiert? Sie haben sich hochgearbeitet, sind vorangekommen, beherrschen die Codes Ihres Umfelds und finden Geschmack an allem Möglichen, von Mode bis Mozart und von Eichenholzdielen bis zum Elektroauto. Einstweilen halten die anderen in Ihrer Familie wie seit Jahr und Tag Jägerschnitzel für den Gipfel der Esskultur, waren im Leben nie im Kammerkonzert und regen sich über die da oben auf. Vielleicht ist es auch ganz anders, und Sie würden die Unterschiede an anderen Beispielen festmachen. Verschiedenheiten aber sind da, vielleicht sogar gewaltige. Und doch gibt es eine Brücke: Sie.

Stellen Sie sich einen Moment lang vor, Sie lebten in einem anderen Land. Sie beherrschen die Landessprache, kennen die Gepflogenheiten und haben sich in der Fremde perfekt eingelebt. Vergessen Sie deshalb Ihre Muttersprache? Sicher nicht. Beim Heimatbesuch wäre sie ganz schnell wieder präsent. Auf die genau gleiche Art haben Aufgestiegene zwei Habitusformen drauf. Doch während Mehrsprachigkeit als Trumpf gilt, genießt das Vertrautsein mit zwei sozialen Milieus verblüffend wenig Ansehen. Sogar Soziologen werten es eher als Manko. Bourdieu sprach vom »gespaltenen Habitus«, wenn jemand unterschiedliche habituelle Erfahrungen besitzt. Das klingt nach nichts Halbem und nichts Ganzem. Herkunfts-Ich und Gegenwarts-Ich wabern ineinander und heraus kommt ein Habitus, der weder da noch dort richtig passt.

Was aber, wenn wir es anders hinbekämen? Wenn unsere habituelle Mehrsprachigkeit uns nicht innerlich zerreißen, sondern zu einer sozialen Doppelrolle befähigen würde? Wenn wir zwischen sozialen Klassen genauso selbstverständlich wechseln würden wie zwischen verschiedenen Sprachen? So gesehen wären Herkunfts- und Ankunftshabitus ganz und gar nicht unvereinbar, sondern einfach zwei Stile unserer Persönlichkeit. Sollten Sie sich mit diesem Gedanken anfreunden können, kann sich der sogenannte gespaltene Habitus sogar als hochfunktionaler Vorteil erweisen. Aus Ihrer Biografie erwächst Ihnen die Möglichkeit, dass Sie zwischen dem familiären Herkunftshabitus und dem biografisch erworbenen Gegenwartshabitus pendeln wie zwischen der Wohnung in der Stadt und dem Wochenendhäuschen auf dem Land. Ich gebe zu, das Hin und Her ist mit Umständen verbunden und gelingt nicht immer gleich gut. Es hilft Ihnen aber, unbefangener mit Ihrer Abstammung umzugehen, mit Menschen jeden Schlags klarzukommen und, das ist vielleicht das Wichtigste, die Brücke zu Ihrer Herkunftsfamilie aufrechtzuerhalten.

Mag sein, dass Ihre Eltern und Geschwister Ihren Themen und Vorstellungen nicht immer folgen können oder wollen. Aber Sie können ihnen folgen.

Die in Berlin lebende Literaturübersetzerin Katy Derbyshire stammt aus einer Arbeiterfamilie in England. Heute schaltet sie beim Heimatbesuch bewusst um: »Meine Schwester lebt in einem winzigen Haus, oft besuche ich sie direkt im Anschluss an schicke Literaturveranstaltungen. Manchmal ist es ein frontaler Zusammenstoß. Ich bin zu langsam, um den Code zu wechseln, unsere Stimmungen kollidieren, unsere Leben sind zu verschieden. An anderen Tagen ist es wie eine langersehnte Erleichterung, bei ihr zu sein: ein paar Stunden voll lautem Gelächter, ich bade in dem Geruch von Kleinkindern und der Liebe meiner Schwester.«[10]

Gegangen, um zu bleiben: Eine(r) von uns

Wie würde Ihre Familie reagieren, wenn Sie bei Besuchen wieder mehr die Person wären, die ihnen von früher vertraut ist? Die Chancen stehen gut, dass sich das Verhältnis entspannt, wenn die Menschen aus der alten Welt das Gefühl bekommen: Sohn oder Tochter sind zwar aufgestiegen, haben aber den Draht zum normalen Leben nicht gekappt. Wie Sie das erreichen? Sie machen von sich aus den Anfang und gehen aktiv auf die anderen ein. Sie bringen den Beweis, dass man es geschafft haben und doch mit beiden Beinen auf dem Boden bleiben kann. Sie begeben sich in die alte Welt, so bereitwillig, als würden Sie in die Sprache ausländischer Gesprächspartner wechseln:

Weil Sie es können, die anderen aber nicht.

Das bedeutet zum Beispiel: Im Elternhaus ist das neue Fahrrad wie eh und je ein Rad und kein Gravel Bike. Zum Essen trinken Sie, was alle trinken, und spielen Ihre Rebenkenntnis bei passenderer Gelegenheit aus. Als Gesprächsthema bietet sich der Frauenfußball eher an als die Diversity-Anstrengungen Ihres Arbeitgebers. Und obwohl Ihnen sicher klar ist, dass Bestätigung und Bewunderung weit tragen, konnten Sie sich bisher vielleicht nicht durchringen, den Erfahrungsschatz von Verwandten dankend anzunehmen. Dabei weiß die Schwägerin, die in der Kita arbeitet, über Trotzanfälle von Zweijährigen vermutlich mehr als Sie, auch wenn sie nicht auf internationalem Niveau agiert. Annäherung kann dann so klingen: »Lisa, ich würde dich gern um einen Rat bitten. Deine Erfahrung als Erzieherin würde mir dabei sehr helfen.« Allein die Tatsache, dass Sie Expertenwissen anerkennen, taut Beziehungen auf, erst recht, wenn Sie als der Oberschlaue oder die Besserwisserin der Familie gelten.

Gemeinsamkeiten betonen, vertraute Sprachmuster verwenden, auch mal Schwäche zeigen und bloß keine Starallüren – mit solchen Schritten des Entgegenkommens vergeben Sie sich nichts. Im Gegenteil. Studien der schwedischen Soziologen Björn Ivemark und Anna Ambrose zeigen: Die erfolgreichsten Aufsteigerinnen und Aufsteiger zeichnen sich durch ihre habituelle Doppelkompetenz aus.[11] Sie stellen aktiv Nähe zur Herkunftsfamilie her und übernehmen Verantwortung für ein positives Familienklima: Was kann ich für ein lockeres, unbefangenes Miteinander tun? Welche Themen und Ansichten sind anschlussfähig? Ermöglicht eine Verhaltensweise oder eine Unternehmung Verbundenheit oder behindert sie sie? Was vermittelt meiner Familie das Gefühl, dass wir uns bei aller Verschiedenheit nah geblieben sind?

Keine Frage, das Bedürfnis ist groß, der Familie zu zeigen, wie weit man es gebracht hat. Oft sind Herkunftsfamilien aber zu sehr in ihrer eigenen Biografie gefangen, um die Lebensleistung der aufsteigenden

Kinder richtig zu würdigen. Entsprechend schwer fällt es ihnen, der führungsstarken Tochter, dem anderswo für seinen Innovationsgeist geachteten Sohn Anerkennung zu zollen, obwohl diese sich danach sehnen. Darüber kann man bitter werden. Oder man geht die Sache reflektiert und großherzig an. Denn während Ihre Familie nur einen Habitus kennt: Sie kennen zwei. Daraus erwachsen Ihnen Möglichkeiten, die die anderen nicht haben.

Der Königsweg: Die Familie mitziehen

Wenn Aufgestiegene einen stabilen Kontakt zu Eltern und Geschwistern erhalten, ist viel gewonnen. Dennoch bleiben Wünsche offen. Vielleicht würden Sie Ihre Familie gern mehr an Ihrem neuen Leben teilhaben lassen. Einen Urlaub als Großfamilie machen. Ihnen ein hochwertiges Kleidungsstück schenken, das sie auch wirklich tragen. Oder Sie wünschen sich, dass Sie sie Ihren Freunden oder einer Kollegin vorstellen können, ohne das unsägliche Gefühl zu haben, dass es besser wäre, wenn niemand einen Eindruck von Ihrer Herkunft bekäme. Solche Veränderungen können gelingen, vor allem, wenn Sie als Sohn oder Tochter Leistungen verwirklichen, die Ihrer Herkunftsfamilie Respekt abringen. Sie können das Familienideal, das Ihnen vorschwebt, aber unmöglich allein wahrmachen.

**Beide Seiten müssen lernen,
mit der neuen Situation umzugehen.**

Denn wenn die Eltern an der Statusverbesserung der Kinder teilhaben, verschiebt sich für alle das Statusgefüge: Die aufgestiegenen Kinder übernehmen innerhalb der Familie eine Führungsrolle, helfen den Eltern auf ein höheres Niveau, unterstützen sie finanziell oder finden kluge Möglichkeiten, sie an ihrer Welt teilhaben zu lassen. So wie Stefan, 41. Als Sologründer hat er ein Start-up in seinem Heimatdorf hochgezogen, wo sein Vater früher die Post ausfuhr. Zu seinen Ritualen gehört es, dass er Geschäftspartner mit selbst gemachtem Holunderblütensirup beschenkt. Als Firmengeschenk mit Kultcharakter stellt er jedes Jahr mit seinem Vater ein paar Dutzend Flaschen davon her, nach dessen Originalrezept. Sein Vater ist es auch, der Kunden am Bahnhof abholt, sich um den Winterdienst kümmert und kleine Reparaturarbeiten im Firmengebäude ausführt. Stefan ist froh, dass seine Eltern an seinem Aufstieg teilhaben. Er räumt aber auch ein: Der Rollenwechsel verlangt beiden Seiten einiges ab. Der aufgestiegene Sohn investiert Geld, Empathie und gute Worte. Die Eltern lassen es sich gefallen und nehmen an, was er ihnen bieten kann. Ausgesprochen oder unausgesprochen erkennen sie an, dass ihr Kind sie an Intellekt und Status überrundet.

Längst nicht alle aufgestiegenen Kinder wollen ihre Eltern so eng einbinden, längst nicht alle Eltern zeigen sich einer solchen Verschiebung der Rollen gewachsen. Aber wenn das Familienprojekt glückt, profitieren alle gemeinsam: Vergangenheit und Gegenwart fließen zu einem Gesamtbild zusammen. Das Verständnis füreinander wächst, die Familie bleibt sich nah, die schöne Vorstellung vom Stafettenlauf der Generationen wird Wirklichkeit. Denn es gibt sie ja, die Vorbilder, dass es klappen kann. Zu ihnen gehört Ilse Aigner, die Präsidentin des bayerischen Landtags. Ihre Eltern führten einen Elektrohandwerksbetrieb, wo auch sie nach der mittleren Reife Radio-, Fernseh- und Elektrotechnikerin gelernt hat. Von dort aus startete sie in die Politik, stieg zur Landesvorsitzenden der Jungen Union auf, zur Abgeordneten, Bundesministerin in Berlin, zur Bayerischen Staatsministerin und schließlich zur Landtagspräsidentin. Anders als erwartbar wohnt die ranghöchste bayerische Politikerin aber nicht in einem Münchner Villenviertel, sondern in ihrem Heimatdorf. Nah bei den Schwestern. In einem Haus mit ihrer Mutter.

UND JETZT?

Die Familie, der wir entstammen, ist ein sozialer Marker. Vermutlich kennen Sie die Erfahrung: Egal, wie alt Sie sind, egal, wie weit Sie es gebracht haben, Sie werden auch danach beurteilt, woher Sie kommen. Aufsteigerinnen und Aufsteiger erleben regelmäßig, was es heißt, die »falsche« Familie zu haben. Der soziale Status der Herkunftsfamilie, mehr übrigens als deren ethnische Zugehörigkeit,[12] kann zu einer Quelle der Diskriminierung werden. Hat man Pech, trübt die Abstammung das positive Bild, das man eigentlich abgibt. Mindestens erkennen andere am familiären Hintergrund, dass man nicht schon immer der Klasse angehörte, in der man heute spielt. An den daraus resultierenden Vorurteilen können wir wenig rütteln. Dazu wären Veränderungen an unseren sozialen Strukturen erforderlich. Umso mehr wächst der Wunsch, die Herkunftsfamilie würde in manchem anders denken und reden, sicherer auftreten, sich angemessener kleiden. Wenn Sie davon ausgehen können, dass Ihre Familie das Beste für Sie möchte, lohnt es den Versuch, das Thema auf den Tisch zu bringen. Sprechen Sie über unterschiedliche Lebensstile und Erfahrungshorizonte, woher die Unterschiede rühren und eben auch, was sie kommunizieren. Wenn Sie Ihre Vorstellungen und Anregungen formulieren, können die anderen Rücksicht darauf nehmen. Vielleicht bewirken Sie mehr als Sie im Moment für möglich halten.

9

LASSEN SIE SICH VON VERBÜNDETEN NACH OBEN TRAGEN

Denn wir sind nur so stark, wie wir vereint sind

Vor ein paar Jahren hielt ich an einer Hochschule einen Kurs über wissenschaftliches Arbeiten. Die Teilnehmenden studierten berufsbegleitend BWL und die für den Studiengang zuständige Dekanin hatte mir geraten, niederschwellig einzusteigen. Also warf ich zum Aufwärmen die Frage in den Raum, woran man denn seriöse Wissensquellen erkenne. Eine Studierende sagte, ihr Onkel sei für sie so jemand. Der Kurs brach in Lachen aus, und auch ich war einigermaßen verblüfft. War der Verwandte möglicherweise Wirtschaftswissenschaftler? Doch nein. Es stellte sich heraus: Der Onkel führte einen Handyladen und galt als erfolgreichster in der Familie als erste Anlaufstelle für alle und alles. Seiner Nichte erschien es daher als das Normalste der Welt, sich bei ihm Rat zu ihrer Bachelorarbeit zu holen.

In allen sozialen Lagen helfen Menschen einander aus, vertrauen sich und sind emotional eng verbunden. In allen gesellschaftlichen Zusammenhängen fahren wir gut, wenn wir uns an die Weisheit des *Harry-Potter*-Zauberers Albus Dumbledore halten: »Wir sind nur so stark, wie wir vereint sind, und so schwach, wie wir getrennt sind.« Schon aus diesem Grund knüpfen ärmere Familien oft besonders starke Bande. Je enger es zugeht, desto näher rücken Familien, Nachbarn und Freundeskreise zusammen. In den statushöheren Schichten erweisen sich die Netze oft als lockerer gespannt, dafür aber großflächiger. Es gibt mehr Verknüpfungen, und die Fäden reichen weiter. In anderen Worten: Weiter oben ist das soziale Kapital breiter gestreut, über regionale und nationale Grenzen hinaus und in höhere Kreise hinauf.

Warum die engsten Kontakte nicht immer die hilfreichsten sind

Anders als Nachfolgerinnen und Nachfolger bewegen sich Aufsteigerinnen und Aufsteiger nicht im Windschatten von Vorausfahrenden. Zumindest anfangs ahnen die meisten nicht einmal, wie viel mehr Streckenkenntnis, Kraft und Motivation sie im Vergleich zu stärker unterstützten Altersgenossen aufbringen müssen, um im Alleingang genauso weit wie sie zu kommen. Schauen wir uns die Auswirkungen an: Wer aus einer alteingesessenen Familie stammt, fährt bestens, wenn er in vielem den Spuren der Vorfahren folgt. Markus, ein 44-jähriger Umwelttechnologe, hat diesen Weg eingeschlagen. Er führt das Unternehmen seiner Familie in die Zukunft, wohnt in unmittelbarer Nachbarschaft seines Elternhauses, bewegt sich in den gleichen Beiräten und Präsidien, denen schon sein Großvater und Vater angehörten, und demnächst kommt seine Tochter auf das Gymnasium, auf dem auch er und die Freunde waren, mit denen er heute Geschäfte macht und Geburtstag feiert. Vielleicht wäre Ihnen ein solcher Werdegang zu eindimensional. Als ich mein Leben aufbaute, habe ich das Gleiche gedacht. Inzwischen erschließt sich mir, was ein Lebensentwurf wie der von Markus einträgt:

> Wer unter den wohlwollenden Augen der Eltern nahtlos auf deren sozialem Kapital aufsetzen kann, muss weniger strampeln.

Genau wie das finanzielle und kulturelle Kapital ist auch das soziale Kapitel ungleich verteilt. Weiter unten konzentriert es sich auf Familie, Verwandte, Freunde und die Kumpels aus dem Verein. Man weiß, wen man um drei Uhr nachts anrufen kann und wer nach einem Wasserrohrbruch beim Abpumpen hilft. Weiter oben hat man jenseits der engen Vertrauten die Kontaktdaten und das Ohr von Experten, Entscheiderinnen und Einflusstragenden. Aufsteigerinnen und Aufsteiger geraten damit doppelt ins Hintertreffen:

Erstens wachsen sie ohne die hohen Dosen an Zuspruch, Vorbildern und Vitamin B auf, die weitgespannte Kontakte außerhalb der Familie bieten können. Der Zugang zu bereits von den Eltern und Großeltern, den Tanten und Onkeln aufgebauten gesellschaftlichen und beruflichen Netzwerken fehlt.

Zweitens werden Selfmade-Menschen auch innerhalb ihrer Netze weniger üppig mit Rückenwind und Applaus unterstützt. Dafür ist im Herkunftsumfeld das Wissen über die Gesetze von Erfolg zu klein, die Skepsis über den Aufstiegswunsch zu groß und die Bereitschaft, sich und seinesgleichen großartig zu finden, zu wenig entwickelt.

Natürlich packen auch weniger gut gestellte Familien tatkräftig an, wenn ein Familienmitglied Unterstützung braucht. Ihnen fehlen aber selbst die Riesenvorräte von dem, was das berufliche und gesellschaftliche Vorankommen fördert: weitreichende Beziehungen, ein hohes Anspruchsgefühl und ein starkes Selbstbewusstsein. Die Größenordnung dieser Nachteile lässt sich schwer in Zahlen fassen. Aber wenn Sie das Gefühl hatten, irgendwie waren Ihre Lehrer immer weniger an Ihnen interessiert oder Ihre Praktika weniger spannend als die von Akademikersöhnen und Unternehmertöchtern, dann kennen Sie jetzt den Grund. Im Radsport sind die Windschatteneffekte übrigens besser bekannt: Ungefähr 30 Prozent Energie spart ein Fahrer, wenn ihm andere Fahrer Windschatten spenden.[1]

Mehr als Vitamin B: Was Verbindungen und Verbundenheit auslösen

Man würde gern bei einem Toparbeitgeber anheuern und ruft einen Studienfreund an, der dort arbeitet. Man hat einen Roman geschrieben und ist mit einer Verlegerin gut bekannt. Man ist jemand in der Stadt und schwuppdiwupp hat die Tochter die tolle Referenz, die ihrer Bewerbung an der London Business School den letzten Schliff verleiht. So ungefähr stellen sich Lieschen Müller und Otto Normalverbraucher Networking vor. Man muss nur die richtigen Leute kennen, und die Türen öffnen sich wie von Zauberhand. Man leistet so gut wie nichts, und der

Erfolg stellt sich trotzdem ein. Während andere ackern und rackern, rasen Vernetzte wie Komet C/2021 A1 Leonard der Sonne entgegen.

Ganz so einfach ist es nicht.

Verbindungen und Verbundenheit wirken genauso, wie es im Volksmund heißt: wie B-Vitamine. Sie versorgen Sie mit Energie und stärken Ihre Ausdauer und Konzentration. Aber ihre Wirkung entfaltet sich höchstens subtil und selten sofort. Weder machen B-Vitamine Sie zur Marathonsiegerin, noch bescheren sie Ihnen das Charisma, das Sie sich als Speaker wünschen. Mit guten Verbindungen verhält es sich ähnlich. Sie bringen selten den kalkulierbaren postwendenden Erfolg. Trotzdem tragen sie indirekt dazu bei, dass Sie zu voller Form auflaufen können.

Verbindungen bringen Sie an den Start. Wo liegen meine Talente? Auf welchem Gebiet will ich mich verwirklichen? Wie komme ich dorthin? Was brauche ich dafür? Aufsteigende finden die Antworten auf solche Fragen nur bedingt im Elternhaus. Dringender als andere sind sie daher auf offizielle und informelle Förderer angewiesen. »Solange die Ungleichheit in den Ausgangsbedingungen bestehen bleibt, wird ein Kind armer Leute nur selten einen Bildungsaufstieg hinlegen«, sagt der Schriftsteller Christian Baron, der in seinem Roman *Ein Mann seiner Klasse* seine Herkunft aus der Unterschicht verarbeitete. »Dass ich es geschafft habe, lag […] vor allem auch daran, dass es Menschen gab, die mich zu dieser Startlinie gelotst haben.«[2] Um solche Menschen zu finden, brauchen Sie nicht auf den Zufall zu warten: Initiativen wie Arbeiterkind, Aufsteiger oder die Roland Berger Stiftung, Workshops für Studierende der ersten Generation oder das Aufstiegs-BAföG für die Fortbildung von Fachkräften machen Mut, geben Orientierung und helfen über Hemmschwellen hinweg.

Verbindungen geben Ihnen Auftrieb. Mit wem Sie Ihre Zeit verbringen, beeinflusst, wer Sie heute sind und wie Sie in Zukunft sein wollen. Denn ob bewusst oder unbewusst, von den Menschen, die uns umgeben, nehmen wir etwas an. Wir folgen ihrem Rat, ziehen Rückschlüsse aus ihren Erfahrungen, interessieren uns, wenn sie ein Buch oder einen Film empfehlen, oder schauen uns ab, wie leidenschaftlich oder gelassen sie argumentieren. Ob es um Ambitionen, Anstrengungsbereitschaft oder das Auftreten geht, Vorbilder wecken den Wunsch, es ihnen gleichzutun. Wir müssen sie dazu nicht einmal besonders gut kennen. Auch Roman- oder Serienfiguren inspirieren. Haben Sie zum Beispiel einmal in *Madam Secretary* hineingeschaut, die Serie um die neu ernannte US-Außenministerin Elizabeth McCord? Sie liefert nicht nur spannende Polit-Unterhaltung. Wer will, erhält auch Anschauungsunterricht in Sachen Stimme, Kleidung, Hierarchieverhalten, Verhandlungsstrategien und Leadership.

Der Glanz Ihrer Verbindungen strahlt auf Sie ab. Klangvolle Adressen tragen Achtung ein und beschleunigen den Aufstieg. Der Abschluss an einer renommierten Universität, Praktika bei namhaften Unternehmen, der Einstieg als Trainee bei einem Toparbeitgeber, die zwei Jahre als Vorstandsassistentin bei einem CEO, der aus den Medien bekannt ist – Stationen wie diese fallen im Lebenslauf auf und heben Sie von der Masse ab. Wo Sie studiert haben, für wen Sie arbeiten, bei welchem Podcast Sie zu Gast sind, wen Sie ansprechen können, welchen Netzwerken Sie angehören, in welchen Organisationen Sie sich in welcher Position engagieren, wie viele Menschen Ihren YouTube-Kanal abonnieren, die Qualität und Quantität Ihrer Verbindungen spricht für Sie.

Verbindungen machen Sie groß. Sie können sich noch so sehr anstrengen. Aber durchschlagende Erfolge haben Sie erst, wenn andere Ihre Leistung schätzen und ein Loblied davon singen. Nur wenn Menschen mit Einfluss Sie wahrnehmen, empfehlen, erwähnen, Sie zitieren, Sie vernetzen, zieht Ihr Name Kreise, vor allem auf Gebieten, wo sich die Leistung nicht messen lässt. Natürlich sind Sie auch ohne wohlwollende Verbindungen gut in dem, was Sie tun. Aber dabei bleibt es auch. Damit Sie gefragt, bekannt oder unsterblich werden, muss Ihr Name möglichst vielen Menschen ein Begriff sein, insbesondere den Schlüsselfiguren in Ihrem Feld.

Verbindungen potenzieren Ihr Talent. Wo sich zwei oder mehrere gute Leute zusammentun, verstärken sie ihre Qualitäten, Ressourcen und Kontakte wechselseitig. So fand Albert Einstein bei der Ausarbeitung der Relativitätstheorie in seinem Studienfreund Michele Besso den idealen Sparringspartner. Steve Jobs und Steve Wozniak gründeten Apple, Bill Gates und Paul Allen Microsoft im Tandem, und nahmen vorweg, was das Forschungsinstitut Gallup nachwies: Am erfolgreichsten verlaufen Gründungen, an denen zwei Personen beteiligt sind.[3] Es ist beim Aufstieg wie am Berg: Wer in der Seilschaft geht, bewegt sich unter gleich Talentierten. Der Aufstieg verläuft deshalb nicht weniger anstrengend, aber um einiges sicherer.

Verbindungen stärken Ihr Erfolgsgefühl. In weniger gut gestellten Familien wird Erziehung oft so verstanden, dass Eltern dem Nachwuchs zeigen, wo es hakt und was es zu verbessern gilt. Später können Arbeitereltern den Erfolg erwachsener Kinder oft nur schwer ermessen. Sie können allenfalls ahnen, welche Auszeichnung ein Preis des VDI bedeutet, welche Position man als Senior Consultant einnimmt oder was es heißt, als Keynote-Speaker zu einer Tagung eingeladen zu werden. Für Aufsteigerinnen und Aufsteiger bedeutet das: Trotz enormer Leistungen dürfen sie sich viel seltener als Erbinnen und Erben in der Anerkennung ihrer Familie sonnen. Das soziale Netzwerk kann hier einen Ausgleich schaffen. Unter Gleichgesinnten und vergleichbar erfolgreichen Menschen erfahren Sie Ermutigung und Inspiration. Ihr Erfolg wird verstanden und geteilt.

Und ja, Glücksfälle passieren: Manchmal kommt es tatsächlich vor, dass jemand aus Ihrer Community Sie nicht nur stärkt und bestärkt. Manchmal zahlen sich die Networking-Events und Alumni-Treffen, an denen Sie teilgenommen haben, die Blog-Artikel, die Sie verfasst, die Mittagessen, die Sie angeregt haben, die LinkedIn-Anfrage, die Sie einer fremden Person gestellt haben, richtig aus: Sie werden in einen Beirat berufen, zu einer Bewerbung ermutigt, als Berater hinzugezogen. Einfach so. Weil Sie jemanden kennen, der jemanden kennt. Nur direkt damit rechnen sollten Sie nicht. »Beim Netzwerken geht es heute nicht mehr darum, die Erfolgsleiter hochzuklettern«, sagt die amerikanische Buchautorin und Marketingspezialistin Porter Gale. »Es geht um Zusammenarbeit, die Kraft des gemeinsamen Denkens, Partnerschaft und langfristige wertebasierte Beziehungen.«[4]

Warum lose Beziehungen so überraschend wertvoll sind

Emotional hängen wir an ihnen, als gäbe es niemanden sonst auf der Welt: an den Eltern und Geschwistern, der Partnerin, dem Partner, den Kindern, den Freundinnen und Freunden, vielleicht noch den bevorzugten Kollegen und beruflichen Verbündeten. Mit ihnen verbringen wir unsere Zeit, genießen die Gemeinsamkeit, teilen Bedenken und Probleme, spielen uns die Gedankenbälle zu und drehen uns alle zusammen im Kreis. Wo immer die gleichen Menschen zusammenkommen, geht es nämlich auch immer um die gleichen Themen, Denkmuster und Meinungen. Inspiration und geistige Weite quellen deshalb nur bedingt aus dem inneren Zirkel, so eng wir uns auch mit ihm verbunden fühlen.

Wenn Sie sich weiterentwickeln wollen, brauchen Sie frisches soziales Kapital jenseits der Menschen, mit denen Sie jedes Jahr Geburtstag feiern oder mehrmals pro Monat im Chor singen. Dieser erweiterte Kreis unterscheidet sich von Ihrem inneren Zirkel fundamental: Ihm gehören die Eltern an, die Sie auf dem Spielplatz kennen lernen, die hin- und hergehenden E-Mails mit einer Kollegin, die in einem anderen Unternehmen die gleiche Position bekleidet wie Sie, die Leute in Ihrer Stadt, die nach dem IHK-Vortrag oder in der Konzertpause auf Sie zukommen, die Kontakte, die Sie in den sozialen Netzen zu Menschen halten, denen Sie im Lauf des Lebens begegnet sind und die Sie anderenfalls leicht aus den Augen verloren hätten: ehemalige Mitschülerinnen und Kommilitonen, Professorinnen und Trainer, Arbeitskolleginnen und Projektpartner, Urlaubs- und Auslandsbekanntschaften. Die wenigsten dieser Bindungen sind sonderlich eng oder verbindlich. Es wäre deshalb nur verständlich, wenn Sie Ihnen keine große Bedeutung beimessen.

Doch es gibt ein Aber: Alle Ihre losen Kontakte verfügen über Kompetenzen, Fachwissen und Ressourcen, die Sie mit weiterführenden Perspektiven in Berührung bringen. Manchmal lenken sie Sie sogar in eine Richtung, die Ihnen selbst nicht in den Sinn gekommen wäre. Wenn ich auf mein Leben schaue, erkenne ich im Rückblick das Muster: Ausgerechnet lose, schwache und manchmal sogar schwindende Verbindungen haben mich dorthin gebracht, wo ich heute bin. Einer meiner Professoren hat mir im Studium eröffnet, was mir überhaupt nicht bewusst war: Dass meine Seminararbeiten sich interessanter lasen als die der anderen Kursteilnehmer. Ein früherer Projektleiter gab mir, als ich mich selbstständig machte, den ersten wichtigen Auftrag. Nicht eine Sekunde lang hätte ich damit gerechnet, dafür sind wir vorher zu oft aneinandergeraten. Ein Verlagslektor, dem ich ein einziges Mal am Rand einer Besprechung begegnet bin, empfahl mich dem Literaturhaus in München als Dozentin für Texte in der Werbung und erschloss mir unvermutet eine erste Adresse und ein faszinierendes Gebiet.

Heute weiß ich: Wir können die Kraft unserer *weak ties* überhaupt nicht hoch genug schätzen. Sie bauen uns Brücken zu Menschen, Informationen und Kulturen außerhalb unseres eigenen Orbits. Mit ihrer Zahl steigt die Wahrscheinlichkeit, dass Sie Chancen und Fingerzeige bekommen, die Sie staunen lassen. Darauf verlassen sollten Sie sich allerdings nicht. Viele Networking-Anstrengungen verlaufen im Sand. Aus eben diesem Grund neigen Aufsteigerinnen und Aufsteiger dazu, den Wert loser Kontakte zu missachten. Wenn Sie gerade nach oben streben, wissen Sie selbst: Der Anstieg erfordert Berge an Kraft. Er lässt sich nur verwirklichen, wenn Sie mit Ihren Energien haushalten. Dass sich Networking so anstrengend anfühlt, hat aber noch einen anderen Grund: Es ist anstrengend. Zeitlich. Finanziell. Und mental. Nicht umsonst bezeichnen gehobene Kreise ihre Bemühungen ums soziale Miteinander als »gesellschaftliche Pflichten«.

Wie Sie netzwerken, auch wenn Sie nicht dafür geboren sind

Auf allen Ebenen der Gesellschaft gilt: Networking ist nützlich, macht aber viel Arbeit. Blogartikel wollen geschrieben, Einladungen angenommen, Clubtreffen absolviert, Beiträge, Restaurantessen, Eintrittskarten und Gebühren finanziert sein. Zumal online wie offline gilt: Punktuelle Anstrengungen verpuffen. Bekanntheit, Vertrauen und Sichtbarkeit entstehen nur, wenn man am Ball bleibt. Auch der gesellschaftlichen Spitze bleiben deshalb die Mühen der Netzwerkpflege nicht erspart: das Hingehen, der Smalltalk, die Aufmerksamkeit, der

Erfahrungsaustausch, die Herzlichkeit. Allerdings sind Erbinnen und Erben mit den dafür notwendigen Skills von klein auf vertraut. Aufsteigerinnen und Aufsteiger müssen dagegen erst den Dreh finden, scheinbar federleicht zwischen mehr oder weniger bekannten Gesichtern hin- und herzuschweben. Die entlastende Nachricht lautet: Nichts zwingt Sie, die sozialen Spiele mitzuspielen. Sollten Sie sich aber aus guten Gründen doch fürs Dabeisein entscheiden, gelingt mit ein paar eindeutigen Handlungsstrategien alles entspannter. Sogar das Netzwerken.

Just do it! Mit Networking ist es wie mit dem auch sehr empfehlenswerten Planking: Am besten etablieren Sie es als Gewohnheit. Möglichkeiten dafür gibt es genug. Vielleicht besuchen Sie ein Branchenevent, vielleicht vereinbaren Sie ein Zoom-Meeting mit einem früheren Kollegen, vielleicht schreiben Sie einen Kommentar unter ein Posting oder Sie schauen auf der Durchreise bei einer ehemaligen Studienfreundin vorbei. Hauptsache, Sie schaufeln sich Zeit frei und nehmen Menschen mindestens so wichtig wie Inhalte. Sie werden sehen: Auch wenn eine Aktivität nicht gleich Früchte trägt, mit der Zeit kümmern Sie sich um Ihre Kontakte so selbstverständlich wie um einen flachen Bauch.

Wachsen Sie über herkunftsspezifische Vorbehalte hinaus. »Gefallen wollen heißt sich erniedrigen«, sagte der französische Schriftsteller Gustave Flaubert. Nach meiner Erfahrung überschätzen Bildungsaufsteigerinnen und -aufsteiger die Gefahr, sie könnten sich durch Anbiederung herabwürdigen. Eher ist schon das Gegenteil der Fall: Wer nicht den oberen Prozent entstammt, wächst oft mit Skepsis gegenüber Menschen auf, die mehr darstellen oder verdienen als der Durchschnitt. Möglicherweise fällt Ihr Ton deshalb sogar eher zu nüchtern als zu schmeichelhaft aus. Ein angenehmes Klima zu kultivieren, sich hierarchiekonform zu bewegen und andere glänzen zu lassen, hat aber nichts mit Kriechen und Dienern zu tun. Es gehört zum sozialen Spiel des Gebens und Nehmens. Am gefahrlosesten üben Sie sich als Erstes in E-Mails und auf sozialen Medien darin, wie man gratuliert statt kritisiert und Menschen lieber zu viel Dank und Ehre erweist also zu wenig. Tipp: Achten Sie darauf, wie die anderen reagieren. Nicht alle, aber die meisten antworten mit ebenso viel Wertschätzung, wie Sie ausgesendet haben. Das ist das Gesetz der Reziprozität: Wer gibt, dem wird gegeben.

Bauen Sie ein Netz auf, keine Blase. Ein tragfähiges soziales Netz bringt Sie neben Bekanntem auch mit Unbekanntem in Berührung. Daraus resultieren Wachstumsschübe, das Selbst und der Horizont weiten sich, Glaubenssätze und Überzeugungen werden infrage gestellt. Eine soziale Blase bestätigt Sie dagegen in Ihren vorgefassten Meinungen und Verhaltensweisen. Es hält Sie fest in der sozialen und gedanklichen Welt, die Sie in- und auswendig kennen. Schauen Sie als ersten Schritt Ihre Kontakte auf den sozialen Medien an: Wer zählt zu Ihrer Social Bubble, wer erweitert Ihr soziales Netz?

Lernen Sie, das Eis zu brechen. Es braucht Mut, sich in neue soziale Situationen zu begeben, besonders wenn es aussieht, als würden sich alle anderen schon ewig kennen. Sie wissen aber sicher aus eigener Erfahrung: Ist der Zugang gefunden, ergibt sich der Rest oft von allein. Damit Sie die Einstiegshürde elegant nehmen, empfiehlt die Kommunikationstrainerin Gabriela Meyer: »Statt am Einstiegssatz zu feilen, zählen Sie von 5 bis 1 runter, nehmen Ihre Zielperson in den Blick und gehen lächelnd auf sie zu. So sind Sie schon mal da, wo Sie hinmöchten.«[5] Danach folgt eine niederschwellige Frage: »Welches Interesse führt Sie hierher?«, »Wie hat Ihnen der Vortrag gefallen?«, »Das sieht aber gut aus. Wo kann ich das finden?«, »Können Sie sich erinnern, wann wir das letzte Mal so viel Schnee hatten?« Legen Sie sich ein kleines Repertoire solcher Sätze zurecht. Sie bahnen zuverlässig den Weg ins Freie des Gesprächs. Zumal die meisten Menschen aufatmen, wenn jemand anderer den ersten Schritt unternimmt.

Pflegen Sie den Kontakt zu noch erfolgreicheren Menschen. Der ungarische Professor für Physik Albert-László Barabási untersucht soziale Netzwerke mit Hilfe mathematischer Analysen. In seinem Barabási-Albert-Modell beschreibt er, dass in wachsenden Netzen neben vielen kleinen Knoten einige signifikant bedeutendere Knoten auftreten. Bei sozialen Netzen sind dort die Persönlichkeiten und Institutionen angesiedelt, die über den marktwirtschaftlichen Erfolg in ihrem Bereich entscheiden. Barabási schloss daraus für sich: »Die Forscher, die zu den großen in meinem Fach gehören, müssen mich kennen und ich muss sie kennen.« Deshalb sei er schon als junger Forscher auf die »ganz großen Nummern« zugegangen: »Hallo, ich bin László Barabási.

Ich habe Ihre Arbeit gelesen, hätten Sie Zeit, mit mir zu Abend zu essen?« Der Schritt fiel Barabási alles andere als leicht: »Tief drin würde ich mich am liebsten in meinem Zimmer verschanzen und Theoreme lösen.«[6] Mit dem Abendessen habe es übrigens selten geklappt. Aber ein gemeinsamer Kaffee war bei den meisten Angesprochenen drin.

Bauen Sie authentische, persönliche Kontakte auf. Networking klingt nach Großveranstaltung und Sich-Verkaufen. Die wertvollsten Beziehungen ergeben sich aber selten an Stehtischen. Sie leben davon, dass Menschen sich sympathisch finden, gemeinsam für etwas begeistern, einander bestärken, zusammen an Projekten arbeiten. Gemeinschaften dieser Art fußen auf einem Fundament gegenseitiger Wertschätzung und guter Erinnerungen. Es macht Freude, sie zu pflegen. Im Idealfall bleiben sie auch dann erhalten, wenn man sich beruflich verändert oder nicht mehr die Position bekleidet, in der sie entstanden sind.

UND JETZT?

Den aktuellen Wert Ihres sozialen Netzes erkennen Sie daran, wie breit es gemischt ist und wie weit sein Einfluss reicht. Im Idealfall gesellt sich zum engen Kreis von Familie und Freunden eine wachsende Zahl loser und enger Kontakte, die Brücken in andere Kreise, Branchen, Länder und Regionen schlagen. Zwei Arten von Gemeinschaften kommen Aufsteigerinnen und Aufsteigern besonders zugute: Das eine sind Menschen, die Ihnen den Weg nach oben weisen oder sogar ebnen. Mit ihrer Erfahrung, ihrem Überblick und ihren Kontakten helfen sie Ihnen, vorwärtszukommen, Abkürzungen zu finden und Gefahrenstellen zu umgehen. Wie viel sie Ihnen im Einzelfall mitgeben, lässt sich schwer voraussagen. Vom wertvollen Gedankenanstoß bis zur Empfehlung für eine Spitzenposition ist alles möglich. Als eine zweite stärkende und manchmal unterschätzte Bezugsgruppe erweisen sich andere Aufsteigerinnen und Aufsteiger. Sie zeigen Ihnen, was geht, und machen Ihnen Mut, dass Ihnen etwas Ähnliches gelingen kann. Als Einzige in Ihrem Umfeld ermessen sie aus eigener Erfahrung, was Aufsteigen emotional und intellektuell bedeutet.

10

VERWIRKLICHEN SIE, WAS FÜR SIE DAS HÖCHSTE IST

Denn Orangen wachsen nicht im Blaubeerfeld

Ein halbes Leben lang war sie die Tochter des Landrats. Heute ist er der Vater der Bestsellerautorin. Der promovierte Jurist Bernward Löwenberg verweist auf eine beeindruckende Biografie: Rechtswissenschaftler, Politiker, Träger des Bundesverdienstkreuzes, Kunstliebhaber, Lobbyist der Europäischen Union. Seine Tochter Cornelia studierte Jura und Germanistik, brach das Studium ab, heiratete, arbeitete in der Fleischfabrik ihres Mannes mit und brachte nebenbei Krimis im Selbstverlag heraus. Ihr Durchbruch ließ auf sich warten. Doch als sie entdeckt wurde, stieg sie als Nele Neuhaus zu einer der meistgelesenen deutschen Krimiautorinnen auf.[1] Mit ihrer Stiftung unterstützt sie Projekte, die die Sprachkompetenz von Kindern fördern. Ein großer Teil ihrer Einnahmen aus Buchverkäufen fließt dorthin ein.[2]

Und jetzt meine Frage an Sie: Wer hat den höheren sozialen Status erreicht? Vater oder Tochter? Wie schätzen Sie es ein? Meine Antwort darauf lautet: Ich kann es nicht sagen. Ich weiß, mit wem ich subjektiv gesehen lieber tauschen würde. Aber ich kann nicht objektiv austarieren, wer gesellschaftlich weiter oben steht. Offensichtlich haben Vater wie Tochter die soziale Kletterwand mit Bravour genommen. Doch die gewählten Routen und erreichten Gipfel sind zu unterschiedlich, als dass sich eine Rangfolge berechnen ließe. Der Vergleich zweier anders hocherfolgreicher Menschen offenbart: Wie wir eine gesellschaftliche Position einschätzen, macht sich nicht allein am Einkommen, an den Bildungsabschlüssen oder an der Bekanntheit fest. Sozialer Erfolg, der eigene wie der fremde, bemisst sich auch daran, was Sie selbst für das Höchste halten.

Unbezahlbar: Das Gefühl, gut dazustehen

Wenn du Orangen willst, such nicht im Blaubeerfeld heißt ein Buch des internationalen Bestsellerautors John Strelecky. Bezieht man den Satz auf den sozialen Aufstieg, lenkt er den Blick auf eine essenzielle Bedingung: Der Aufstieg ist nicht mit einem vorderen Platz in der Gesellschaft vollendet. Erst wenn eine errungene Position auch zu Ihnen passt und Ihren Vorlieben entspricht, fühlen Sie sich auf dem Gipfel Ihrer Wünsche angekommen. Die Sozialwissenschaften unterscheiden deshalb den objektiven und den subjektiven sozialen Status. Der objektive sozioökonomische Status misst, wie viel jemand tatsächlich hat. Der subjektive Status ergibt sich daraus, wie Sie selbst Ihren Lebenserfolg bewerten.

Ein bisschen ist es wie bei der Auswahl von Theater- oder Konzertkarten. Sie kennen das Prinzip: Häufig können Sie bei der Buchung zwar eine Preiskategorie auswählen, aber nicht die genauen Plätze. Stattdessen bekommen Sie die besten noch verfügbaren Sitze zugewiesen. Oder anders ausgedrückt: jene Plätze, die das Buchungssystem als die besten identifiziert. Ich habe in solchen Fällen schon oft ein langes Gesicht gemacht: Bei günstigen Karten nehme ich gern einen Platz seitlich oder im dritten Rang, Hauptsache, ich sitze in der ersten Reihe. Mein Mann, der einen halben Kopf größer ist als ich, schaut dagegen über die Vorderleute hinweg und wünscht sich das Gegenteil: einen Platz in der Mitte, auch wenn er weiter hinten liegt. Sie merken, worauf ich hinauswill:

Ein guter Platz ist immer auch der, den wir dafür halten.

Natürlich betrachten die meisten Menschen renommierte Bildungsabschlüsse, berufliches Ansehen und ein Einkommen, von dem sich leben lässt, als Grundvoraussetzung für einen guten Status. Doch woran erkennen Sie selbst, wann Sie da sind, wo Sie sein möchten? Ein Jahr lang habe ich Menschen diese Frage gestellt. Ihre Antworten reichen weit über die drei messbaren Statusmerkmale hinaus, und meistens bleibt es nicht bei einem einzelnen Kriterium. Hier ist eine repräsentative Auswahl: Jeden Tag etwas Neues lernen. Eine große Familie haben. Begeistert von der Arbeit sein. Mehr erreichen, als meine Eltern erreicht haben. Ein Haus am Meer. In den inneren Zirkeln meiner Stadt mitmischen. Zwei Tage in der Woche, in denen ich tun und lassen kann, was ich will, am liebsten wandern und Pilze sammeln. Verantwortung tragen. Etwas bewirken können. In der Presse präsent sein. In die Geschichte eingehen und nicht nur als Fußnote. Alles erreichen, was ich mir vorgenommen habe. Eine Partnerschaft führen, die hält. Niemandem Rechenschaft ablegen müssen. Meine Unternehmensidee verwirklichen. Meine sportlichen Ziele erreichen. So viel Geld haben, dass es keine Rolle mehr spielt. Keine Zeit mit Leuten verbringen, mit denen ich keine Zeit verbringen will. Mit fünfzig aus dem Job aussteigen. Sie merken: Die Antworten sind so verschieden, wie wir Menschen verschieden sind. Sie können im beruflichen Bereich liegen und im privaten. Sie können vage sein oder unmittelbar greifbar. Sie können respekteinflößend daherkommen oder so flapsig wie bei einem Freund, der den eigenen Spitzenstatus daran erkennen würde, dass es allen gut geht und ihm am besten.

Über die messbaren Indikatoren von Erfolg hinaus umfasst Status also eine hohe individuelle Komponente: Was den einen Einfluss und Stimme bedeutet, gibt den anderen die wachsende Familie und den Dritten der Einsatz für Geflüchtete oder leseschwache Kinder. Auch mit wem wir uns vergleichen, spielt eine Rolle: »Soziale Klasse ist mehr als nur das, wie viel jemand hat«, schreiben die Sozialpsychologen Michael W. Kraus und Nicole M. Stephens von der Yale School of Management. »Es ist auch, wie viel man glaubt, im Vergleich zu anderen zu haben.«[3] Der materielle Erfolg ist dafür ein wichtiger Gradmesser. Zu viel abverlangen darf er uns allerdings nicht. Ist der Reichtum mit großen Abstrichen bei Freizeit, Freiheit, Familie und Gesundheit erkauft, stresst er mehr, als er beglückt. Können Sie dagegen tun, was Sie lieben, oder umsetzen, was Sie für sinnvoll halten, nehmen Sie sich selbst als ziemlich großartig wahr. Das gute Gefühl merkt man Ihrem Verhalten an. Ohne dass Sie sich darum bemühen, strahlen Sie mehr Hochstatussignale aus – nicht, weil Sie objektiv sozial höher stehen, sondern weil Sie sich subjektiv blendend fühlen.

Was wollen Sie vom Leben haben?

Das Gefühl, gut dazustehen, ist unbezahlbar. Voll und ganz stellt es sich allerdings nur ein, wenn Sie Ihrem eigenen Stern folgen. Für Aufsteigerinnen und Aufsteiger klingt allein diese Formulierung weit weg. Die meisten waren nie verwöhnt und denken von klein auf realistisch. Ihr Ehrgeiz richtet sich auf eine Ausbildung mit Hand und Fuß, einen angesehenen, soliden Arbeitgeber und ja, Geld gehört auch dazu. Wer mit Studienschulden ins Erwerbsleben startet und kein Haus von der Oma erbt, muss schauen, wie er das Leben finanziert bekommt. Für Befindlichkeiten und Anspruchsdenken bleibt wenig Platz. Aus bewährter Gewohnheit ergreifen Aufsteigende die Chancen, die sich bieten, und wenn es keine Orangen gibt, sind auch Blaubeeren okay. Die Denkweise trägt weit und wirkt sympathisch unkompliziert. Die Frage ist nur: Fühlt sich der Status, den Sie objektiv erreicht haben, auch subjektiv gut für Sie an?

Laura, 35, ist Internistin. Eigentlich hätte sie gern Design studiert. Unterstützt von ihrer Kunstlehrerin arbeitete sie schon an den Entwürfen für ihre Bewerbungsmappe für das Gestaltungsstudium. Sie ließ sich dabei auch nicht von ihrer Familie beirren, die sich einig war, die Kleckserei sei keine Arbeit. Dann bekam sie die Noten für einen Medizinstudienplatz und wagte nicht, auszuschlagen, wonach andere gierten. In der Rückschau hätte sie anders entschieden. Als Fachärztin genießt sie hohes Ansehen. Aber im Grunde ihres Herzens lässt die Medizin sie kalt.

Der eigenen Berufung zu folgen, hat einen Preis. Vielleicht eröffnet der Brotjob bessere Verdienstchancen als der Traumjob. Vielleicht bietet der »vernünftige« Weg mehr Ansehen oder Sicherheit. Oder Ihr Leitstern führt Sie in eine Richtung, die wichtige Menschen nicht mit Ihnen gehen wollen. So war es bei Nele Neuhaus. Ihrem Mann war ihr Weg an die Spitze ihres Feldes zu viel. Er hätte es lieber gesehen, wenn sie ihn weiter in seiner Firma unterstützt hätte. An dem Zielkonflikt zerbrach ihre Ehe.[4] Learning: Zu verwirklichen, was für einen selbst das Höchste ist, geht selten ohne Kosten ab. Wenn wir uns darauf einstellen, fällt vieles leichter.

Erfolg hat viele Gesichter

Von dem dänischen Philosophen Søren Kierkegaard stammt der Satz: »Die häufigste Form der Verzweiflung ist, nicht zu sein, wer du bist.« So gesehen können Sie Ihren Status subjektiv nur dann als hoch erleben, wenn er Ihnen ermöglicht, Sie selbst zu sein, mit Ihren Talenten, Anliegen, Ambitionen und Bedürfnissen. Lassen Sie aus diesem Grund bei allem Ehrgeiz nie die Frage außer Acht, wie Ihr Platz im Leben beschaffen sein muss, damit er sich für Sie gut anfühlt. Wo liegen Ihre Prioritäten, was treibt Sie an, was bringt Sie zum Lächeln, wovon würden Sie sagen, das ist mein Ding, welche Werte sind für Sie überhaupt nicht verhandelbar? Und als nächste Steigerungsstufe: Wie hängt alles mit allem zusammen: das private Glück, der berufliche Erfolg, das physische und mentale Wohlbefinden, die Suche nach dem Sinn, die Lust auf alles, was schön ist, die Verantwortung für die Welt und die Sehnsucht, einfach mal nichts tun zu dürfen?

Die Suche nach dem eigenen Begriff von Erfolg und Status ist ein schwer fassbares Ziel. Deshalb habe ich Ihnen acht seiner Varianten als Anregung zusammengestellt. Damit Sie sich darin nicht verheddern, reduzieren Sie sie bitte auf die vier Erfolgsaspekte, die am meisten in Ihnen zum Klingen bringen. Nutzen Sie dafür das folgende Raster, und entscheiden Sie sich in jeder Zeile für den Begriffe, der Sie spontan mehr anspricht.

Ganz oben sein	Enthoben sein
Macht	Prominenz
Verbundenheit	Gestaltungskraft
Lebensqualität	Lebenssinn

Nummerieren Sie Ihre vier Begriffe jetzt bitte nach der Wichtigkeit, die Sie persönlich Ihnen beimessen. Streichen Sie Nummer vier, und lesen Sie bei Ihren drei wichtigsten Erfolgsvorstellungen weiter. Sie finden in den Texten zu den Erfolgsbegriffen mehr Fragen als Antworten. Machen Sie sich gern Ihre eigenen Gedanken dazu, schauen Sie, was Ihnen in den Sinn kommt. Denn was Ihr Gefühl steigert, gut dazustehen, wissen nur Sie.

Enthoben sein: Unabhängig sein. Über den Dingen stehen. Frei sein von Druck, Networking, fremden Erwartungen. Steffi Graf hat diesen Traum verwirklicht. Nach ihrer Profikarriere zog sie sich mit dreißig weitgehend aus dem Tenniszirkus zurück. Fast könnte man sagen: Sie stieg auf, um auszusteigen. Das klingt paradox. Und doch: Wie lange wollen Sie das machen, was Sie jetzt tun? Wie viel bedeutet Ihnen finanzielle Unabhängigkeit? Was verstehen Sie darunter? Wie viel Freiheit und Freiraum wünschen Sie sich in Ihrem Leben? Wie viele Stunden in der Woche möchten Sie Ihrer Karriere widmen? Was möchten Sie außerdem tun? Was können Sie sich noch vorstellen außer 24/7-Verfügbarkeit? Wo möchten Sie arbeiten? Im Büro? Im Homeoffice? Von irgendwo aus auf der Welt? Solo oder im Team? Im Vordergrund oder im Hintergrund? Was bedeutet Autonomie für Sie? Was würden Sie tun, wenn Sie nicht für Geld arbeiten müssten? Welchen anderen Talenten, Anliegen oder Sehnsüchten würden Sie gern mehr Raum geben? Lassen Sie Ihrer Fantasie freien Lauf, aus dem Alltäglichen auszubrechen.

Gestaltungskraft: Sind Sie eher ein verwaltender oder ein gestaltender Mensch? Wofür interessieren Sie sich leidenschaftlich? Welche Rolle spielen Erkenntnis, Innovation, Wissenschaft oder Kreativität in Ihrem Leben? Veränderung, Ideen, probieren – welche Gefühle lösen diese Worte in Ihnen aus? Möchten Sie etwas mit den Händen schaffen, oder sehen Sie sich als kreativen Geist? Was möchten Sie unbedingt bewirken, erforschen oder umsetzen? Gibt es etwas, wovon Sie sagen, es sei Ihr Leben? Bei welchen Gelegenheiten gehen Sie völlig in Ihrem Tun auf? Wenn Geld keine Rolle spielt, auf welche ungewöhnliche, vielleicht ganz andere Weise würden Sie Ihr Talent verwirklichen? Auch wenn dieser Fall vermutlich nicht eintreten wird, lohnt es sich doch, darüber nachzudenken und über den Tellerrand der Alltagsrealität zu schauen.

Ganz oben sein: In gewisser Weise lässt sich die augenfälligste Vorstellung von Status am einfachsten verwirklichen. Denn Sie können sich viele Arten von Erfolg vorstellen. Ob Sie Ihr Glück mit Orangen oder Blaubeeren machen, ist Ihnen ziemlich einerlei. Hauptsache, das, was Sie tun, führt Sie objektiv gesehen an die Spitze, beim Einkommen, in der Hierarchie, in der Einmaligkeit dessen, was Sie zuwege bringen. Im Zweifelsfall wollen Sie dorthin, wo die Luft am dünnsten ist, nicht auf den einen, ganz bestimmten Gipfel. Finden Sie sich in dieser Aussage wieder? Sehen Sie sich als ehrgeizigen Menschen? Welche Assoziationen lösen Worte wie Konkurrenz, Unternehmertum, Biss in Ihnen aus? Sind Sie arbeitswütig? Wie sehr sind Sie bereit, ins Risiko zu gehen? Wie viel bedeutet es Ihnen, beliebt zu sein? Wie definieren Sie einen Spitzenstatus? An welchem Punkt ist der Aufstieg für Sie abgeschlossen? Oder streben Sie nach dem ersten bezwungenen Gipfel, selbst wenn es ein Achttausender wäre, direkt den nächsten an?

Lebenssinn: Was antworten Sie auf die Frage: »Wenn das Leben einen Sinn hat, was ist er?« Was erhoffen Sie von einem gesellschaftlichen Aufstieg? Welche Vorbilder begeistern Sie? Was trägt ein hoher Status zu einem sinnerfüllten Leben bei? Welche Werte wollen Sie auf jeden Fall verwirklichen? Welche würden Sie niemals verletzen? Was ist das sinnhafteste Geschäftsmodell, das Sie kennen? Was würden Sie verwirklichen, wenn Sie auf der *Forbes*-Liste der 100 reichsten Menschen der Welt stünden? Was tun Sie, um einen essenziellen Beitrag zum Allgemeinwohl zu leisten? Was würden Sie gern tun? Wie verwirklichen Sie Sinn in Ihrem aktuellen Alltag?

Lebensqualität: Was verstehen Sie unter einem guten Leben? Was ist für Sie das Wichtigste, fern der gängigen Erfolgskriterien? Wie viel Leben lässt Ihre Karriere Ihnen übrig, mit Familie, Einkaufen, Kochen, Feiern, Reisen, den Abenteuern, von denen Sie träumen? Welche Rolle spielen Muße, Kultur, Natur und Ästhetik für Sie? Was fasziniert Sie? Welche Leidenschaften möchten Sie pflegen? Leben Sie so frei, nachhaltig oder genussvoll, wie Sie es sich wünschen? Wie wirkt sich der Aufstieg auf Ihre Lebensfreude aus? Auf Ihre Gesundheit? Finden Sie genügend Zeit für Erholung und Entschleunigung? Für Ihre Interessen und Begabungen? Was müsste passieren, damit Sie das Gefühl haben, Sie leben ein Leben wie im Bilderbuch?

Macht: Fragen Sie sich: Wie sehr sehen Sie sich als Leaderin, als Machtmensch, als Meinungsführer? Wie gut sind Sie darin, Dinge anzuschieben und Menschen mitzunehmen? Welche Insignien drücken in Ihren Augen Status aus? Wie würden Sie Ihre Rolle im Job, im Freundeskreis oder im Verein beschreiben? Was halten Sie von flachen Hierarchien? Apple-Gründer Steve Jobs sagte: »Mein Job ist es nicht, es den Leuten besonders leicht zu machen. Mein Job ist es, sie besser zu machen.« Teilen Sie seine Meinung? Würden Sie sagen, dass Sie viel von sich und anderen verlangen? Woran denken Sie, wenn Sie die Worte Macht, Prestige und Dominanz hören? Seien Sie dabei schonungslos ehrlich.

Prominenz: Prominenz bedeutet: Sie sind nicht nur gut in dem, was Sie tun. Man nimmt Sie dafür auch in der Öffentlichkeit wahr. Was bedeuten Ihnen Sichtbarkeit, Aufmerksamkeit, Bewunderung? Wie wichtig finden Sie es, eine Stimme zu haben? Wie viel Aufmerksamkeit müssen Sie generieren, um in Ihrem Beruf erfolgreich zu sein? Suchen Sie das Rampenlicht, oder brauchen Sie Einsamkeit, um auf Ihrem Gebiet erfolgreich zu sein? Wie können Sie über den engsten Kreis hinaus wirken, auch wenn Sie nicht der Mensch für Rummel, Kameras und rote Teppiche sind? Welche Möglichkeiten sehen Sie, Ihren Einfluss auf Ihre Art geltend zu machen? Was bedeutet Ihnen mehr: hohes Ansehen oder breite Bekanntheit?

Verbundenheit: Die Soziometrie befasst sich damit, welchen Status jemand in einer Gruppe genießt. Analysieren Sie: Wie weit reichen Ihre Verbindungen? Wie gut stehen Sie bei anderen da? Wie hoch schätzen Sie den Input und die Zuarbeit anderer Menschen? Welchen Stellenwert haben Freundschaft und Zusammenhalt für Sie? Sehen Sie sich eher als Herdenwesen oder als Einzelgänger? Welche Rolle spielt die Verbundenheit mit anderen erfolgreichen Menschen in Ihrem Leben? Macht es Ihnen Freude, die richtigen Leute zusammenzubringen? Gemeinsam mit anderen etwas zu bewegen? Zu hören, was andere machen? Welchen Einfluss hat das Beisammensein mit Menschen für Ihr Wohlbefinden und den Fluss spannender Ideen? Wie können Sie mehr Zeit und Aufmerksamkeit als bisher dafür freischaufeln?

Es ist nie zu spät, das Richtige zu tun

Never change a winning team, lautet einer jener Sprüche, die uns die Antwort liefern, noch ehe wir nachgedacht haben. Sie kennen es wahrscheinlich selbst: Je besser es läuft, desto achtloser schiebt man Zweifel und den Wunsch nach Veränderung beiseite, erst recht, wenn man nie erwartet hätte, dass man einmal dorthin kommen würde, wo man heute steht.

> **Vor allem Aufsteigerinnen und Aufsteiger verdrängen die Sehnsucht nach mehr Freude und Sinn.**

Dabei hätten gerade sie jedes Recht darauf. Werfen Sie einen Blick zurück. Wie war es denn bei Ihnen? Vielleicht haben Sie über weniger Zeit und Geld als andere verfügt, um sich auszuprobieren. Möglicherweise haben Sie sich bei der Bildungs- und Berufswahl stark von Vernunftaspekten leiten lassen. Eventuell bilden Weichen, die Sie gestellt haben, nur unzureichend Ihre Interessen und Träume ab. Dann kann es passieren, dass sie objektiv hohe Ziele erreicht haben und trotzdem gern das eine oder andere verändern würden.

So jedenfalls erging es Michelle Obama. Nach dem Harvard-Studium stieg sie als Juristin in eine der begehrtesten Anwaltssozietäten in Chicago ein. Mit fünfundzwanzig war sie auf dem Gipfel des Möglichen angelangt, in ihrem Fall im 47. Stock, sie verdiente ausgezeichnet, trug Armani-Anzüge, kaufte sich einen Saab und verdrängte die Störfeuer im Kopf. Denn ihr dämmerte: Sie hatte die falsche Abzweigung genommen. Irgendwann jammerte sie ihre Mutter an, dass ihr Job sie nicht glücklich machte, aber viel, viel besser bezahlt war als alles, worin sie sich gern verwirklicht hätte. »Wenn du mich fragst«, sagte ihre Mutter, »dann verdien erst mal Geld, ums Glück kannst du dich später kümmern.«[5]

Der gleiche Dialog hätte zwischen meiner Mutter und mir stattfinden können. Doch eigentlich mussten wir nicht einmal darüber reden. Es verstand sich von selbst, dass konkrete Ergebnisse vor kreativen Höhenflügen kamen und Arbeitsplatzsicherheit vor Ambition. Kurz nach dem Studium wäre es mir nicht im Traum eingefallen, diese

Priorisierung infrage zu stellen. So wenig mich mein Job in einem internationalen Konzern erfüllte, er war gut dotiert, finanzierte die erste Eigentumswohnung und für die C-Level-Ebene zu dolmetschen und zu kommunizieren, passte zu meinem Profil. Also machte ich das Beste daraus. Wie viele, die unter dem Eindruck groß wurden, die Eltern hätten eigene Wünsche den familiären Notwendigkeiten hintangestellt, zögerte ich, mehr einzufordern, nur weil sich ein eigentlich schon angenehmer Status nicht als das perfekte Glück erwies. Ein paar Jahre später löste sich mein Zielkonflikt wie von Zauberhand: Das Unternehmen verschwand vom Markt. Das Abfindungsangebot bescherte mir die Chance, noch einmal zu überlegen, wie ich leben möchte: Was wollte ich? Wie konnte ich so arbeiten, dass es zu mir passte, und Aufgaben und Verantwortungen finden, die ich spannend fand?

UND JETZT?

»Habe keine Angst, das Gute aufzugeben, um das Großartige zu erreichen«, empfahl John D. Rockefeller, der als der erste Milliardär der Weltgeschichte gilt. Das sagt sich so leicht. Denn die Blaubeerfelder in unserem Leben tragen oft so reiche Früchte, dass andere gern mit uns tauschen würden. Nur wir haben uns unbescheidenerweise Orangen in den Kopf gesetzt … Trotzdem seien ein paar Fragen erlaubt: Was sind die ergiebigen Blaubeerfelder in Ihrem Leben? Der Jobtitel, der Jahresbonus, das unkomplizierte Zusammenspiel von Beruf, Familie und Freizeit, der Vorsitz von was auch immer? Was wären die lockenden Orangen? Mehr Gestaltungsfreiheit, interessantere Aufgaben und Verantwortungen, die Plattform, die eigenen Anliegen und Werte voranzutreiben, die Möglichkeit, einmal etwas ganz anderes auszuprobieren? Loten Sie aus, was Sie tun können, um das Blaubeerfeld gegen eine Orangenplantage zu tauschen. Möglicherweise würde die Veränderung einen grundlegenden Wandel bedeuten. Vielleicht müssten Sie sogar auf ein paar statuserhöhende Vorteile und Annehmlichkeiten verzichten. Eventuell geht es aber auch eine Nummer kleiner. Welche Möglichkeiten sehen Sie, Ihren gefühlten Status zu erhöhen, wenn Sie Ihr Blaubeerfeld um ein paar Orangenbäume bereichern, obwohl man beides normalerweise nicht zusammen pflanzt? Denken Sie darüber nach, und übertragen Sie Ihre Ideen auf Ihre Lebenswelt.

11

STÄRKEN SIE IHR ERFOLGS-MINDSET

Von jetzt an gilt: Persönlichkeit kommt vor Performance

Reiche, Erben, Spitzenmanager und Finanzinvestoren genießen einen hohen sozialen Status. Schlechter ist es um ihr Image bestellt. Zu diesem Ergebnis kommt eine international vergleichende Studie, die das Institut für Demoskopie Allensbach durchführte.[1] Wer es in Deutschland zu Geld, Macht oder Ruhm gebracht hat, gilt bei der Mehrheit als egoistisch, gierig und rücksichtslos. Jeder Zweite in unserem Land gibt Superreichen die Schuld an Weltproblemen wie Krieg und Klimawandel, Finanzkrisen und humanitären Katastrophen. In den USA denkt das Gleiche nur jeder Vierte, in Großbritannien jeder Fünfte. Besteht die deutsche Oberschicht aus Prahlern, Erbinnen und Steuertricksern? Sind wir hierzulande ein Volk von Neidern? Oder haben wir bloß zu viele Folgen von *Kitz* oder *Keeping up with the Kardashians* gesehen, die vor opulenter Kulisse die Reichenklischees von Party, Oberflächlichkeit und Dekadenz bedienen?

Möglicherweise hat der zweifelhafte Ruf sehr gut gestellter Menschen weniger mit ihnen als mit unserer eigenen Person zu tun: Sozialen Überfliegern den Anstand und die guten Absichten abzusprechen, mindert das Minderwertigkeitsgefühl, selbst auf halber Höhe festzustecken. Der Glaube an die eigene moralische Überlegenheit mag dem Ego gut tun. Er verstellt aber den Blick auf mögliche Lernerfahrungen. Menschen, die durch Talent und Leistung an die Spitze gekommen sind, verfügen nämlich häufig über eine besonders erfolgsförderliche Persönlichkeitsstruktur. Sie besitzen mentale Stärken, die auch Sie weiterbringen, gerade wenn Ihnen Erfolg und Status nicht in die Wiege gelegt wurden. Übrigens: Laut Allensbach schwindet die Skepsis gegenüber reichen Personen, sobald man auch nur eine von ihnen persönlich kennt. Dann weichen die Vorbehalte der Bewunderung für ihre Innovationskraft und Intelligenz.[2]

Es ist nicht der Maßanzug, sondern die Mentalität

Eigentlich haben wir uns gut unterhalten. Das Wetter, der Urlaub, das Buffet, die beste vegane Butter, der Lieblingspodcast. Dann kommen wir zum Jobabgleich und mein Gesprächspartner fragt, was ich denn so schreibe. Ich erzähle von meinem Buch *Habitus*, das gerade … Da kommt sie schon, die Anmerkung, die bei diesem Thema so sicher kommt wie Wespen im August: »Ach, über Manieren und Kleidung. Und das gibt so viel her?« Ich unterdrücke ein Augenrollen und sage, was ich in diesem Fall immer sage: »Zum Glück.«

Ja, es stimmt, der Habitus zeigt sich auch am Aussehen und den Umgangsformen. Doch beides bildet nur die Spitze des Eisbergs. So wie 90 Prozent eines Eisbergs unter der Wasseroberfläche liegen, gibt es auch beim Habitus einen kleinen sichtbaren und einen großen unsichtbaren Teil. Zum verborgenen Teil Ihres Habitus gehört das psychologische Kapital, mit dem Sie Ihr Leben meistern: eine schwer zu durchschauende und sehr individuelle Mischung aus Offenheit, Zuversicht und emotionaler Stabilität. Sind erfolgsförderliche Charakterzüge in reichem Maße vorhanden, beflügeln sie Menschen zu etwas Besonderem. Der gut geschnittene Anzug und der gekonnte Umgang mit Krustentieren spielen im Vergleich zu dieser psychologischen Ausstattung eine Nebenrolle. Zumal sie als Rituale traditioneller Bürgerlichkeit ohnehin rasant an Bedeutung verlieren.

Vermutlich ahnen Sie es schon: Auch das psychologische Kapital ist ungleich verteilt. Kinder aus dem Villenviertel umweht von klein auf ein Gefühl von Größe und Erfolgsgewissheit. In der Sozialwohnung ist davon nicht die Spur zu fühlen, und auch wer im Reihenhaus aufwächst, bekommt deutlich weniger davon mit. Oder genauer gesagt: anderes. Je niedriger der Status der Eltern, desto mehr bestimmen Zwänge und Unsicherheit die Weltsicht. Wer sich nach der Decke streckt, strebt für den Nachwuchs ein gutes, vernünftiges Auskommen an. Anders als weiter oben, wo die Ressourcen und Wahlfreiheiten größer und manchmal unvorstellbar viel größer sind, werden die Kinder aber nicht darauf vorbereitet, etwas Einmaliges, Besonderes zu leisten. Um beim Bild des Aufstiegs zu bleiben:

> Wenn Sie auf den Hausberg wollen, können Sie sich die Expeditionsstiefel fürs Hochgebirge sparen. Aufs Hörnle kommen Sie auch mit einem vernünftigen Wanderschuh.

Mit dem psychologischen Rüstzeug ist es genauso. Eine Durchschnittskarriere erfordert andere Persönlichkeitseigenschaften als der Spitzenerfolg: Anstrengungsbereitschaft zum Beispiel, Pflichterfüllung, Verlässlichkeit, Detailgenauigkeit und die Bereitschaft, den Job stur zu machen. Auch die Fähigkeit, Druck durch Kunden oder die Störungen und Zumutungen im Großraumbüro auszuhalten, gehört dazu. Wer das kann, fällt nicht auf, eckt nicht an und verdient sein Auskommen. Weiter kommen Sie allerdings mit der Mentalität der statushohen Gruppen.

Vom Leistungsstreben zur Leistungsexzellenz

Wo es um den Aufstieg geht, fällt schnell das Wort Leistung. Die Worte sind zwar nicht synonym. Sie liegen aber nicht ohne Grund in unseren Köpfen nah beieinander: Niemand strengt sich so an wie Aufsteigerinnen und Aufsteiger, sieht sich so sehr in der Bringschuld, glaubt so sehr an das Narrativ, sich beweisen, verbessern und optimieren zu müssen. Über die Hälfte der sozialen Kletterer, das hat die Konrad-Adenauer-Stiftung in Berlin ermittelt, hält Fleiß und Anstrengung für die wichtigste Eigenschaft, um persönlich weiterzukommen.[3]

Wenn Sie sich in dieser Einschätzung wiedererkennen, gehören Sie wahrscheinlich zu den Menschen, die den Gipfel von weiter unten und zu Fuß erklimmen. Schritt für Schritt, Etappe für Etappe. Wie sollte es auch anders gehen, wenn man sich das allermeiste selbst aufbaut? Und hat man nicht täglich vermittelt bekommen, dass Leistung zählt und der Erfolg Anstrengungen erfordert, die vielleicht nicht so viel Spaß machen? Also springt man ein, wenn sonst keiner kann, akzeptiert, dass der Begriff Wochenende relativ ist, bleibt länger, wenn die Chefin auf die Schnelle ein paar Konzeptideen braucht, und verbringt den Herbstabend statt zu Hause auf dem Sofa beim Speed-Networking der IHK. Umso bitterer gestaltet sich die Erfahrung, wenn die Rechnung nicht aufgeht. Steckt man Jahre später immer noch in der Tretmühle oder sahnen andere im Vorbeigehen ab, worauf man selbst hinackert, drängt sich die Frage auf: Wofür das alles? Wofür bilde ich mich weiter, strample ich mich ab, bringe ich mich ein?

Ich kann dieses Denken sehr gut nachvollziehen. Auch ich habe gelernt, Arbeitsleistung für den wichtigsten Erfolgsschlüssel zu halten. Die Sichtweise ist ja nicht verkehrt. Sie lässt nur einen entscheidenden Punkt außer Acht: Vom Leben verwöhnte Menschen liegen auch nicht auf der faulen Haut. Allen Vorurteilen zum Trotz wird weiter oben sogar noch mehr gearbeitet als weiter unten. Das jedenfalls hat der niederländische Wirtschaftsprofessor Paul Smeets herausgefunden. Mit seinem Team analysierte er das Arbeits- und Freizeitverhalten von über 800 Millionären und 1 200 Durchschnittsverdienern. Es zeigte sich: Die Teilnehmenden mit einem Durchschnittsvermögen von 2,5 Millionen Euro verbrachten 30 Prozent des Tages mit Arbeit, die Durchschnittsverdiener 25 Prozent. Auch für Pendeln und Haushalt wandten beide Gruppen ähnlich viel Zeit auf.[4]

Allerdings gehen Ärmere und Reichere die Dinge anders an: Die oberen Statusgruppen bringen Leistung nicht, um zu zeigen, was sie können. Sie wissen, was sie wollen und auf welchem Niveau. Klar ist der Weg dorthin fordernd. Doch anders als weiter unten kommt Leistung weiter oben ohne den Habitus des Strebens daher. Weder stöhnen Spitzenpersönlichkeiten über Zeitdruck, noch brauchen sie dauerndes Feedback. Schon gar nicht sieht man ihnen die Erschöpfung an, wenn es zwischendurch mal etwas heißer hergeht. Die Haltung ist ein sozialer Marker:

> Stress und Geschäftigkeit signalisieren nämlich: »dass es etwas nicht Selbstverständliches noch zu erreichen gilt.«[5]

Wohlhabendere haben diese Anspannung nie kennen gelernt. Höchste Ansprüche an sich selbst verwirklichen sie scheinbar mit links. Der Gestus der Leichtigkeit wird möglich, weil Statushohe sich nicht beweisen müssen, indem sie sich bewähren. An der Spitze geht es nicht darum, Überstunden zu leisten und alles richtig zu machen. Die innere Ambition, die Visionen, die Anliegen treiben die Leistung hoch. So sah es auch der Modedesigner Karl Lagerfeld, von dem es heißt, dass er immer voll einstieg: »Ich habe keine Selbstdisziplin. Disziplin ist, wenn Sie sich Mühe geben müssen. Ich gebe mir keine Mühe.«[6]

Die Kurve zu dieser Einstellung können Sie auch kriegen. Spätestens nach den ersten Karriereschritten, besser früher, ist die Zeit dafür gekommen. Überlegen Sie, wo Ihre besondere Begabung liegt, was Sie in die Welt tragen möchten, wofür Sie morgens aufstehen. Am Ende des Tages arbeiten Sie mit einem klaren Bild Ihrer Vision zwar nicht weniger, dafür aber müheloser und fokussierter. Sie stehen über den Dingen und ernten genau deshalb mehr Respekt.

Vom Irgendwann-später zum Besser-sofort

Chinesisch lernen. Eine neue Branche erkunden. An einem spezifischen Karrieretraining teilnehmen. Für ein halbes Jahr nach Südamerika gehen. In eine tief gefallene Qualitätsaktie einsteigen. Manchmal trägt das Leben Chancen an Sie heran, die Ihnen eine Nummer zu groß erscheinen. Oder gerade jetzt im Moment zu mühsam. Aufsteigerinnen und Aufsteiger sagen in solchen Fällen oftmals nein. Wer noch nicht so viel hat, wägt Aufwand und Ertrag sorgfältig ab und scheut den Schritt ins Ungewisse. Arrivierte kennen es dagegen nicht anders, als dass das Glück ihnen hold ist, und ergreifen Chancen beim Schopf.

Überlegen Sie einmal: Wo stünden Sie heute, wenn Sie sich damals durch das vermeintlich zu harte Studium gebissen hätten, den Chinesisch-Anfängerkurs belegt, die überraschend frei werdende Stelle des Teamleiters angenommen, sich beizeiten an den Aktienmarkt herangewagt oder das abgewohnte Häuschen an der Ostsee gekauft hätten, als die Preise noch fast geschenkt waren? Okay, hätte, hätte, Fahrradkette. Doch zumindest in Zukunft können wir es geschickter anstellen.

Mehr so wie Arnold Schwarzenegger, der als Einwanderer aus der österreichischen Provinz zum Hollywood-Star und kalifornischen Gouverneur avancierte und heute zu den bekanntesten Persönlichkeiten der USA zählt. Sein Aufstiegsrezept heißt Anfangen und Loslegen: »Du kannst die Leiter des Erfolgs nicht hinaufklettern mit den Händen in deiner Hosentasche.« Was immer auch Sie begrenzt, es gibt in jeder Situation Wahlmöglichkeiten. Jeder kann sich überlegen, ob er zum fünfzigsten Mal an diesem Tag zum Smartphone greifen oder auch noch die dreißigste Folge von *Stranger Things* sehen muss – oder sich ein lohnenderes Ziel vornimmt. Selbst wenn Sie stattdessen nur jeden Tag fünfzehn Minuten Klavier üben oder mit Babbel Spanisch lernen, setzen Sie eine Positivspirale in Gang. Erst recht zahlen sich Investitionen in Ihre berufliche Zukunft, Ihre Persönlichkeit, Ihre Gesundheit oder Ihre Netzwerke aus. Das Beste daran ist: Je früher Sie eine lohnende Veränderung in Angriff nehmen, desto mehr spielt Ihnen die Zeit in die Hände. Auch viele kleine Schritte ergeben zusammen einen beeindruckenden Aufstieg. Was aus heutiger Sicht unerreichbar erscheint, ist irgendwann zum Greifen nah.

Vom Erfolgstraum zur Erfolgsgewissheit

Ein heißer Sommer vor bald 25 Jahren. Vor mir lag ein sehr kompliziertes, sehr umfangreiches Projekt für den wichtigsten Kunden, den ich damals hatte. Ausgerechnet in dieser Phase bot mir einer der bedeutendsten Publikumsverlage an, ein Buch über emotionale Intelligenz zu schreiben. Das Thema war damals in aller Munde, und es stand außer Frage: Das Buchprojekt konnte mich als Autorin dorthin bringen, wohin ich seit langem strebte. Das Problem war nur: Das Manuskript sollte in weniger als drei Monaten fertig sein. Diese Bedingung konnte ich nicht wegverhandeln, und ich hatte keine Ahnung, wie ich sie erfüllen sollte. Wie ich es auch drehte und wendete: Entweder opferte ich eine einmalige Gelegenheit oder meinen sichersten Auftraggeber. Eine

Freundin half mir aus dem Dilemma: »Hol dir die beste Unterstützung, die du kriegen kannst«, riet sie. »Selbst wenn du dabei draufzahlst. Das muss es dir wert sein.« Anders als ich war sie in einem Unternehmerhaushalt aufgewachsen und hatte zu Hause mitbekommen: Gesundes Wirtschaften bedeutet nicht in jedem Einzelfall, dass sich ein Projekt finanziell rechnen muss. Manchmal geht anderes vor: zum Beispiel, in die Zukunft zu investieren, die man sich wünscht.

Natürlich hat sich mein Mindset damals nicht von heute auf morgen gewandelt. Aber im Rückblick würde ich sagen: An diesem Tag begann ich den Unterschied zwischen dem Traum und der Gewissheit von Erfolg zu ahnen. Große Träume signalisieren uns, was wir von der Zukunft erhoffen. Darüber hinaus bringen sie uns keinen Schritt weiter. Erfolgsgewissheit ist anders, und heute weiß ich: Sie hat nichts mit Tschakka-Geschrei oder Traumtänzerei zu tun. Vielmehr entfesselt der Glaube an den eigenen Erfolg unsere Kräfte:

> Wir nehmen Risiken und Anstrengungen auf uns, die wir anderenfalls scheuen würden.

Wir begreifen, so sieht es der dreimalige Welttorhüter Oliver Kahn, dass es nicht darauf ankommt, immer und bei jeder Etappe erfolgreich zu sein. »Entscheidend ist vielmehr der Geschäftserfolg insgesamt.«[7] Diese Perspektive verändert das Handeln. Wäre ich meiner anerzogenen Vorsicht gefolgt, hätte ich eines der beiden Projekte preisgegeben, und wahrscheinlich wäre es das Buch gewesen, zu dem ich mich noch nicht verpflichtet hatte. Stattdessen sprang ich über meine inneren Widerstände, outsourcte einen großen Teil des Industrieprojekts und holte für die Buchrecherchen eine Co-Autorin ins Boot. Die Aktion kostete mehr, als mir das Buch jemals eintrug, obwohl es gut wurde und gut lief. Egal. Von meiner Entscheidung profitiere ich seit über zwanzig Jahren. Sie hat mich dorthin gebracht, wo ich heute bin.

Kinder mit wohlhabenden Eltern lernen Erfolgsgewissheit nicht erst, wenn sie erwachsen sind. Sie werden von Haus aus mit der Erfahrung groß: Wo eine Villa ist, ist auch ein Weg. Sie bekommen mit, wie die Eltern Chancen ergreifen und die damit verbundenen Risiken bewältigen. Ihr Glaube an sich selbst entspringt dem Erleben, dass sich jedes

Problem mildern lässt und die meisten Wagnisse beherrschbar bleiben, sofern man sie klug managt. Wenn Sie aus weniger begüterten Verhältnissen kommen, haben Sie einen vorsichtigeren Umgang mit Chancen und Risiken gelernt: Mutmaßlich haben Ihre Eltern Risiken wohl abgewogen und Erfolgsgewissheit als weltfremd oder sogar fragwürdig angesehen. In beengter Lage ist dieses Verhalten nur vernünftig: Je weniger jemand hat, desto mehr gilt es, das Erreichte zu hüten. Doch mit der Höhe des Aufstiegs verliert die Taktik an Wert.

Wie kommen Sie also aus der veralteten Nummer heraus? Sie sind längst dabei. Sie haben den Weg nach oben angetreten, ohne die Garantie, dass Ihnen gelingt, was Sie sich vorgenommen haben. Aber Sie sind überzeugt: Sie wollen und können es schaffen. Sie kommen Ihrem Ziel immer näher. Selbst wenn Sie den anvisierten Gipfel nicht erreichen würden, sind Sie schon heute viele Höhenmeter weiter als beim Aufbruch. Das ist Erfolgsgewissheit: Sie prägt Ihr Handeln, gibt Ihnen Kraft und trägt Sie über Krisen hinweg.

Von der Vollkommenheit zur Vervollkommnung

Über Krisen hinauswachsen musste auch Außenministerin Annalena Baerbock. Ihre Nominierung zur Kanzlerkandidatin der Grünen im Frühjahr 2021 trug ihr und ihrer Partei traumhafte Umfragewerte ein. Es folgte eine Serie von Pannen. Entsprechend fielen die Beliebtheitswerte. Annalena Baerbock räumte Fehler ein, korrigierte Versäumtes und zog den Wahlkampf durch, frei nach der Devise der früheren Familienministerin Rita Süßmuth: Spitzenleute heulen nur zu Hause. Am Ende scheiterte Baerbocks Kandidatur auf hohem Niveau. Robert Habeck wurde Vizekanzler, für Annalena Baerbock reichte es zur Außenministerin, und auch das trauten ihr 55 Prozent der Deutschen nicht zu. Dann kam Russlands Krieg. Annalena Baerbock definierte Diplomatie neu und stieg innerhalb weniger Monate zur beliebtesten Ministerin der Regierung auf.

Der Aufstieg an die Spitze folgt keiner Gesetzmäßigkeit, und oft bleibt verborgen, was den Ausschlag für große Erfolge gibt. Der Soziologe und Bestsellerautor Rainer Zitelmann macht aber einen Unterschied zwischen Menschen an der Spitze und Menschen in der Mitte aus, der sich als bedeutsamer als alle anderen erweist: den Umgang mit Fehlern.[8] Sehr erfolgreiche Menschen wirft so schnell nichts um. Natürlich vergaloppieren und blamieren auch sie sich nicht gern. Sie verzweifeln aber an Desastern nicht, sondern begreifen sie als Gelegenheit zu lernen. Wie kann ich jetzt reagieren? Wo liegen Alternativen? Wie bleibe ich trotzdem im Spiel? Welche Entwicklung habe ich übersehen? Wo habe ich mir etwas vorgemacht? Was muss ich korrigieren? Wie mache ich es beim nächsten Mal anders? Wie vervollkommne ich mein Können? Wer so denkt, kann sich leisten, was Perfektionistinnen und Alles-richtig-Machern versagt bleibt: ausprobieren, Erfahrungen machen, Erkenntnisse gewinnen, dazulernen, nachsteuern, weiterkommen.

Natürlich können Sie einwenden, Reichere und Erfolgreichere fielen mit ihrem ganzen abgepufferten Lebensstil eben auch bedeutend weicher. Wahr ist allerdings auch: Je größer die Höhe, desto schmerzhafter der Sturz. Geld und Verbindungen federn Rückschläge zwar ab, machen sie aber weder ungeschehen noch ungesehen. Zumal die Spitze ganz anders im Fokus der Beobachtung und Berichterstattung steht als der Durchschnitt. Ich meine deshalb: Ein konstruktiver Umgang mit Momenten der Unvollkommenheit setzt in allen Schichten eine starke Persönlichkeit voraus, und alle Gesellschaftsschichten bringen solche Persönlichkeiten hervor. Allerdings nicht mit der gleichen Häufigkeit: Wohlhabende Menschen sehen sich, das haben Studien an der Johannes Gutenberg-Universität Mainz ergeben, seltener als Opfer unglücklicher Umstände als weniger gut gestellte. Sie bleiben daher auch in der Katastrophe öfter Gestalterinnen und Gestalter ihres Schicksals und machen ihren Selbstwert weniger als die Normalbevölkerung am Lob und an der Kritik anderer fest.[9] Dieses Mindset erlaubt es ihnen, Gegenwind standzuhalten.

In der behüteten Mittelschicht werden Fehler tendenziell anders bewertet: Sie gelten nicht als erwartbare Hürden auf dem Weg zu großen Erfolgen, sondern treten idealerweise gar nicht erst auf. Schon in der Schule werden wir auf Fehlerfreiheit getrimmt: null Fehler im Diktat, bloß keine Ehrenrunde und auf der Blockflöte geht es mehr darum, alle Töne richtig zu treffen als Patzer cool zu überspielen, geschweige denn, selbstbewusst zu improvisieren. Von klein auf bekommen wir beigebracht: Der Maßstab heißt nicht Vervollkommnung, sondern Vollkommenheit. Leider hat die Einstellung einen Haken: Wer Pannen- und Fehlerfreiheit anstrebt, bleibt bevorzugt bei dem, was er garantiert gut kann. So viel Vorsicht setzt Ihrer Entwicklung Grenzen. Denn absolut fehlerfrei lassen sich allenfalls kleine Vorhaben erledigen.

Eine Vervollkommnung des Könnens hingegen ist fast unweigerlich von Misserfolgen begleitet.

Experimentieren, sich verbessern, etwas wagen können Sie nur, wenn Sie sich Fehler zugestehen. In diesem Zusammenhang fällt mir ein Satz ein, den ich einmal im Golfkurs zu hören bekam: »Wenn du keine Fehlschläge erträgst, darfst du nicht spielen.« Der Spruch trifft eine Wahrheit, und ich wusste sofort, dass ich ihn nicht vergessen würde. Eine vollkommene Performance ist etwas Wunderbares, und jeder wünscht sich, dass der große Wurf oder der souveräne Auftritt auf Anhieb gelingt. Die Wirklichkeit sieht anders aus. Wir erreichen Lernsprünge selten aus dem Stand und auch nicht bequem aus der Komfortzone heraus. Über uns hinauswachsen können wir nur, wenn uns eine Bauchlandung nicht umbringt. Im Einzelnen bedeutet das: Ball im Spiel halten. Schaden begrenzen. Korrigieren, was sich korrigieren lässt. Inkompetenz zu einem annehmbaren Ende führen. Und es das nächste Mal anders und besser machen.

UND JETZT?

Kürzlich bekam das Kreisverwaltungsreferat in München eine neue Chefin. Seither leitet die Juristin Hanna Sammüller-Gradl die Sicherheits- und Ordnungsbehörde der Landeshauptstadt. Die neue KVR-Chefin sieht sich als die richtige Person in der richtigen Position: »Ich kann Sicherheit wirklich gut.« So klingt Erfolgsgewissheit. Schlicht. Klar. Schlüssig. Auch Außenministerin Annalena Baerbock fasste ihre Expertise in einen einzigen, markanten Satz: »Ich komme aus dem Völkerrecht.« Etwas in der Art hätten Sie auch gern parat? Reflektieren Sie: Wie heißt das Statement, mit dem Sie Ihre Kompetenz so überzeugt wie überzeugend kundtun können? Lassen Sie Ihr Können Revue passieren, und packen Sie Ihre Einzigartigkeit in einen kurzen, eingängigen Satz. Wie klingt er in Ihren Ohren? Sagt er sich leicht? Fühlen Sie sich wohl damit? Wenn ja, wenden Sie ihn an, wo immer es passt. Wenn nein, drehen Sie noch ein paar Loops und justieren nach.

12

PASSEN SIE SICH LANGSAM AN DIE HÖHE AN

Damit die Psyche mit dem Erfolg Schritt halten kann

Der Literaturklassiker *Rausch der Verwandlung* ist ungefähr neunzig Jahre alt. Von allen Aufstiegsgeschichten, die ich gelesen habe, berührt mich diese am meisten. Der österreichische Schriftsteller Stefan Zweig erzählt darin von Christine Hoflehner, einer kleinen Postassistentin in einem Dorf bei St. Pölten. Unerwartet reißt ein Telegramm sie aus dem engen Alltag heraus: Eine reiche amerikanische Tante lädt sie zu einem Erholungsaufenthalt in ein Grand Hotel ins Engadin ein. Neu frisiert und eingekleidet findet Christine Anklang bei den anderen Gästen. Wie von selbst gewöhnt sie sich in das neue Umfeld hinein, »wie in das Zimmer mit den sanften Farben und den spiegelnden Möbeln, wie in den Luxus und die Leichtigkeit des Hotels, in die fraglose Selbstverständlichkeit des Geldes«.[1] Zum ersten Mal im Leben erlebt sie eine Welt ohne Arbeit und Armut. Doch der Traum endet so abrupt, wie er begonnen hat. Klatsch und Gerüchte enthüllen Christines Hintergrund. Besorgt um ihren Ruf reist die Tante ab, und Christine kehrt in den armseligen Alltag zurück. Was sie vorher nicht anders kannte, erscheint ihr nun unerträglich.

Ein hoher Aufstieg macht schwindlig, umso mehr, wenn er sich schnell und unverhofft vollzieht. Der Rausch der Verwandlung lockt. In das Gefühl von Unerfahrenheit mischt sich die Gier, aufzuholen, nachzuholen und alles wettzumachen, was man versäumt hat. Souveräner wirken Sie allerdings, wenn Sie sich langsam an die neue Höhe gewöhnen. Niemand verschiebt seine mentalen Grenzen von heute auf morgen.

Schwachstellen schließen

Manchmal geht es ganz schnell. Türen öffnen sich: Eine ausländische Uni, um die sich alle reißen, nimmt Sie an. Sie bekommen ein Jobangebot, mit dem Sie niemals gerechnet hätten. Eine Mentorin ebnet Ihnen den Weg ins Führungsteam. Ein Karrieresprung rückt in Reichweite. Eine Idee hebt ab. Sie kommen unerwartet zu mehr Geld, als Sie sich hätten träumen lassen. Ein Studienfreund bietet Ihnen die Möglichkeit, Co-Founder in seinem Gründungsprojekt zu werden. Sie steigen in die Geschäftsführung auf. Ein großes Projekt läuft auf Sie zu, anspruchsvoller als alles, was Sie bisher gestemmt haben. Oder auch das: Sie verlieben sich, heiraten in eine angesehene Familie ein und finden sich in einer Welt wieder, weit jenseits dessen, was Sie bisher kannten.

Eine Weichenstellung in Richtung Spitze kann unerwartet sein oder heiß ersehnt. So oder so schlägt sie sich auf die Psyche nieder. Wer bin ich denn? Was finden sie alle an mir? Bin ich schon so weit? Packe ich das? Kann ich der Verantwortung gerecht werden? Merkt man mir die Unsicherheit an? Wie verberge ich, dass ich mich deplatziert fühle? Und was, wenn ich mich überhebe? Es zeugt nicht von Kleinmut, sondern von Klugheit, wenn Sie solche Folgenabschätzungen anstellen. Denn Sie spüren sehr richtig: Ein schneller Aufstieg birgt neben der Chance auch eine Gefahr. Wer neu nach oben kommt, wird kritisch beäugt. Selbst wenn Sie auf den ersten Blick einen glänzenden Eindruck machen, vielleicht sogar brillieren, das Vertrauen, das Sie wecken, muss auch der zweiten Überprüfung standhalten.

Menschen projizieren Erwartungen auf ihre Kandidatinnen und Hoffnungsträger.

Je mehr andere Ihnen zutrauen, desto gründlicher sind sie enttäuscht, sollten Sie sich am Ende doch nachlässig oder überfordert zeigen. Der Höhenflug allein trägt deshalb nur bedingt, auch die Voraussetzungen müssen stimmen: die Zeugnisse, die Referenzen, die Kompetenzen. Der aufgehübschte Lebenslauf, die vollmundige Website, die schnell zusammengeschriebene Dissertation, die behauptete Führungsverantwortung, das ganze schöne Narrativ, all das sieht gut aus. Auf Dauer überzeugt es aber nur, wenn wir die so geweckten Erwartungen auch einlösen. Ist das nicht der Fall, fliegt uns die clever gepimpte Selbstvermarktung um die Ohren. »Und während sie«, so steht es in Stefan Zweigs Aufsteigerinnenroman, »sich selber noch betrog, wußten alle bereits um ihren unschuldig-unwilligen Betrug.«[2]

Angekommen heißt nicht unantastbar

Geschichten und Gerüchte zirkulieren rasant. Bei ihrem hastigen Lauf nehmen sie »allerhand Schmutz und Geröll« auf.[3] Lassen Sie sich daher von den Möglichkeiten, die sich oben auftun, dem Glanz, der Zustimmung, den neuen Privilegien nicht blenden. Bleiben Sie wachsam und auf dem Boden der Tatsachen, füllen Sie Lücken, schließen Sie Angriffsflächen. So und nicht anders handeln klugerweise Menschen, die einen viel größeren Ruf zu verlieren haben als Sie oder ich. Thomas Mann zum Beispiel.

Als der Träger des Nobelpreises für Literatur 1938 in die USA ins Exil ging, stand er auf dem Gipfel seiner beruflichen Laufbahn. Gewiss musste er niemandem mehr seine Größe beweisen. Dennoch bereitete er Vortragsreisen in der neuen Heimat so sorgfältig vor, wie man es eher von verunsicherten Anfängern erwartet. Obwohl er Englisch sprach, schrieb er seine Reden auf Deutsch, ließ das Manuskript von Profis übersetzen und übte den Vortrag mit einer Sprachlehrerin ein. Bei schwierigen Wörtern, so die Legende, notierte er die phonetische Aussprache im Manuskript. Bis zur letzten Minute vor dem Auftritt ging er die Rede durch.[4] Der bedeutendste Erzähler der Gegenwart wollte sich keine Blöße geben, schon gar nicht angesichts der exorbitant hohen Vortragshonorare, die er erzielte. Apple-Gründer Steve Jobs hielt es übrigens genauso. Damit seine Präsentationen so mühelos elegant wirkten, nahm er jede Mühe auf sich.

Mit jedem Level, den Sie erklimmen, steigen die Anforderungen an Ihr Können, Ihre Detailgenauigkeit und Ihre Integrität. Sich am Gipfel zu behaupten, bleibt daher eine Gratwanderung. Die ersten Schritte sind ein Trittfassen, Herantasten, Aufbauen von Beziehungen. Sorglosigkeit käme in dieser Phase verfrüht. Oder wie es bei Shakespeare heißt: Besonnenheit ist der bessere Teil der Tapferkeit.[5]

In die neue Rolle hineinwachsen

Wer zu neuen Höhen aufbricht, entfernt sich aus der bekannten Welt. Diese Erfahrung machte selbst Claudia Schiffer. Mit 17 wurde sie in einer Düsseldorfer Diskothek entdeckt. Vom Gymnasium ging's geradewegs auf den Laufsteg von Chanel, über tausend Mal erschien ihr Bild auf den Covers der internationalen Modemagazine. Obwohl Claudia Schiffer als Anwaltstochter aus einer privilegierteren Position als die meisten durchstartete, verlangte ihr der kometenhafte Aufstieg eine enorme Anpassungsleistung ab: »Plötzlich wurde ich in diese Welt geworfen …« An der Spitze des Modehimmels angelangt habe sie gedacht: »Oh Gott, ich kann gar nicht mehr, eigentlich möchte ich nur noch schlafen, ich bin total kaputt und müde.«[6]

Anders als der legendär abstürzende Ikarus vollbrachte Claudia Schiffer das Kunststück abzuheben, ohne sich die Flügel zu verbrennen. Dabei kam ihr zugute, dass sie nicht nur umwerfend hübsch war. Sie zeigte sich überdies frei von Allüren, war höflich, kam pünktlich, galt als hundertprozentig zuverlässig und baute umsichtig ihre Familie und ihr Vermögen auf. Heute bekommt sie auch das mit dem Älterwerden ziemlich gut hin. Neben ihrer Professionalität besteht das Geheimnis ihres Erfolgs darin, dass sie sich von ihrem Höhenflug nicht verschlingen lässt: »Als ich den Begriff Supermodel zum ersten Mal hörte, musste ich laut lachen, weil er perfekt passte: Bei der Arbeit spielte ich Superman, und im echten Leben war ich wie Clark Kent.«[7] Zurückgezogen. Geerdet. Sogar ein bisschen schüchtern.

Auf schwankendem Boden

Wenn sich Türen öffnen, steigt der Druck, drei Stufen auf einmal zu nehmen. Zeigen, was man draufhat. Beweisen, dass man dazugehört. Und sich bloß nicht einschüchtern lassen von der neuen Höhe, so ungewohnt sie sich anfühlen mag. Genau dieses Verhalten empfehlen uns die Karriereblogs: Geh aus dir heraus! Verkaufe dich! Sei sichtbar! Verlange viel! Das alles ist im Prinzip auch richtig. Wir dürfen dabei nur nicht vergessen: Wir alle sind Gewohnheitswesen. Schnelle, außergewöhnliche Erfolge stellen die vertraute Welt auf den Kopf. Es ist daher völlig normal, wenn unsere Gefühle im Moment des Triumphs verrücktspielen.

Schock: Menschen, an die große Aufgaben herangetragen werden, können ihr Glück kaum fassen. Claudia Schiffer zum Beispiel hielt es für einen Scherz, als sie zu Probeaufnahmen nach Paris eingeladen wurde. Vermutlich, so urteilte die *F.A.Z.*, gab es kein Model auf der Welt, das am Anfang so wenig davon überzeugt war, das Talent zum Modeln zu besitzen.[8]

Unsicherheit: Statt sich durch den Aufstieg ermächtigt und berechtigt zu fühlen, schwirrt Aufgestiegenen der Kopf. Sie wissen nicht, wie sie auf die neue Situation perfekt reagieren sollen. Es fällt ihnen schwer, klare Entscheidungen zu treffen oder Annehmlichkeiten in Anspruch zu nehmen, die der neu gewonnene Status mit sich bringt.

Anspannung: Wer nicht von Geburt an auf der Erfolgswelle schwimmt, weiß sehr gut, was er zu verlieren hat. »Ich bin jeden Abend bis acht im Büro geblieben, damit kein Gerücht und keine Entwicklung an mir vorbeigeht«, sagt ein Freund, der es als Arbeitersohn zum Vice President eines Technologiekonzerns gebracht hat. »Wenn du einen Weg wie ich gegangen bist, bleibt immer die Sorge, einen falschen Tritt zu tun.«

Schuldgefühle: Viele Aufsteigerinnen und Aufsteiger quälen sich mit der Frage, womit sie ihren Erfolg verdient haben. Sie haben ein schlechtes Gewissen gegenüber glückloseren Freunden und Kolleginnen, fühlen sich zu Unrecht herausgehoben oder fürchten, als Hochstapler entlarvt zu werden.

Desorientiertheit: Es bleibt nicht aus: Mit dem Aufstieg lösen sich alte Gewissheiten und Bindungen auf, neue Regeln und Gepflogenheiten werden erst halb verstanden. Neu Aufgestiegene befinden sich psychisch in einer Art Niemandsland. Die Anfälligkeit für falsche Freunde und vorschnelle Entscheidungen ist jetzt besonders groß.

Wenn es nach oben geht, erleben wir uns oft als unerwartet instabil. Ein bisschen fühlt es sich an wie Skiliftfahren für Anfänger. Wer noch nicht lang auf Skiern steht, spürt den Druck, Bretter und Stöcke zu koordinieren und synchron mit den Mitfahrenden im näherkommenden Achtersessel Platz zu nehmen. Beim Vorrücken in eine höhere soziale Position passiert Vergleichbares. Claudia Schiffer löste die Situation, indem sie sich ihre Nüchternheit bewahrte. Anna Wintour, die Chefredakteurin der amerikanischen *Vogue* bewunderte an ihr, »dass sie immer sie selbst geblieben ist – schöner und provokativer als jedes ihrer Bilder oder eine ihrer Kampagnen.«[9] Sie können sich einiges davon abschauen: Gehen Sie es in aller Ruhe an. Lassen Sie die neue Situation auf sich wirken, und planen Sie Ihre Schritte sorgfältig. Die Psyche braucht Zeit, um neue Erkenntnisse und Erfahrungen zu integrieren. Das Gleiche gilt für den Habitus, der ärgerlicherweise dem Erfolg gern ein bisschen hinterherhinkt. Begegnen Sie Anfangserfolgen und ersten Durchbrüchen daher mit Bedacht, weder kleinmütig noch übermütig. Selbst wenn das erste Gefühl etwas anderes suggeriert.

Im Taumel des Erfolgs

Und dann sind Sie wirklich oben. Weg von finanziellen Zwängen, pingeligen Vorschriften, dem Sich-Einordnen und Sich-Beweisen. Gefragt und umschmeichelt. Auf der halben Welt unterwegs. Der Erfolg steigt zu Kopf wie Dom Pérignon. Je phänomenaler der Aufstieg, desto größer die Gefahr, aufzudrehen: Vorschnelle Geldentscheidungen treffen. Die ungewohnte Macht ausleben. Die Verlockungen des schönen Lebens in vollen Zügen auskosten.

Wer jetzt nicht in sich ruht, hebt im Rausch des Triumphs auf genau jene Art ab, die andere unerträglich finden: Die Forschesten unter den neu zu Geld oder Ansehen Gekommenen trumpfen auf, beanspruchen Sonderrechte, stellen überhöhte Ansprüche oder erheben sich über andere. Bis heute hängt Linda Evangelista, die als Supermodel in der gleichen Liga spielte wie Claudia Schiffer, der Ausspruch nach, für unter 10 000 Dollar stehe sie überhaupt nicht erst auf. Trotz olympischer Triumphe hat der Ruf von Tennisprofi Alexander Zverev gelitten, seit er einen Schiedsrichter wegen einer vermeintlichen Fehlentscheidung mit dem Tennisschläger attackierte. Obwohl es eigentlich nicht ihrer Art entsprach, gab sich Christine in *Rausch der Verwandlung* dem Sog des neu gefundenen Lebens hin und spürte »nur sich und ihre wirbelnde Seligkeit«.[10]

Große Erfolge erfordern Veränderungen in der Durchsetzungskraft und auch in der Selbstdarstellung. Das steht außer Frage. Allerdings verläuft zwischen ambitioniertem Auftreten und egoistischem Auftrumpfen ein schmaler Grat. Hinter zur Schau getragener Selbsterhöhung steckt oft ein noch unstabiler, unreifer Charakter. Psychische Reife drückt sich dagegen in der Fähigkeit aus, Emotionen zu beherrschen und zu kontrollieren. Nur wer daran arbeitet, zeigt sich höheren Positionen auf Dauer gewachsen.

Psychische Unreife	Psychische Reife
Überheblichkeit: Großtun, sich abgrenzen und über andere stellen, Bestätigung einfordern	Größe: Großzügigkeit, gemeinsame Erfolgsgefühle schaffen, sich hinter andere stellen, anderen die Bühne bauen
Mit Geld um sich werfen: impulsive Wunscherfüllung, Geltungskonsum, finanzielle Abenteuer, Schulden machen	Mit Geld Werte schaffen: Impulskontrolle, diskreter Luxus, Zukunftsinvestitionen, spenden
Machtgebaren: sich besser als andere fühlen, Übermacht demonstrieren, Dominanz, Einschüchterung, Verachtung	Leadership: Vorbild sein, Menschen einbinden, Orientierung geben, Zuversicht ausstrahlen, Wege eröffnen, inspirieren
Einschmeicheln: gefallen wollen, sich beliebt machen, nach Beachtung und Anerkennung streben	Wertschätzung: zuhören, Aufmerksamkeit schenken, Bedürfnisse anderer wahrnehmen
Fiebrigkeit: Hektik, Geschäftigkeit, hohes Tempo, sich aufspielen	Beherrschtheit: Gelassenheit, Leichtigkeit, in sich ruhen

UND JETZT?

Ob am Berg oder auf der sozialen Leiter: Im Anblick des Gipfels geraten wir noch einmal leicht aus dem Tritt. Ungeahnte Ausblicke tun sich auf, wir fühlen uns schwindlig, und zugleich steckt uns der Aufstieg noch in den Knochen. Die neue Höhe will verarbeitet sein. Warten Sie deshalb ab, bis die erste Aufregung abklingt. Bleiben Sie cool, treffen Sie keine grundlegenden Entscheidungen, spielen Sie sich nicht auf, lassen Sie sich nicht zu unüberlegten Versprechungen hinreißen. Wie es geht, zeigten Özlem Türeci und Uğur Şahin. Als sie den Anruf aus den USA erhielten, dass ihr Impfstoff tatsächlich funktioniert, »da haben wir uns erst mal einen Tee gegönnt.«[11] Freudlos? Nein! Ein realistisches und ausgewogenes Handeln im Augenblick eines großen, unerwarteten Erfolgs bewahrt Sie davor, dass Sie sich versteigen. Anstoßen, Selfies versenden und es krachen lassen können Sie auch später noch.

13

VEREDELN SIE IHREN GESCHMACK

Weil Stil fast alles ist und Statussymbole fast nichts

Auf Instagram bin ich auf den Spruch gestoßen, der in drei Sätzen die Geschmacksvorlieben der statushohen Schichten beschreibt: »Inner peace is the new success. Health is the new wealth. Kindness is the new cool.« Innerer Friede ist der neue Erfolg. Gesundheit ist der neue Wohlstand. Freundlichkeit ist das neue Cool. Falls Sie gedacht haben sollten, Wohlhabende erkenne man an Perlen und am Porsche, am Jaguar und an der Jagd, an Hochkultur und Haute Couture: Vergessen Sie es! Das alleine ist es längst nicht mehr.

Natürlich gibt es sie noch, die alten Statussymbole. Doch jenseits konservativer Kreise verändert sich die Darstellung von Erfolg. Der gehobene Geschmack präsentiert sich unauffällig und trügerisch nahbar. Ob jemand Hoodie oder Anzug trägt, sich per Selfie oder perfekt ausgeleuchtet präsentiert, auf dem Rad oder mit Chauffeur vorfährt, sagt immer weniger über den sozialen Status aus. Auch Holztäfelungen, Eckbüros und 60-Stunden-Wochen sind passé. Dafür wollen sich Statushohe heute in zu vielen Lebensbereichen hervortun. »Ein Mensch kann gleichzeitig erfolgreicher Investmentbanker, fürsorglicher Superdaddy und skateboardfahrender Downager sein«, heißt es auf einem Informationsportal für Selbstständige.[1]

Allenthalben fällt auf: Status und Wohlstand kommen weniger steif als früher daher. Das begünstigt den gleichen Fehlschluss, der Unkundige beim Anblick von moderner Kunst befällt: »Das kann ich auch.« Leider nein. Der moderne gehobene Habitus steht dem alten an Komplexität nicht nach. Er setzt sich aus einem Geflecht von Distinktionsmerkmalen zusammen, in dem sich Neulinge schnell mal verheddern.

Wenn der hohe Status sich mehr in Werten und Wellbeing als in Autos und Uhren ausdrückt, lassen sich die Codes der Arrivierten noch schwerer durchschauen.

Der Geschmack wandelt sich

Als Pierre Bourdieu Ende der 1970er Jahre die kleinen Unterschiede des Habitus offenbarte, war alles schön übersichtlich: Ganz oben kultivierte die herrschende Klasse ihren als legitim bezeichneten Geschmack, genoss Beethoven und Bartók, spielte Klavier, las philosophische Essays, stieg in eleganten Hotels ab und blieb beim Segeln oder Tennis unter sich. In der Mitte bildete man sich an der Volkshochschule und mit populärwissenschaftlichen Büchern fort, besichtigte Schlösser und Sehenswürdigkeiten, urlaubte in Pensionen und Familienhotels, fuhr ins Musical und hielt sich mit Diäten und Gymnastik schlank. Auf der untersten Stufe stand der populäre Geschmack der einkommens- und bildungsarmen Schichten: Fußball, Schlager, Gartenzwerge, heute kämen vermutlich Reality-Shows und tiefergelegte Autos hinzu.

Inzwischen weichen die Geschmacksgrenzen auf. Auch Außenministerinnen hören gern Helene Fischer, CEOs begeistern sich für Fußball, Multimillionäre bingewatchen auf Prime, Philosophinnen pilchern sich in heile Welten, Boxen gilt als Sport, der intellektuelle Grenzen auslotet, und wenn ich auf mich selbst schaue, dann gehen auf meinem E-Book-Reader die Unterhaltungsromane eine wilde Mischung mit den Buchempfehlungen des Feuilletons ein. Der amerikanische Soziologieprofessor Richard A. Peterson hat es richtig vorausgesehen: Die oberen sozialen Schichten entwickeln sich zu kulturellen Allesfressern.[2]

Wer auf moderne Art gebildet ist, ist für vieles offen.

Machen Sie sich bitte trotzdem nichts vor. Hochkultur, Kunstbeflissenheit und Traditionssportarten bleiben soziale Marker. Klassik und Pop, Golf und Minigolf, Frischfisch und Fertigpizza erhöhen den Status nicht in gleicher Weise. Das man unterschiedliche kulturelle Spielarten schätzt, zeugt zwar von einem vielseitigen Geschmack. Als Distinktionsmerkmal genießen die verschiedenen Stilwelten aber ein unterschiedlich hohes Ansehen. »Von oben nach unten wirken feine Unterschiede als Distinktion und Zurückweisung«, erläutert der Soziologe Heinz Abels. »Von unten nach oben nährt die Massenkultur die Illusion, dass im Prinzip keine kulturellen Grenzen bestehen.«[3] Konkret: Wenn Steffi Graf und Andre Agassi zwischendurch Pickle Ball statt Tennis spielen, machen sie sich den Spaß und probieren mal was anderes aus. Wer allerdings glaubt, das gemütliche Spiel mit einem gelöcherten Plastikball verleihe das gleiche Image wie eine Sportart, die erstmals im 14. Jahrhundert erwähnt wurde, hat die subtilen Codes nicht verstanden.

Statushohe Schichten unternehmen Ausflüge in die Stilvorlieben der mittleren und unteren Schichten als interessante Abwechslung. Ihr ästhetischer Vorsprung, ihr über viele Jahre hinweg aufgebautes Verständnis für Kultur und Schönheit, Atmosphäre und Qualität bleibt davon aber unberührt. Oder etwas, was gefällt, wird kurzerhand reproduziert, nur noch besser und auf höherem Niveau. Ein typisches Beispiel dafür ist der Burger, den ich kürzlich im Biergarten bekam. Mit dem Cheeseburger vom Drive-in teilte er nur das Prinzip. Gefüllt war das Dinkelbrötchen mit Rindfleisch aus der Region, Pesto und Bio-Blattsalat. Dazu gab es Süßkartoffel-Pommes und hausgemachtes Paprikaketchup. Umgekehrt gelingt die Anverwandlung weniger leicht: Wer von unten oder aus der Mitte aufsteigt, muss sich die Alltagsästhetik der statushohen Schichten und die dort übliche Stilisierung des Lebens erst aneignen. Auf diesen Geschmack zu kommen, erweist sich als schwierig, aber nicht aussichtslos.

Ganz oben sind nicht alle gleich

Auch wenn es von weiter unten nicht so wirkt: Die gehobenen Milieus bilden in ihren Stil- und Geschmacksvorlieben keine geschlossene Front. Ein Kieswerkbesitzer, eine Verlagserbin, ein Start-up-Geschäftsführer und eine Soziologieprofessorin gehören vielleicht dem gleichen Rotary

Club an. Sie sind aber nach Bildung, Vermögen und regionaler Verwurzelung zu unterschiedlich geprägt, als dass ihr Habitus identisch wäre. Das Sinus-Institut macht für Deutschland drei Milieus der Oberschicht und oberen Mittelschicht aus, mit deutlich unterschiedlichen Gewohnheiten, Werten und Lebensvorstellungen.[4]

Konservativ-gehobenes Milieu: Das konservativ-gehobene Milieu entspricht wohl am meisten dem landläufigen Bild von den höheren Kreisen. Seine Angehörigen tragen häufig Verantwortung in Unternehmen, stehen in herausgehobenen wirtschaftlichen und politischen Positionen, schätzen gepflegte Umgangsformen und edle Dinge und halten an ihren Wurzeln fest. Hier ist die Welt des diskreten Luxus, der Hochkultur, der exzellenten Weine, der durchknöpfbaren Ärmel und der standesgemäßen Freizeitbeschäftigungen. Das Engagement in Verbänden, Stiftungen, Clubs und Fördervereinen gründet auf dem Selbstverständnis, nicht nur unternehmerisch, sondern auch gesellschaftlich und ethisch Verantwortung zu tragen.

Postmaterielles Milieu: Postmaterielle gehören der Bildungselite an. Noch stärker als das konservative Milieu verfügen sie über die Kanäle und Plattformen, ihren gesellschaftsprägenden Einfluss geltend zu machen. Sie streben nach Balance und Sinn, spüren ein großes Bedürfnis nach Selbstbestimmtheit und Zeitsouveränität und pflegen anspruchsvolle geistige und kulturelle Interessen. Entsprechend sicher ist der Geschmack, entsprechend hoch der Gestaltungswille in Sachen Umwelt, Natur, soziale Gerechtigkeit und der Bewahrung von Frieden. Obgleich Postmaterielle zu den wohlhabendsten gesellschaftlichen Gruppen zählen, offenbart sich ihr Status erst auf den zweiten Blick. Ein paternalistischer Habitus und ostentativer Konsum werden abgelehnt, Machtstrukturen und Privilegien gelten Postmateriellen tendenziell als suspekt.

Milieu der Performer: Performer finden ihre Erfüllung in außergewöhnlichen Leistungen. Exzellent ausgebildet erreichen sie sehr gehobene Managementpositionen oder gründen selbst. Im Beruf vereinen sie Kompetenz mit Ambition, vernetzen sich online wie offline und wissen ihre Kontakte zu nutzen. Sie leben effizienz- und wettbewerbsorientiert, zeigen sich technik- und digitalaffin, erzielen häufig hohe Einkommen und geben ihr Geld für neueste Technik, modernes Design, hochwertige Sportausrüstung, brandaktuelle Weiterbildung und zeitsparende Dienstleistungen aus. Beim Sport zeigen sich Performer für alles offen. Sportliche Ergebnisse und Erlebnisse werden gern getrackt und geteilt.

Auch ganz oben liegen also nicht alle auf der gleichen Wellenlänge. Treffen sich ein Konservativ-Gehobener und eine Postmaterielle, verstehen sie sich keineswegs blind. Sie sind aber durch eine distinktive Gemeinsamkeit verbunden:

> **Geschmack und Lebensstil bewegen sich oberhalb dessen, was für statusniedrigere Schichten leistbar und denkbar ist.**

Ein zweidimensionales Koordinatensystem wie im Matheunterricht verdeutlicht, das Prinzip: Wenn wir die drei oberen Milieus dort platzieren, dann liegen auf der y-Achse alle auf der gleichen hohen Linie über allen anderen gesellschaftlichen Gruppen. Das heißt: Alle nehmen eine ziemlich gehobene Position in der Gesellschaft ein, verfügen über Besitz und Bildung und sind umgeben von Niveau und Prestige. Auf der x-Achse hingegen scheiden sich die Geister: Bei der Grundorientierung, den Wertvorstellungen und der Modernität spreizen die Vorstellungen der oberen Milieus nicht bis zur Unkenntlichkeit, aber deutlich wahrnehmbar auseinander. Performer pflegen einen viel moderneren, Postmaterielle einen egalitäreren Habitus als Konservativ-Gehobene. Dabei spielt auch das Alter eine Rolle: Performer bilden die bei weitem jüngste Gruppe unter den gehobenen Milieus. Sie stellen die Elite von morgen dar. Ihre Art, das Leben anzugehen, löst die Old-School-Aura der älteren Milieus ab und wird zunehmend das prägen, was man unter einem gehobenen Habitus versteht.

Für Sie bedeutet das: Wenn es Sie beruflich oder gesellschaftlich in die Topetage zieht, kann Ihr Habitus nicht im Parterre wohnen bleiben. Wirklich gleichrangig werden Sie sich weiter oben erst fühlen, wenn Ihre Geschmacksvorlieben mitgezogen sind. Wie Sie aber Ihren immer gehobener werdenden Geschmack ausgestalten, dafür gibt es mehr Freiheitsgrade denn je. Kein Aufsteiger und keine Aufsteigerin muss sich mehr verbiegen, um irgendeinem exklusiven Eliteimage zu entsprechen.

Das Gleiche, aber auf immer höherem Niveau

Es kommt selten vor, dass man jemandem beim Aufstieg so direkt zusehen konnte wie Annalena Baerbock. Innerhalb weniger Monate führte sie ziemlich vorbildlich vor, wie man den Übergang in die oberste Spitze authentisch hinbekommt. Besonders deutlich ablesen lässt sich die Entwicklung am Kleidungsstil. Ein halbes Jahr vor der Bundestagswahl 2021 lobte die *SZ* in ihrer wöchentlichen Stilkritik Baerbocks modischen Auftritt, sah aber noch Luft nach oben. Für den Fall, dass die Grünen-Politikerin sich für ein staatliches Amt qualifizierte, sollte die Qualität ihrer Kleider »ein bisschen hochwertiger, respektvoller, außenpolitischer werden.« In anderen Ländern kenne man das vernünftige Kleiderbudget nämlich nicht.[5] Kurz nach der Berufung zur Außenministerin wirkte es, als hätte Annalena Baerbock die Empfehlung aufgegriffen: Sie blieb auch als Deutschlands Chefdiplomatin ihren Vorlieben treu, den Schnitten und Farben, den Stiefeln, den Lederjacken und kragenlosen Blusen, interpretierte sie aber passend zu ihrer neuen Rolle. Auf internationalem Parkett pflegte sie einen Stil, der in der Tradition des Power-Dressing stand und doch erkennbar eigene Züge trug. Das Ergebnis kam einer modischen Innovation gleich: Wie Annalena Baerbock sich stylte, war hundertprozentig angemessen und sah doch anders aus, als was Spitzenfrauen bisher so anhatten. Nämlich wie sie selbst und niemand sonst.

Ein zunehmend kultivierter Geschmack erweist sich als unverzichtbar, wenn Sie auf hoher Flughöhe dazugehören wollen. Am glaubwürdigsten wachsen Sie in ihn hinein, wenn Sie dem Maßstab folgen: das Gleiche, aber verfeinerter. Was Sie auch tragen, sagen und kaufen, wofür Sie sich auch einsetzen, es sollte gleichermaßen zu Ihnen, Ihren Vorlieben und Ihrem neuen Status passen.

Beim Aussehen: Der Core-Habitus bildet die Basis. Mit zunehmendem Erfolg dürfen die Ausgaben für das Erscheinungsbild aber deutlich anziehen. Der Unterschied zeigt sich in Materialien, Passform, Eleganz. Die Kunst besteht jetzt darin, einen persönlichen Stil zu kultivieren, ohne von den Inhalten abzulenken. Wenn Ihre Position mehr als den Einheits-Business-Anzug verlangt, gewinnt die Frage an Bedeutung:

Welche Botschaft wollen Sie senden? Was soll Ihre Kleidung kommunizieren? Was unterstreicht Ihre Position? Subtile Verfeinerungen erzielen oft die höchste Wirkung. Wie man sie hinbekommt, können Sie in der US-Serie *Madam Secretary* sehen. »Ich brauche keine Stylistin«, so bügelt die frisch ernannte Außenministerin Elizabeth McCord den Vorschlag ab, ihrem Styling ein Update zu verleihen. Noch in der gleichen Folge besinnt sie sich eines Besseren. Was folgt ist ein Lehrstück darüber, wie man sich repräsentativ kleidet, ohne sich zu verkleiden.

Bei der Ausstrahlung: Talare, Titelnennungen, Epauletten und Clubnadeln verschwinden zunehmend in der Versenkung. Nichts verrät mehr auf den ersten Blick, wozu Einzelne es gebracht haben. Nichts? Nein! Aussehen, Sprache und Körpersprache bleiben soziale Marker, die wir mit und in uns tragen. Jederzeit, überallhin. Studien zufolge erkennen Menschen den Status anderer schon sehr sicher an Winzigkeiten, sogenannten *thin slices* – hauchdünnen Momentaufnahmen des Verhaltens. Sieben zusammenhanglos gesprochene Wörter genügen, und Menschen hören den sozialen Rang heraus.[6] Ähnlich viel wie Artikulation und Stimmlage verraten das Lachen, die Mimik, die Haltung, die Gesten. Die Zahl der verräterischen Elemente ist endlos. Es gibt aber eine Möglichkeit, mit einer einzigen Änderung mehr Status auszustrahlen: Nehmen Sie Tempo raus: beim Sprechen, beim Gehen, beim Gestikulieren. Was wie eine Kleinigkeit klingt, erweist sich in seiner Wirkung als höchst effektiv. Am besten erinnern Sie sich hin und wieder selbst: Aufzusteigen kommt einem Kraftakt gleich. Es ist völlig normal, wenn Sie dabei außer Atem geraten. Souveräner wirken Sie aber, wenn man den Druck nicht merkt.

Beim Essen: Der französische Philosoph Marcel Mauss bezeichnete das Essen als »soziales Totalphänomen«.[7] Er meint damit: Bei der Nahrungsaufnahme geht es um mehr als die Versorgung mit Kalorien und Nährstoffen. Was wie, wo und mit wem gespeist wird, wirkt sich direkt auf unseren Status aus. Alles, was angesehen und teuer ist, lässt sich über das Essen transportieren: Manieren, Kennerschaft, Wohlstand, Gesundheitsbewusstsein, Weltläufigkeit, Verantwortung für den Planeten. Distinktion verleihen der sachkundige Umgang mit Produkten, nachhaltiges Einkaufen und ästhetisch angerichtete Teller. Die Offenheit für unterschiedliche Ernährungsweisen, fremdartige Zutaten und kulinarische Trends zeugt von Aufgeklärtheit und Akzeptanz. Deshalb spielt es auch keine Rolle, ob Sie Sobanudeln, Sauerbraten oder Superfood bevorzugen. Hauptsache, Sie wissen, wovon Sie reden, und legen Wert auf erstklassige Qualität.

Beim Wohnen: Gehobenes Wohnen drückt sich in viel Raum aus, Licht, Privatheit, Energieeffizienz, nachhaltigen Materialien und wenn möglich: unbezahlbaren Ausblicken und Lagen. Wer das Budget nicht oder noch nicht hat, erzielt Weitläufigkeit durch Aufgeräumtheit, Möbelklassiker und eine minimalistische Möblierung. Verzichten Sie auf Deko, Schnörkel und Kitsch. Was den ästhetischen Anspruch stört, wird wegorganisiert. Mehr als wertvolle Skulpturen oder der eigene Pool zählt das Verständnis: Wohnen wird grüner, reduzierter, handwerklicher und wärmer.

Beim Sport: Egal, ob sie segeln, reiten oder Rennrad fahren, von allen sozialen Schichten bewegen sich Frauen und Männer der Oberschicht mit Abstand am meisten, bevorzugt in der Natur und frei von Gruppenzwang.[8] Wichtig: Mehr als die Sportart zählt das Können, mit dem Sie sie betreiben. Ganz oben wird Sport mit großer Sach- und Materialkenntnis und hohem Trainingsaufwand betrieben, oft unterstützt von professionellen Trainern. Selbst wer nicht nach Wettbewerb und Leistungssteigerung sucht, will sich beim Yoga, auf der Skipiste oder auf dem Golfplatz sehen lassen können. Für Aufsteigerinnen und Aufsteiger bedeutet das: Zugehörigkeit und Ansehen erzielen Sie, wenn Sie sich Ihrem Sport ambitioniert, aber nicht verbissen widmen. Ob Sie Trampolin springen oder Dressur reiten, ist im Vergleich dazu zweitrangig.

Im Umgang mit Technik: Anspruchsvolle Technik gehört in der Oberliga dazu wie Biowein und SUV. Die statushohen Schichten nutzen digitale Möglichkeiten souverän, wobei Performer über das bei weitem höchste digitale Wissen verfügen und damit alle Aspekte ihres Lebens optimieren. Zugleich steuern die oberen Statusgruppen sehr genau, wann sie online und wann sie offline sind. Lassen Sie deshalb das Smartphone in der Tasche, wenn Sie in der Topliga Resonanz finden wollen. Wer nicht gerade Notärztin oder Feuerwehrkommandant ist, nimmt nichts und niemanden wichtiger als die anwesenden Personen. So sehr die Leitmilieus Tech-Entrepreneure bewundern, so wenig Anklang findet ein nerdiges Verhalten. Als Ideal gilt nach wie vor die umfassend gebildete, vielseitig interessierte Persönlichkeit.

Bei der Kultur: Allgemeinbildung und Hochkultur galten von jeher als die Domäne der obersten Prozent. Inzwischen haben sie, so der Eliteforscher Michael Hartmann, für den Habitus an Bedeutung verloren.[9] Kann Ihnen die Kultur also egal sein? In meinen Augen: nein. Und zwar aus zwei Gründen. Erstens weitet das Verständnis für Kunst und übrigens auch Technologie den Horizont. Zweitens: Es verunsichert, wenn man bei Gesprächen über Festspiele, Ausstellungen oder die Ethik der KI passen muss. Solche Themen gewinnen aber an Bedeutung, wenn man die soziale Leiter erklimmt. Die Frage ist nur: Wie lernt man Kunst? Astronomie? Philosophie? Meine Erfahrung ist: Am Anfang steht der emotionale Zugang. Das Staunen. Die Faszination. Ich bin zum Beispiel ohne Opern und Sinfoniekonzerte groß geworden und konnte lange wenig damit anfangen. Der Knoten platzte, als bei einer Ostereinladung das Schubert-Lied »Der Hirt auf dem Felsen« im Hintergrund lief. Heute bin ich zwar immer noch keine Kennerin, aber die Klassik ist mir nah geworden. Deshalb meine Empfehlung: Arbeiten Sie sich nicht an Grundlagenwerken, Gesamtaufnahmen und Gesamtausgaben ab. Beginnen Sie mit einzelnen Werken, die Sie berühren. Hören Sie, schauen Sie, staunen Sie. Ist ein erstes Interesse geweckt, können Sie von dort aus die Fäden immer weiterspinnen.

Aufgeklärten Wohlstand ahnt man nur

Ein Architekt im Bekanntenkreis entwirft eine 400-Quadratmeter-Villa für eine vierköpfige Familie. Bei der Planung legen die Bauherren Wert darauf, dass alle Räume täglich und intensiv genutzt werden. In dem riesigen Haus wird es daher kein einziges Zimmer speziell für Gäste geben. Der Wunsch steht für ein verändertes Bewusstsein: Ein gehobener Habitus und repräsentative Objekte tragen im 21. Jahrhundert nur noch Ansehen ein, wenn sie ohne Auftrumpfen und sinnlosen Überfluss daherkommen. Oder wie Pierre Bourdieu es formulierte:

> **Es geht um »Eleganz ohne Streben nach Eleganz« und »Distinktion ohne Absicht zur Distinktion«.**[10]

Eleganz zu verwirklichen, ohne darum zu ringen, ist so tricky, wie es klingt. Aufsteigerinnen und Aufsteiger sind durch Anstrengung weit gekommen. Das gewohnte Vorgehen hilft aber nicht mehr auf den Olymp hinauf: den Gipfel der scheinbaren Mühelosigkeit. Im Anblick des Ziels outet der Ehrgeiz, alles richtig zu machen, die Newcomerin, die noch üben muss. Elena Ferrante hat das Phänomen des Zuviels in ihrer Neapolitanischen Trilogie literarisch erfasst. Kurz vor dem Abschluss ihres Studiums absolviert die Ich-Erzählerin die erste Begegnung mit ihrer sehr distinguierten künftigen Schwiegerfamilie. Im Rückblick schämt sie sich für ihre Großtuerei: »Wie peinlich war dieses Anhäufen aufgeregter Worte gewesen, ohne logischen Zusammenhang, ohne Gelassenheit, ohne Ironie, die dagegen Mariarosa, Adele und Pietro unter Beweis stellen konnten.«[11]

Die gestelzte Wortwahl, das angestrengte Selbstmarketing, die allzu korrekte Einhaltung von Knigge-Regeln kennzeichnen den Neuling. Wie Luxuskonsum und auftrumpfende Statussymbole offenbaren Hustle-Verhaltensweisen (englisch *hustle* = drängeln, erkämpfen), dass jemand sich seines Status nicht hundertprozentig sicher ist. Zugehörigkeit lässt sich aber nicht durch noch mehr Aufwand und Anstrengung erzwingen. Sie fliegt Ihnen zu, weil andere hochrangige Menschen Ihre Erfolgsgewissheit spüren, nicht weil Sie ihnen Ihren Erfolg erzählen oder vorführen. So sehr es Sie also drängen mag, sich Respekt zu verschaffen: Üben Sie sich dabei in der Zurückhaltung, die nicht umsonst vornehm heißt. Es gelassener anzugehen als gewohnt, verleiht Ihnen mehr Distinktion, nicht weniger. Das jedenfalls deuten Studien des Max-Planck-Instituts für empirische Ästhetik an, das es sich zur Aufgabe gemacht hat, eine bisher fehlende Theorie von Eleganz zu entwickeln. Inzwischen liegen erste Ergebnisse vor: Ein eleganter, hochstehender Geschmack besteche »durch Fließen und Leichtigkeit, Harmonie, eine gewisse Zurückhaltung, Feinheit und eine Prise Exquisitheit« – kombiniert mit Strenge und Schlichtheit.[12]

UND JETZT?

Den Habitus der statushohen Schichten lernt man nicht im Crashkurs. Er ist auch kein Faschingskostüm, das Sie sich zum Maskenball anziehen, um es danach einzumotten. Ein veredelter Geschmack beruht auf der Fähigkeit, die subtilen Eigenschaften von Dingen und Verhaltensweisen wahrzunehmen. Sie können ihn schulen, indem Sie Ihre Sensibilität trainieren. Wie das geht, erklärt der Philosophieprofessor Michael L. Thomas von der Freien Universität Berlin: »Häufige Erfahrungen mit schönen Objekten erlauben uns, unsere Geschmacksurteile weiterzuentwickeln und unser Wahrnehmungsvermögen zu erweitern.«[13] Stellen Sie sich darauf ein: Dieser Prozess braucht eher Jahre als Monate. Warum? Ihre erlernten Präferenzen von der Kleidung bis zum Musikgeschmack sind mit starken Gefühlen verbunden. Was Sie als schön oder passend empfinden, erscheint Ihnen als so normal und richtig, dass Sie so leicht nichts darauf kommen lassen. Veränderungen im Habitus unterliegen deshalb einem Hysterese-Effekt (griechisch *Hysteros* = hinterher, später) und zeigen sich erst verzögert. Lassen Sie sich davon nicht beirren. Der Habitus wächst an seinen Aufgaben. Sie merken seine Veränderung zwar nicht jetzt und gleich. Doch wenn Sie sich darauf einlassen, erarbeiten Sie sich immer mehr das, was Elena Ferrante jene unsichtbare Rüstung nennt, in der Sie »ruhig voranschreiten können«, so wie die es tun, denen sie von Geburt an gegeben ist.[14]

14

BIETEN SIE IHREM INNEREN HOCHSTAPLER DIE STIRN

Wie Sie aufhören, sich am falschen Platz zu fühlen

Geboren wurde sie als Tochter eines Lastwagenfahrers. Mit Anfang zwanzig schlich sie sich als Millionärserbin in die New Yorker High Society ein. In kürzester Zeit prellte sie Hoteliers, Sponsoren und Bankiers um Hunderttausende von Dollar. 2019 wurde sie wegen Betrugs zu einer mehrjährigen Haftstrafe verurteilt. Wenn Sie ihre Geschichte verfolgt haben, wissen Sie: Anna Sorokin alias Delvey war eine Hochstaplerin erster Güte – und völlig frei von der Angst, als solche zu gelten. Ganz anders geht es ihrem Verteidiger Todd Spodek, jedenfalls wird es in der Netflix-Serie *Inventing Anna* so dargestellt. Obwohl er es weit gebracht hat, plagt ihn die Sorge, wegen seiner Herkunft als Blender aufzufliegen. »Ich ziehe mir diesen Smoking an«, vertraut er seiner Frau an, die anders als er der amerikanischen Elite entstammt. »Ich begleite dich zu diesen Events, und obwohl ich mit Margaret Vanderburn-Porter von den New York Porters verheiratet bin und dieser Smoking mehr kostet, als manche Leute im Monat verdienen, fühle ich mich wie einer der Valets. Als würde ich wieder für ein Trinkgeld die Autos reicher Leute einparken, damit ich meiner Mutter Geld für die Miete geben kann.«[1]

Menschen mit Hochstaplersyndrom quält der Gedanke, als Fake entlarvt zu werden. Gehöre ich hier hin? Wo komme ich denn her? Wer sagt, dass ich das kann? Und wenn das alles nur Glück ist? Die Panik, letztendlich nicht zu erfüllen, was andere in einem sehen, sitzt tief. Das unsichere Selbstbild trübt die Freude am Höhenflug. Es überschattet die Ausstrahlung und zieht Ressourcen, die für produktive Gedanken fehlen.

In bester Gesellschaft

Es ist schon seltsam. Endlich sitzt man auf einem guten Platz im Leben. Man hat viel und manchmal alles dafür gegeben, und trotzdem nimmt man ihn nicht selbstbewusst ein. Studien zufolge beschleicht 70 Prozent der Menschen oft oder gelegentlich das Gefühl, nicht so fähig zu sein, wie sie nach außen scheinen. Besonders häufig tritt das Phänomen bei Menschen auf, die als Erste in ihren Familien studiert haben.[2] Jahrzehntelang stellen sie ihre Intelligenz, Kreativität und Kompetenz unter Beweis. Trotzdem zweifeln sie an der Rechtmäßigkeit ihres Erfolgs, und wie es aussieht, zaubern nicht einmal Ausnahmeleistungen das Hochstapler-Syndrom weg.

»Ich habe mich in meinen Jahren in Princeton, beim Jurastudium, und in meinen unterschiedlichen Ämtern nie völlig der Welt zugehörig gefühlt, in der ich mich bewege«, sagt die Richterin am Obersten Gerichtshof der Vereinigten Staaten The Honorable Sonia Sotomayor, die in der Bronx als Tochter einer hispanischen Krankenschwester aufwuchs und heute zur Crème de la Crème in ihrem Bereich zählt. »Ich schaue mich immer um und frage mich, ob ich die Erwartungen erfülle.« Ähnlich ergeht es dem Schauspieler, Produzenten und zweifachen Oscar-Preisträger Tom Hanks. Sein Vater arbeitete als Koch und zog Hanks und seine Geschwister allein groß: »Völlig egal, was du erreicht hast, es kommt ein Punkt, wo du dich fragst: Wie bin ich hierhergekommen? Wann kommt jemand darauf, dass ich bloß ein Schwindler bin, und alles wird mir genommen?«[3] Wenn sogar die Besten der Besten so empfinden, liegt der Gedanke nahe: Es ist beim sozialen Aufstieg wie im Hochgebirge.

Mit den gewonnenen Höhenmetern nimmt das Schwindelgefühl eher zu als ab.

Das merke ich auch bei mir: Mit 19 stellte ich es mir so einfach vor. Ich würde Abitur machen, studieren, einen guten Job finden und, simsalabim, mich wie ein Fisch im Wasser bewegen, in der Welt der gehobenen Lebensart, die mich faszinierte, seit ich beim Schüleraustausch als Zaungästin in sie hineinrutschte. Mit 29 stellte ich fest: Egal, wie gut ich vorankam, kein beruflicher oder privater Erfolg, kein Zuspruch von außen und schon gar kein materielles Statussymbol befreite mich von dem Gefühl, beweisen zu müssen, dass ich mit Fug und Recht dort war, wohin ich gekommen war. Mit 39 hatte ich ein Buch geschrieben, das bei Amazon abging wie zur gleichen Zeit nur *Harry Potter*. Doch wenn ich im Radio oder im Fernsehen dazu interviewt wurde, setzte mich das unter Druck, als müsste ich noch einmal ins mündliche Abitur – ein Gedanke übrigens, der mich noch heute manchmal schlecht träumen lässt. Die Zweifel, dass das, was ich dachte und sagte, Gewicht besaß, begleiteten mich. Mit der Zeit lernte ich, sie zu überspielen. Aber in mir wusste ich: Sie gingen nicht weg.

Noch unumwundener hat es Michelle Obama formuliert: »Sie gehen nie weg«, sagte sie über die Hochstaplergefühle, gegen die sie nicht ankam. Zu diesem Zeitpunkt war sie Mitte vierzig und die First Lady der Vereinigten Staaten. »Es geht nicht weg, dieses Gefühl ›Ich weiß nicht, ob die Welt mich ernst nehmen soll; ich bin nur Michelle Robinson, das kleine Mädchen aus der South Side, das auf eine öffentliche Schule ging.‹«[4] Wie es scheint, hat sich selbst eine der berühmtesten Frauen der Welt lange Zeit im Herzen kleiner gefühlt, als sie ist.

Das lähmende Fast-Gefühl

Große Erfolge und Hochstaplergefühle schließen einander nicht aus. Dafür gibt es einen Grund, und es kann nützlich sein, wenn Sie gelegentlich daran denken. Das Hochstapler-Gefühl ist ja genau das: ein Gefühl. Ein elektrisches Signal an die Synapsen. Es weht uns an, existiert aber nur in unserem eigenen Kopf. Nirgendwo sonst. Trotzdem verursacht es Unheil, und nicht nur, weil es uns narrt. Sie wissen es selbst am besten: Die irreale Angst erweist sich als höchst reales Hemmnis, Herausforderungen und schwer kalkulierbare Aufgaben anzunehmen. Im Schatten zu bleiben, mindert das Risiko, als Blenderin oder Möchtegern aufzufliegen. Allerdings nehmen Sie sich mit Ihren eigenen Sicherheitsmaßnahmen die Möglichkeit, sich selbst positiv zu überraschen: dass Sie nämlich das, was andere Ihnen zutrauen, auch wirklich hinbekommen.

Der Extremaufstieg von Michelle Obama zeigt, dass es so nicht sein muss. Sie jedenfalls schaffte es trotz ihrer Gefühle der Unzulänglichkeit, aus beengten Verhältnissen zur Juristin zur First Lady zur eigenständigen Stimme zur politischen Kraft aufzusteigen, der viele zutrauen, selbst für das Präsidentenamt zu kandidieren. Nehmen Sie also das Hochstapler-Syndrom ernst, um es danach umso besser abhaken zu können. Wie sehr betrifft es Sie? Wie stark behindert es Sie beim Höhenflug? Schätzen Sie sich selbst ein, und kreuzen Sie für jedes Verhalten die Antwort an, die am ehesten auf Sie zutrifft:

	oft	**manchmal**	**selten**	**nie**
Ein kleiner Misserfolg beschäftigt mich mehr als jeder große Erfolg.	□	□	□	□
Ich möchte mir keine Aufgaben anmaßen, deren ich mich nicht gewachsen weiß.	□	□	□	□
Prüfungssituationen und öffentliche Auftritte verursachen mir ein flaues Gefühl.	□	□	□	□
Es überrascht mich, wie hoch andere meine Fähigkeiten und Ergebnisse schätzen.	□	□	□	□
Ich meide Aufgaben, an denen ich scheitern könnte.	□	□	□	□
Ich lasse mich ungern feiern und finde es unangenehm, überschätzt zu werden.	□	□	□	□
Ich ärgere mich, wenn jemand sich Erfolge zuschreibt, die eine Teamleistung sind.	□	□	□	□
Ich halte mich nicht für jemand Besonderes.	□	□	□	□
Ich schreibe Erfolge dem Glück oder Zufall zu.	□	□	□	□

Liegen Ihre Antworten überwiegend auf der linken Seite der Einschätzungsskala? Dann schadet Ihr subjektives Gefühl, mehr zu scheinen als zu sein, sehr wahrscheinlich Ihrem Erfolg, auf jeden Fall aber Ihrem Wohlgefühl. Sie entscheiden sich gegen das hochkarätige Auslandsprojekt, die prestigereiche Teilnahme an der Podiumsdiskussion, das weitreichende Podcast-Interview, allein aus der Sorge: Die Welt könnte merken, dass Sie noch nicht so weit, so erfahren oder so souverän sind. Die Frankfurter Psychologieprofessorin Sonja Rohrmann, die das Hochstapler-Syndrom als Forschungsschwerpunkt verfolgt, lässt keine Illusionen aufkommen, was daraus resultiert: Menschen mit Hochstapler-Syndrom schlagen »häufig Karrierechancen aus, weil sie sich für unfähig halten und verharren deshalb auf Positionen unterhalb ihres Leistungsniveaus, was sie später manchmal bereuen.«[5]

Warum denken wir eigentlich so? Am Können kann es nicht liegen. Schließlich stellen Aufsteigerinnen und Aufsteiger ihre Leistungskraft hinreichend unter Beweis. Wer sich Etage für Etage hocharbeitet, wagt und stemmt unweigerlich mehr als Gleichaltrige, die auf den Erfolgswellen ihrer Eltern und Großeltern mitschwimmen. Nein, die Gründe haben nichts mit Talent und Intelligenz zu tun. Sie liegen tiefer:

Wenn erfolgreich Aufgestiegene sich als Mogelpackung erleben, steht dahinter ein Gefühl des Mangels.

»Ich hatte immer das Gefühl, hinter anderen herzuhinken«, sagt der frühere Intendant der Münchner Kammerspiele Johan Simons, dessen Eltern so arm waren, dass das Gymnasium keine Option für ihn war. Bis heute habe dies eine unbändige Wut in ihm hinterlassen.[6] Mangelerfahrungen prägen den Selbstwert, auch wenn sie Vergangenheit sind: Man ist nicht gut, es scheint nur so. Man lernt und holt nach und hält mit und bildet sich weiter. Doch trotz aller Anstrengungen scheint man immer nur *fast* so viel zu gelten, wie die, die von weiter oben aus gestartet sind. »Hatte ich es geschafft?«, fragt sich Elena in der *Neapolitanischen Saga*. »Fast. Hatte ich mich aus Neapel, dem Rione herausgearbeitet? Fast. […] War ich mit jedem weiteren Examen zu einer Studentin geworden, die von den mich prüfenden, nachdenklichen Professoren gern gesehen war? Fast.«[7]

Zwischen Aufgestiegenen und Arrivierten liegen auch im Lebensgefühl Welten. Arrivierte umweht die Aura des Wir-waren-schon-immer-da. Aufgestiegene sind auch weit (und in zurückgelegten Metern gerechnet sogar viel weiter) gekommen. Doch ihr Gefühl der Da-Seins-Berechtigung bleibt wackeliger. Die Unsicherheit nährt die Angst, der ganze erworbene Glanz übertünche eine poröse Substanz. Dass die Vokabeln »Aufsteiger« und »Aufschneider« sich im Klang bedauerlich ähneln, tut das Übrige dazu.

Wie Sie den Blick für das eigene Können schärfen

Wie schlagen wir uns also das Hochstapler-Syndrom aus dem Kopf? Die gute Nachricht lautet: In der zweiten Lebenshälfte flaut es Studien zufolge von selbst ab. Das hat damit zu tun, dass wir den Gipfel unseres Selbstbewusstseins erst zwischen 60 und 70 Jahren erreichen.[8] Andererseits wollen Sie darauf natürlich nicht warten. Schließlich findet Ihr Leben jetzt statt. Jetzt treffen Sie die großen beruflichen Weichenstellungen, jetzt streben Sie sozial die nächsthöheren Etagen an, jetzt eröffnen sich Ihnen Welten, in denen Sie sich entspannt bewegen möchten, jetzt wollen Sie zu Ihrer vollen Form auflaufen. Hochstapler-Gefühle können Sie dabei so wenig gebrauchen wie schlaffe Bauchmuskeln. Leider ist gegen beides kein Kraut gewachsen. Was Ihnen aber weiterhilft, ist die Kraft Ihrer Gedanken.

Erwarten Sie nicht, dass der Erfolg es richten wird. Seien Sie gewappnet: Auch große Erfolge radieren Hochstapler-Gefühle nicht völlig weg. Im Gegenteil: Stoßen wir in ein prestigereicheres Umfeld vor, flammen überwunden geglaubte Unsicherheiten neu auf. War man vorher ein großer Fisch im kleinen Teich, nimmt man sich in den neuen, noch unbekannten Gewässern als kleiner Fisch unter noch größeren, erfahreneren wahr.[9] Und schon poppt es auf, das Gefühl: Was, wenn ich der Sache doch nicht gewappnet bin? Wenn ich mich übernommen habe? Und trotz aller Verdienste fehl am Platz bin? Dagegen können Sie nur ankommen, wenn Sie der Grübelei ein Ende setzen. Nehmen Sie Hochstapler-Gefühle wahr, identifizieren Sie sie als das, was sie sind, aber messen Sie ihnen keine große Bedeutung bei. Am besten schieben Sie sie wie eine störende Haarsträhne beiseite. Davon sind sie zwar nicht weg. Aber wenigstens für den Augenblick aus dem Weg geräumt.

Nutzen Sie das Hochstapler-Gefühl wie eine Warn-App. Das Hochstapler-Syndrom signalisiert Ihnen Gefahren. Schauen Sie dort sicherheitshalber genau hin. Wie können Sie Risiken minimieren? Wer kann Sie unterstützen? Was brauchen Sie, damit Sie sich stark und abgesichert fühlen? Danach haken Sie die Hochstapler-Panik ab. Sie sind nun informiert, kennen die Risiken und können Ihre Zeitpläne, Vorbereitungen oder auch die Auswahl Ihrer Mitarbeiter oder Mitstreiterinnen entsprechend anpassen, ohne auf Chancen zu verzichten.

Nehmen Sie Anerkennung ernst. Beantworten Sie positives Feedback dankbar, nicht abwehrend, erst recht, wenn es von Menschen kommt, von denen Sie viel halten. Ersetzen Sie Tiefstapelfloskeln wie »Das war keine große Sache« oder »Das war Zufall« durch den Satz: »Danke, ich freue mich, dass Sie das sagen.« Setzen Sie sich darüber hinaus auch innerlich mit Zustimmung und Lob auseinander. Auch wenn Sie es zu Hause vielleicht anders gehört haben: Sie behindern sich selbst, wenn Sie hinter jedem positiven Wort bloß Höflichkeit oder Schmeichelei vermuten. Oft enthält das Feedback anderer eine Wirklichkeit, die uns selbst überhaupt nicht bewusst ist. Weder Selbstbild noch Fremdbild bilden ja die ganze Wahrheit ab. Zu einem realistischen Selbstkonzept gelangen Sie, wenn Sie beides miteinander abgleichen.

Vergleichen Sie sich mit den Guten, bewundern Sie die Besten. Der soziale Vergleich nach oben spornt an. Er kann aber auch unnötige Selbstzweifel säen: dann nämlich, wenn wir uns an Menschen messen, die auf ihrem Gebiet unerreichbar weit vorne liegen. Menschen mit Hochstapler-Syndrom neigen zu dieser Art von Selbstquälerei mehr als andere: Weil sie sich bevorzugt mit den oberen 3 Prozent der Leistungsträger vergleichen, fühlen sie sich fast zwangsläufig als Minderleister. »Dabei ignorieren sie aber«, so Sonja Rohrmann, »die große Masse derjenigen, die schlechter abschneiden als sie selbst.«[10] Dieses selbstschädigende Verhalten können Sie ändern: Stars gebührt Bewunderung. Als Vergleichsmaßstab eignen sich dagegen Gleichrangige oder Menschen, die Ihnen nur so viel voraus haben, dass Sie sich motiviert, aber nicht entmutigt fühlen.

Gegen Selbstüberschätzung immun

So sehr Ihnen das Hochstapler-Syndrom zu schaffen macht, es gibt Schlimmeres: überzogene Erfolgsgewissheit. Anders als Selbstunterschätzung tritt sie gehäuft bei Menschen mit privilegiertem Hintergrund auf, nicht selten mit desaströsen Folgen.[11]

> **Denn während Selbstunterschätzung am meisten Ihnen selbst schadet, bringt Selbstüberschätzung ganze Unternehmungen in Gefahr.**

Allmählich setzt sich deshalb die Erkenntnis durch: Führungskräfte mit Hochstapler-Syndrom sind nicht nur gute, sondern oft sogar die besseren, verantwortungsvolleren Managerinnen und Manager.[12] Gerade weil sie kein übersteigertes Selbstbewusstsein haben, bringen sie überdurchschnittlichen Einsatz, reflektieren intensiv, bedenken die Risiken, interessieren sich mehr für Inhalte als für Machtspiele und maßen sich nicht an, alles zu wissen, zu können und im Griff zu haben. Eines allerdings beherrschen Statusverwöhnte, die ihre Fähigkeiten überbewerten, tatsächlich brillant: Ihre schnittigere Rhetorik wird als Ausdruck großer Kompetenz wahrgenommen. Deshalb verkaufen sie sich besser und überspielen überzeugend inhaltliche Lücken. Die Folgen zeigen sich meist erst, wenn es zu spät ist. »Selbstüberschätzung«, sagt der Professor für Business Administration Peter Belmi, »gilt als signifikanter Auslöser vieler unternehmerischer und gesellschaftlicher Katastrophen wie Kriege, Streiks, Rechtsstreitigkeiten, unternehmerisches Scheitern und Spekulationsblasen.«[13]

Genauso lief es übrigens auf der Titanic. »Ich kann mir keine Situation vorstellen, die ein Schiff zum Sinken bringen könnte. Dazu ist der moderne Schiffsbau schon zu weit fortgeschritten«, tönte der als Kapitän der Millionäre bekannte Edward John Smith 1907.[14] Fünf Jahre später geschah unter seinem Kommando das angeblich Undenkbare: Das damals größte Passagierschiff der Welt ging auf seiner Jungfernfahrt im Nordatlantik unter – und mit ihr die ganze Überheblichkeit derer, die es im Glauben an technische Machbarkeit versäumt hatten, ausreichende Frühwarn- und Risikomanagementsysteme zu installieren.

UND JETZT?

Hand aufs Herz: Wie oft in Ihrem Leben sind Sie eigentlich schon als Hochstaplerin oder Betrüger aufgeflogen? Vermutlich noch nie. Im Gegenteil: Dass man sich auf Sie verlassen kann, steht in den Augen der anderen völlig außer Frage. Wenn etwas auffällt, dann Ihre Neigung zum Understatement. Um bloß nicht hochzustapeln, stapeln Sie tief. Um nicht angeberisch zu wirken, gehen Sie auf Tauchstation. Allerdings wirkt die Selbstverkleinerung auf andere nicht bescheiden, sondern irritierend. Wieso setzen Sie sich trotz sichtlicher Erfolge herab? Wie sollen Menschen Ihnen vertrauen, wenn Sie selbst es nicht tun?

Gegen die Selbstzweifel im Kopf können Sie ansteuern: Finden Sie angemessene Worte für sich und Ihre Kompetenz. Also nicht: »Ich bin bei uns so ein bisschen die Quotilde.« Besser: »Ich bin bei uns zurzeit die einzige Frau im Führungsteam.« Und dann legen Sie nach: »Das ist natürlich zu wenig. Ich tue deshalb alles, damit wir Bedingungen schaffen, dass Frauen bei uns Ihre Talente ausschöpfen können.« Formulierungen wie diese fallen Ihnen vermutlich nicht mal nebenbei ein. Sie setzen Nachdenken und einen Schwenk in der Perspektive voraus. Daher: Identifizieren Sie Selbstaussagen, die abwertend klingen oder allzu lahm. Überlegen Sie: Wie würde eine Freundin, wie würden Ihre Kunden, Patienten oder Mandanten, die Sie und Ihre Leistung kennen, das Gleiche über Sie formulieren? Wenn Sie konsequent positiv über sich sprechen, wirken Sie sofort souveräner. Mehr noch: Sie finden zu einer realistischen Haltung zu sich selbst.

15

VERSÖHNEN SIE HERKUNFT UND ZUKUNFT

Wie aus zwei Hälften ein Ganzes wird

Wie hat sich der Aufstieg bei Ihnen gestaltet? Sie haben es auf eine weiterführende Schule geschafft, und die Welt fing an, sich zu weiten? Sie haben eine Ausbildung begonnen oder sind an die Uni gegangen, vielleicht sind Sie in eine neue Stadt gezogen und haben immer mehr selbst bestimmt, wie man Sie wahrnimmt? Ihr Wertpapier-Depot entwickelt sich, Sie nehmen die Karriereleiter, pflegen neue Freundschaften und Interessen, und irgendwann fällt die Liebe dorthin, wohin sie immer öfter zu fallen pflegt: so, dass zwei zusammenpassen und zwar auch sozial. Kinder werden geboren, direkt in das Milieu hinein, das Sie sich erobert haben. Alles ist gut. So zumindest erscheint es nach außen.

Und trotzdem. Im Herzen bleibt eine Trauer. Der französische Philosoph Didier Eribon identifiziert sie als »das Unbehagen, zwei verschiedenen Welten anzugehören, die schier unvereinbar weit auseinanderliegen und doch in allem, was ist, koexistieren.«[1] In seinem autobiografischen Roman *Rückkehr nach Reims* beschreibt er literarisch die Besonderheit, die alle Aufsteiger kennen und die der Soziologe Pierre Bourdieu einen »gespaltenen Habitus« nannte. Im schlechtesten Fall führt der Spagat zwischen zwei Welten zu einer großen inneren Zerrissenheit. Im besten Fall macht er Sie einzigartig und hilft Ihnen, die alte und die neue Version Ihrer selbst als zwei Seiten einer Medaille zu begreifen. Wenn Ihnen das gelingt, wird Ihre doppelte Sozialisation sogar zu einer Ressource: Nicht jeder hat den Vorteil, in zwei sozialen Sphären zu Hause zu sein.

Fremde im Paradies

Im Licht der Zukunft werden die Schatten der Vergangenheit kürzer. Dennoch hinterlässt die Herkunft Spuren. Viele Aufsteigerinnen und Aufsteiger kommen ja nicht nur aus Familien mit weniger Geld. Es hat ihnen nicht bloß an Büchern, Biokarotten und Bratschenunterricht gefehlt. Manche von ihnen haben Arbeitslosigkeit und Armut kennen gelernt, geistige Enge, Repression, Diskriminierung, chronische Krankheit, Ausgrenzung, Hartz IV. Sie haben gegen das Stigma der schwachen Herkunft angekämpft, Ausbildung oder Studium ohne unterstützende Eltern gepackt, in Sachen Bildung mit Altersgenossen gleichgezogen und jeden Anflug von Neid unterdrückt. Doch wenn die Eingangshürden geschafft sind, erleben sie sich wie Fremde im Paradies. Sie müssen sich in diese Welt zwängen, schreibt die Journalistin Katrin Blum, und wünschten sich doch, dass sie ihnen einfach Platz machen würde.[2]

Elena Ferrante erzählt in ihrer Romansaga, wie es ist, wenn eine Absolventin aus limitierten Verhältnissen meint, sie könne wie ihre Studienfreunde und -freundinnen nach den Sternen greifen. Doch falsch! Während sie von einer Zukunft an der Uni träumt, lobt man sie in die Lehrerausbildung weg, auch dort brauche es ausgezeichnete Dozentinnen.[3] Die prestigereiche Unikarriere bleibt ihrem Freund vorbehalten. Er kann zwar nicht mehr, entstammt aber der intellektuellen Elite und hat den akademischen Habitus verinnerlicht.

»Straddlers«, so nennt der amerikanische Journalist Alfred Lubrano Menschen, die wie er mit einem Bein in einer niedrigeren Schicht und dem anderen in einer höheren stehen. In dem Wort steckt das englische Verb *to straddle* = grätschen. Zunächst höre ich aus dem Begriff das Unkomfortable heraus, den unsicheren Stand, die Panik des Strauchelns. Dann kommt mir die Krieger-Pose im Yoga in den Sinn: Ist man im Grätschstand nicht besonders kraftvoll und sicher aufgestellt? Braucht es nicht lange, ausgreifende Schritte, um über Barrieren hinwegzuschreiten? Was, wenn nicht ein weites, divergierendes Denken befähigt uns dazu, Kulturen und Welten zu überbrücken?

Erinnern Sie sich: Wir haben diese Fragen schon einmal gestreift. Damals ging es um die Entfremdung zur Herkunftsfamilie und wie Aufsteigende mit dieser Erschwernis umgehen können. Nun kommen wir in anderem Zusammenhang wieder an den gleichen Punkt: Ja, das Leben zwischen den Welten spannt die Kräfte an. Zugleich ist aber nicht von der Hand zu weisen: Es bedeutet einen Vorzug eigener Art, mehr Lebensrealitäten zu kennen als die, in die man hineingeboren wurde. Diese Erkenntnis rückt Aufsteigerbiografien in ein neues Licht. Sie verlaufen zwar selten vollkommen geradlinig, dafür aber herausfordernd und erfahrungsintensiv.

Was hindert uns also daran, die Fähigkeit zum Spagat auszuspielen?

Sonst macht sich ja auch jede gesammelte Erfahrung im Lebenslauf gut. Die zweisprachige Erziehung, das Hineinschnuppern in ein Topunternehmen oder ein halbes Jahr Work & Travel in Südamerika gelten als Gewinn für das persönliche Profil. Warum also sollte es von Nachteil sein, wenn jemand in unterschiedlichen sozialen, ökonomischen oder kulturellen Sphären zu Hause ist? Vielleicht können Sie sich mit diesem Gedanken nicht gleich anfreunden. Es wäre aber schon mal ein guter Anfang, ihn auf dem Schirm zu behalten. Denn ganz gleich, wie weit Sie über Ihre Herkunft hinauswachsen, sie lebt in Ihnen fort. Unsere Abstammung hängt uns ein Leben lang nach, so sehr wir uns auch entwickeln und verändern. Aufsteigenden bleibt deshalb keine andere gute Wahl, als diese Spannung produktiv zu machen und mit ihr, nicht gegen sie ihre Ziele zu erreichen. Die Chancen dafür stehen besser denn je. Tiefeninterviews an der Justus-Liebig-Universität Gießen haben gezeigt: Aufsteigerinnen und Aufsteiger, die um die Jahrtausendwende geboren sind, fühlen sich zwar finanziell im Nachteil. Sie empfinden aber kulturelle und habituelle Differenzen seltener als Belastung als frühere Generationen.[4] Viele von ihnen wechseln so gekonnt zwischen Herkunfts- und Zielumfeld wie zwischen Zügen und Flugzeugen.

Gutes aus der alten Welt

Wenn Sie aufgestiegen sind, wissen Sie: Sie hätten unter besseren Bedingungen groß werden können, zum Beispiel, wenn Ihr Vater weiter in seinem Beruf hätte arbeiten können oder wenn Sie zu Hause mehr Anregung und Ermutigung erfahren hätten. Sie hätten es aber auch schlechter treffen können, beispielsweise, wenn Sie in einem sozial benachteiligten Viertel aufgewachsen wären statt in einem verschlafenen Dorf oder wenn es zu Hause keine regelmäßigen Mahlzeiten gegeben hätte. Was Aufgestiegene in ihren Familien mitbekommen haben, mag Wünsche offenlassen. Es ist aber keineswegs ohne.

Das Bewusstsein dafür stellt sich häufig dann ein, wenn Klassenaufsteiger selbst Kinder haben. Von Tag eins an gehören sie dorthin, wo ihre Eltern oder einer von ihnen sich erst hingearbeitet haben. Die behütete, materiell gut ausgestattete Lebenswelt des Nachwuchses wirft Fragen auf, die man vorher nicht erwartet hätte:

- Wie vermeide ich es, ein Kind zu verwöhnen, das keine materiellen Sorgen kennt?
- Wie kann es eine vernünftige Arbeitshaltung entwickeln, wenn die Arbeit der Eltern kaum mehr als solche erkennbar ist?
- Wie verhindere ich, dass es sich über andere erhebt?
- Und vielleicht am schlimmsten: Was, wenn das eigene Kind die gleiche Selbstgefälligkeit an den Tag zu legen beginnt wie die Chefsöhne und Arzttöchter, denen man sich selbst als Kind so unterlegen fühlte?

»Mich treibt die Sorge um, dass meine Tochter Privilegien für sich in Anspruch nimmt«, offenbart Alfred Lubrano, der den Begriff des »Straddler« erfunden hat. »Sie wird nicht wissen, dass nichts von dem, was sie hat, selbstverständlich ist, dass nicht jede Familie Pferde hinter dem Haus stehen hat.« Es ist noch nicht so lange her, da wollte Lubrano nur weg aus der Arbeiterschicht, in die er hineingeboren wurde. Jetzt, wo er selbst Vater ist, wächst seine Wertschätzung für die Erdung, die er zu Hause erfahren hat. Etwas von der anerzogenen Bescheidenheit wünscht er sich auch für seine Tochter: »Es hat auch sein Gutes, wenn man der Arbeiterklasse entstammt: das zupackende Arbeitsethos, das Unprätentiöse, die direkte

Art im Umgang mit anderen.«[5] Gedanken wie diese versöhnen: Sie rücken die Klasse, in die wir hineingeboren wurden, in ein positiveres Licht.

Dankbar, trotz allem

Schon vor fast zweitausend Jahren haben die Stoiker empfohlen, dass wir uns jeden Tag das Gute im Leben bewusstmachen sollen, und zwar insbesondere unser simples Alltagsglück: Wir leben noch, das Rad wurde nicht geklaut, beim Zahnarzt gibt es vor dem Bohren eine Spritze, und wenn wir das Wasser aufdrehen, kommt es warm aus dem Hahn. Was nach Binse klingt, schärft den Blick, wie gut es uns geht. Uns. Nicht nur den Spitzen der Gesellschaft. Alle, die oberhalb der Armutsklasse geboren wurden, haben selbst dann schon ziemlich viel, wenn sie nie über die Pension eines Studiendirektors, geschweige denn das Supervermögen einer Unternehmenserbin verfügen werden. Natürlich wäre es fantastisch, wenn man auf Sylt Hochzeit feiern könnte oder eine Großmutter hätte, die einem statt Schokolade mal nebenbei zehn Hundert-Gramm-Goldbarren zusteckt. Doch der Vergleich mit reicher Beschenkten macht uns nicht glücklich. Am Ende hilft nur eins: wertschätzen, was an einen selbst weitergereicht wurde.

Aber hat Dankbarkeit nicht etwas Schwaches, Unwürdiges? Ich verstehe den Einwand vollkommen, erst recht, wenn jemand erleben musste, wie es ist, von der Hilfe und dem Wohlwollen anderer abhängig zu sein. Das Problem ist nur: Das Gefühl der Benachteiligung verbittert und beklemmt. Weder fühlt es sich gut an, noch wirkt es auf andere anziehend. Nehmen wir dagegen in schöner Gewohnheit das in den Blick, wofür wir dankbar sind, wirkt sich das positiv auf das Selbstwertgefühl aus. Menschen, die ihren Sinn für die Glücksspuren in ihrem Leben schulen, so klein sie auch sein mögen, fühlen sich zuversichtlicher, handeln zupackender und stehen unbefangener zu ihrer Vergangenheit. Bewusst kultiviert erweist sich Dankbarkeit als so etwas wie eine Booster-Impfung gegen das Gefühl der Zurücksetzung. Attraktiver macht sie uns obendrein.

Wenn Sie bei allem Schweren hinschauen, was gut war und gut ist, treten Stolz und Freude an die Stelle von Missgunst und Groll.

Laut dem amerikanischen Psychologieprofessor Robert Emmons, der weltweit als einer der führenden Dankbarkeitsforscher gilt, können wir die Wirkung einer dankbaren Haltung auf die Psyche überhaupt nicht hoch genug schätzen: »Als psychologischer Zustand ist Dankbarkeit ein Gefühl des Staunens, der Wertschätzung und der Feier des Lebens.«[6] Die Definition klingt unglaublich modern. Dabei knüpft sie direkt an die Gedankenwelt der Stoa an: »Ich bin dankbar, nicht weil es vorteilhaft ist, sondern weil es Freude macht«, so lautet ein Grundgedanke der Ethik des römischen Philosophen Seneca. Am besten probieren Sie selbst aus, wie es Ihnen geht, wenn Sie Dankbarkeit gezielt erleben und praktizieren, auch bezogen auf Ihre Herkunft: Danke sagen, Anerkennung schenken, Schönes wahrnehmen, weniger jammern, nichts als selbstverständlich betrachten, den Scheinwerfer auf positive Erinnerungen richten, es Menschen wissen und spüren lassen, dass sie Sie weitergebracht, gefördert, ermutigt haben.

Die Brüche vergolden

»There is a crack in everything«, singt Leonard Cohen in einem seiner schönsten Lieder. »That's how the light gets in …« Die Songzeile hat es in sich. Es stimmt ja wirklich: Ob in der Natur, in der Kunst oder im Lebenslauf – durch Spalten und Brüche schimmert Licht herein. Einschnitte lassen uns Zusammenhänge erkennen, die uns anderenfalls verborgen blieben. Auch wenn wir uns biografische Risse nicht wünschen, wir sehen und verstehen mehr, wenn nicht alles perfekt wie am Schnürchen abschnurrt. Irritationen und Disharmonien treiben uns dazu an, dass wir uns etwas einfallen lassen.

- Picasso etwa begann als Hungerkünstler. Neue Leinwände erwiesen sich oft als unerschwinglich. In der Not übermalte er alte Bilder, setzte sich dabei mit früher Gemaltem auseinander und ließ die Grenzen der Konventionen immer weiter hinter sich.

- Die Sopranistin Katharina Konradi singt heute auf den großen Bühnen der Welt. Mit 15 kam sie mit ihren Eltern aus einem Dorf in Kirgistan nach Deutschland. Damals sprach sie kaum Deutsch und fühlte sich in ihrer Klasse isoliert. In ihrer Einsamkeit hörte sie stundenlang Opern. Auf diese Weise fand sie zur klassischen Musik, mit der sie nie vorher in Berührung gekommen war.
- Auch Elon Musk haben erschwerte Kindheitserfahrungen zu dem Menschen gemacht, als der er 2022 bekannt ist: zum reichsten Mann der Welt. Aus Angst vor den Aggressionen seines Vaters zog er sich in sein Inneres zurück und verschanzte sich hinter Büchern und Computern. So sehr der Tesla-Chef polarisiert, aus seiner von Gewalt geprägten Kindheit erwuchs die Vision, die Welt zum Besseren verändern zu wollen.

Biografien wie diese klingen gut und schön. Trotzdem widersprechen Unregelmäßigkeiten unserem westlichen Bild von Hochglanz und Vollendung. Wir mögen Mängel und B-Pläne so wenig wie Kratzer im Lack und Pigmentflecke im Gesicht. Eine alternative Sicht liefert die japanische Kultur. Sie lenkt den Blick auf das Potenzial, das aus dem Natürlichen und Irregulären erwächst. Besonders effektvoll zeigt sich die Wertschätzung des Zerbrochenen in der Kunst des Kintsugi: der Art, beschädigte Keramik zu reparieren. Risse und Bruchstellen werden nicht verborgen, sondern mit einer Füllmasse aus pulverisiertem Silber, Gold oder Platin betont.

> **Das »goldene Zusammensetzen« macht gebrochene Schalen und Teller zu Objekten, die von Echtheit und Erneuerung erzählen.**

Durch die zeitaufwändige Reparaturtechnik erlangt die Keramik eine Einmaligkeit von kaum einschätzbarem Wert. Als Metapher für das Leben zeigt uns Kintsugi eine faszinierende Möglichkeit, mit unperfekten Bedingungen klarzukommen.[7] Es lehrt uns, Brüche zu akzeptieren, die Scherben aufzusammeln und kunstvoll zusammenzusetzen.

Der gespaltene Habitus, das leicht angeschlagene Selbstbewusstsein, die Brüche im Lebenslauf gewinnen so gesehen eine völlig andere Bedeutung. Sie erzählen von den Erfahrungen, die uns geformt haben, und heben unsere Fähigkeit hervor, auch aus schwierigen Voraussetzungen etwas Gutes zu machen. Das rückt einiges zurecht: Mag Ihr Leben auch weniger glanzvoll begonnen haben, es ist deshalb kein Scherbenhaufen. Nichts davon muss entsorgt oder verborgen werden. Es steht Ihnen frei, seine Risse zu vergolden und den Brüchen zwischen Herkunft und Zukunft etwas Neues, Positives abzugewinnen. Weit hergeholt? Das denkt man bei Perspektivwechseln erst mal immer.

Zwischen Anpassen und Anschmeicheln

Wenn also jede Herkunft ihr Gutes hat, muss ich mich dann überhaupt anpassen? Ja und nein. Fangen wir mit der schlechten Nachricht an: Völlig ohne Anpassung gelingt der Aufstieg nicht. Der Grund dafür ist schnell erklärt: Resonanz fußt auf Vertrauen, und Menschen vertrauen am meisten Personen, die ihnen ähnlich sind, oder solchen, die sie schon kennen.[8] Am leichtesten haben es daher Neulinge, die der eigenen Blase oder dem eigenen Milieu entstammen oder sich jedenfalls dort zu bewegen wissen. Vielleicht ist Ihnen noch Karl Lagerfelds boshafte Bemerkung über Heidi Klum in Erinnerung: »Ich kenne sie nicht. Claudia [Schiffer] kennt sie auch nicht. Die war nie in Paris, die kennen wir nicht.«[9] Worin sich zeigt: Gleich und gleich gesellt sich gern. Ungleich und ungleich schließt sich aus.

Wer weiter oben akzeptiert werden möchte, kommt also nicht umhin, sich die Themen und Sitten der dortigen Gatekeeper ein Stück weit zu eigen zu machen. Der Gedanke mag Ihnen missfallen. Den meisten Aufsteigerinnen und Aufsteigern missfällt er. Doch warum eigentlich? Ob in der neuen Firma oder als Wochenendgast bei Freunden: Ich bin sicher, Sie finden es wie ich selbstverständlich, dass Sie sich an den Gepflogenheiten orientieren, die dort gelten, wo Sie hinzustoßen. Wir formulieren im neuen Unternehmen in der dort festgelegten Tonalität und trinken bei Freunden, die auf Alkohol verzichten, klaglos

Bionade statt Barolo. »Cultural fit« nennen es Personalpsychologen, wenn Bewerber und Arbeitgeber in ihren Werten und Handlungsweisen übereinstimmen. Unverblümter formuliert es die Ikone des Country-Pops Dolly Parton, die unter ärmlichen Verhältnissen in Tennessee aufwuchs: »The way I see it, if you want the rainbow, you gotta put up with the rain.«

Es wäre widersinnig, würden Sie ausgerechnet in der Welt, in die Sie hineinwollen, ein Verhalten an den Tag legen, dass Sie als Fremdkörper wirken lässt. Doch selbstverständlich haben Sie Recht: Es gibt Grenzen. Zu viel Angleichung, und die Anpassung verkommt zum Anschleimen. Dessen Unwürdigkeit hat schon Aristoteles vor über zweitausend Jahren in seiner *Nikomachischen Ethik* unter Ächtung gestellt: »Alle Schmeichler sind Lakaienseelen, und nur Leute von gemeiner Gesinnung werden Schmeichler.« Anpassung braucht also ein Gegengewicht, und es besteht darin, dass wir eben nicht vergessen, wer wir sind. Egal, wie unbefriedigend die Ausgangslage, wir verdanken ihr die Summe unserer Erfahrungen. Ihre Leistungsbereitschaft und Ihre Weltsicht nehmen ihren Anfang in Ihrer Herkunft. Auch die Entschlossenheit, die Sie vorantreibt, rührt von dorther: Was anderes als die Realität, in die Sie hineingeboren wurden, hat Sie bewegt, aufzubegehren und eine bessere Existenz anzustreben? Das zu erkennen, legt ein Pflaster auf die Gefühle der Unterlegenheit. Denn bei allen Verteilungsungerechtigkeiten, mit denen Aufsteigerinnen und Aufsteiger klarkommen müssen:

In ihrem Willen zu Aufbruch und Innovation sind Aufsteigende Arrivierten überlegen.

Der Vorsprung liegt in der Natur der Sache: Wer es aus eigener Kraft schaffen will, kommt nicht umhin, zu rebellieren, um die Ecke zu denken und Veränderungen durchzuführen. Wer dagegen mit dem goldenen Löffel geboren ist, der fährt nicht schlecht, wenn er den Status quo konserviert. Etablierte und Arrivierte denken und handeln konservativ, weil in ihrer Lage genau das am meisten Sinn macht. Wenn sie das Gegebene bewahren und entwickeln, gehört ihnen die Welt, und bis vor wenigen Jahrzehnten sorgten hierarchische Strukturen dafür, dass das im Wesentlichen so blieb.

Innovation statt Konvention

Als Kind führte mir jeder Besuch bei meinen Großeltern die in Mauern zementierten Ungleichheiten der Schichten vor Augen. Mein Opa arbeitete bei einem Porzellanhersteller, der seinen Mitarbeitenden Werkswohnungen anbot. Hinter hohen Bäumen bildete die Siedlung wie im Bilderbuch das Organigramm des Unternehmens ab: Von den acht dreigeschossigen Walmdachblöcken wurden die meisten von Arbeiterfamilien bewohnt, mit sechs Parteien pro Haus und Schrebergärten zur Selbstversorgung. Die übrigen Häuser teilten sich Angestelltenfamilien. Jede von ihnen lebte jeweils auf einem ganzen Stockwerk. Den Abschluss des Ensembles bildete die »Direktorenvilla«. Im gleichen Stil wie die Mietshäuser gebaut, lag sie zurückgesetzt in einem ummauerten Park. Aber nicht nur zwischen Arbeitern, Angestellten und Führungskräften gab es Grenzen. Auch deren Kinder blieben meistens unter sich. Nur ich als Gastkind konnte mit allen spielen, und ich erinnere mich gut, wie ungerecht ich diese Trennung fand.

Inzwischen hat sich die gesellschaftliche Pyramide zum gesellschaftlichen Bauch mit einer kleinen Unterschicht, einer kleinen Oberschicht und einer riesigen, heterogenen Mittelschicht gewandelt. Diese Entwicklung hat die Zahl der attraktiven vorderen (wenn auch nicht der allervordersten) Plätze vergrößert. Zu verdanken ist die Veränderung Aufsteigenden, die sich über die Konventionen hinwegsetzten. Statt die Werte und die Mentalität der *Happy Few* zu übernehmen, machten sie ihr eigenes Ding und definierten die Vorstellung von Status um. Seit den 1960er Jahren tragen nicht mehr nur Abstammung, Besitz und Maßanzüge, sondern zunehmend auch Ideen, Innovation und sogar Querköpfigkeit gesellschaftliches Ansehen ein.[10] Das Statussystem wurde durchlässiger und um bis dahin ungeahnte Spielfelder vergrößert: Heute können Sie Status erwerben, weil Sie bei LinkedIn auf der Top-Voices-Liste stehen, mit dem Rad die Kehren hinauf nach Alpe d'Huez bezwingen, drei Kinder und einen Spitzenjob verbinden, zum richtigen Zeitpunkt auf die richtige Kryptowährung setzen, mit einer profitablen Geschäftsidee durchstarten, in einem Haus leben, das mehr Energie erzeugt, als es verbraucht, oder weil Sie so anstrengungslos wie niemand sonst den Körper zum herabschauenden Hund falten.

Die Möglichkeiten, sich abzuheben, gehen gegen unendlich, und geschaffen wurden sie von Aufsteigenden, die gegen den gesellschaftlichen Status quo aufbegehrten.

Weil ihnen die alten Statusdimensionen versagt blieben, erschufen sie kurzerhand neue. Ein vergleichbares Phänomen hat übrigens Charles Darwin vor über 200 Jahren in der Tierwelt der Galapagos-Inseln beobachtet. Dem britischen Naturforscher fiel dort eine Gruppe von Singvogelarten auf. Sie stammten alle von den gleichen Vorfahren ab, hatten sich aber in fünfzehn verschiedene Arten mit unterschiedlich geformten Schnäbeln ausdifferenziert. Statt sich beim Futterkampf auszustechen, können sich dank der Mutation alle Finkenarten auf hohem Niveau ernähren, jede auf ihre besondere Art. Der soziale Aufstieg muss also nicht dazu führen, dass Sie alle Brücken hinter sich abbrechen und bis zur Unkenntlichkeit in der neuen Welt aufgehen. Im Gegenteil: Die kleinen Unterschiede zu wohlhabend Geborenen bieten die Möglichkeit, eigene Spielfelder zu eröffnen und neue Spielregeln zu etablieren.

Insbesondere sind Aufgestiegene prädestiniert, Denkgrenzen zu überschreiten und alte Zöpfe abzuschneiden.

Denken Sie an Elon Musk, der mit Tesla und SpaceX gewagte Zukunftsprojekte ins Auge fasst, oder Michelle Obama, die allen Protokollvorschriften zum Trotz Queen Elizabeth II. in den Arm nahm. Auch wenn es auf Arrivierte so wirken mag, verschieben erfolgreich Aufgestiegene Grenzen nicht, um zu provozieren oder weil sie es nicht besser wissen. Sie denken von Haus aus oft radikaler, schaffen Gegenentwürfe und setzen Wandlungsprozesse in Gang. Alteingesessene mögen darüber die Nase rümpfen. »Doch gerade solche Karrieren, steil und ungewöhnlich, sind heute für unsere Wirtschaft notwendiger denn je«, schreibt die Wirtschaftsreporterin Inga Michler. »In einer alternden Gesellschaft, der die frischen Ideen der Jugend fehlen, ist das eine besondere Herausforderung. Wer, wenn nicht die schöpferischen Kreativen, die verrückten Querdenker, die Neuankömmlinge, können da die Treiber sein?«[11]

UND JETZT?

Der versöhnte Umgang mit der Herkunft trägt Status ein. Die beste Versicherung gegen Verbitterung ist er obendrein. Nehmen Sie sich etwas Zeit und reflektieren Sie: Was sind die unbezahlbaren Gaben, die in Ihrer Familie vererbt werden? Vielleicht ist es das vom Opa geschulte soziale Verantwortungsgefühl, Ihre Fähigkeit, mit Leuten aller Art reden zu können, die Gewissheit, in jeder Situation irgendwie klarzukommen, der Blick für die kleinen Dinge, die Bereitschaft, beherzt anzupacken, die Mehrsprachigkeit, die Bescheidenheit, nichts für selbstverständlich zu halten, der Geist des Aufbegehrens gegen Privilegien und Ungleichheit? Was davon wollen Sie unbedingt an Ihre Kinder weitergeben, so gut diese auch sonst gestellt sind? Gibt es Objekte oder Rituale, die Ihren Stolz auf Ihre Wurzeln versinnbildlichen? Welche ideellen oder immateriellen Werte nehmen Sie aus Ihren Ausgangsbedingungen noch mit? Was davon können Sie wie beim Kintsugi vergolden, statt es zu entsorgen? Was verdient Beachtung? Was könnte in anderen Kontexten interessant sein? Auch in einer begrenzenden Herkunft schlummert viel Potenzial. Es ist vielleicht erst auf den zweiten Blick erkennbar. Lassen Sie Ihre Gedanken schweifen, und geben Sie nicht vorschnell auf. Die ersten Ideen sind selten die besten.

16

AKTUALISIEREN SIE IHR VERHÄLTNIS ZU GELD

Damit nicht immer nur die anderen reich sind

Reden wir also über Geld. Ein hoher sozialer Status bedingt zwar mehr als materiellen Wohlstand. Viel mehr. Trotzdem gehört Geld zum Aufstieg wie die Zitrone zum Wiener Schnitzel. Das bedeutet nicht, dass Sie schon in den Aufbauphasen des Lebens über Reichtümer verfügen oder ein Spitzengehalt erzielen müssen. Die meisten Aufsteigerinnen und Aufsteiger kommen erst ab fünfzig zu nennenswerter Finanzkraft. Wenn Sie auf dem Weg nach oben gut unterwegs sind, sollte Geld allerdings schon lange vorher nicht mehr die Hauptsorge in Ihrem Leben sein. Vielleicht ist es sie aber einmal gewesen. Vielleicht bedeutet es für Sie nichts Neues, wenn die Gasrechnung zum Problem wird. Oder Sie erinnern sich, wie es war, wenn Sie als Kind Wünsche hatten und wussten, sie waren unerfüllbar. Solche Mangelerfahrungen prägen die Einstellung zu Besitz und Vermögen. Auch wenn Sie finanziell längst gut oder sogar sehr gut aufgestellt sind, gehen Sie anders mit Geld um als Menschen, die eher auf der Sonnenseite des Lebens groß geworden sind: Möglicherweise fällt es Ihnen schwer, Geld für Dienstleistungen auszugeben. Bei Aktien haben Sie kein gutes Gefühl. Wenn Sie über Wohneigentum nachdenken, wird Ihnen heiß und kalt vor Sorge, Sie könnten sich übernehmen. Sie sparen rigoros, um nie mehr Armut zu erleben. Vielleicht verhält es sich aber auch umgekehrt: Sie ordnen Ihr Leben dem Gelderwerb unter oder legen übertrieben viel Wert auf Statussymbole, auf die Sie früher verzichten mussten. Wie so vieles andere ist auch der Umgang mit Geld eine Frage der Klasse. Zum Aufstieg gehört es daher auch, dass Sie Ihre Haltung zu Besitz und Vermögen, aber auch zu Wirtschaftsfragen und reichen Menschen infrage stellen.

Nur wer Geld hat, kann es ignorieren

Ob im Volksmund, in der antiken Philosophie oder in der Bibel: Geld genießt nicht den besten Ruf. Es mache nicht glücklich, heißt es, und niemanden reich. Eine Wurzel allen Übels sei es außerdem. Vor allem dort, wo es fehlt, trösten sich Menschen, Geld sei nicht so wichtig. Umgekehrt tun Menschen, die im Wohlstand leben, oft so, als sei das finanzielle Polster nicht der Rede wert. Erben spielen seinen Einfluss auf ihr Leben herunter. Saturierte erklären, Reichtum bedeute ihnen schon lange nichts mehr. Topvermögende geben sich bodenständig. Spitzengehälter, Künstlergagen und Fußballerhonorare scheinen kaum mehr in den Konsum zu fließen, sondern in die Umsetzung karitativer Anliegen, kreativer Ideen und kultureller Herzenswünsche.

Hört man Wohlhabenden zu, könnte man meinen, Geld sei ein Nice-to-have, und ein erfülltes Leben eher eine Frage der noblen Haltung als des Kontostands.

So ist es aber nicht. Wie gesund Sie sind, wie Sie Ihre Kinder erziehen, was Sie in Ihrer Freizeit tun, wohin es in den Ferien geht und ob überhaupt, welche Freiheiten Sie sich nehmen, welche Ansprüche Sie stellen und welche roten Linien Sie ziehen können, wie attraktiv Sie wirken, welche Projekte Sie unterstützen, welchen Platz Sie in der sozialen Rangordnung einnehmen, wie weitreichend Sie Ihre Potenziale entfalten und wie gut Sie sich vor den Unbilden des Lebens schützen können, das alles hängt in großen Teilen von Ihrer Finanzkraft ab.

- Finanzieren Ihre Eltern die Eigentumswohnung und Sie legen nur noch die Details für den Innenausbau fest? Oder machen Sie im Wettlauf um bezahlbares Wohnen Small Talk mit der Maklerin, um aus der Masse der Bewerber herauszuragen?
- Überweisen Sie die Kosten für das Zahnimplantat einfach so, verzichten Sie dafür auf den Urlaub, oder sind Sie froh, dass ein einzelner Backenzahn nicht lebenswichtig ist?

- Müssen Sie den erstbesten Job annehmen, oder können Sie sich ein paar Monate Zeit lassen, bis Ihr Traumarbeitgeber Sie zum Auswahltag einlädt?
- Fühlen Sie sich genötigt, Vorträge auch ohne Honorar zu halten, oder tun Sie wie der Journalist und Blogger Sascha Lobo offen kund, dass Sie das nicht möchten?[1]
- Finden Sie in Ihrem Garten keine Ruhe mehr, seit die neu zugezogene Familie die Umgebung per Außenlautsprecher beschallt? Oder bleiben Sie gelassen in der Gewissheit: Ihre Anwältin schafft die Angelegenheit geräuschlos aus der Welt?

In das Wort Vermögen ist eingeschrieben: Von Geld und Besitz hängt ab, was wir vermögen. Wie stark und wichtig wir uns fühlen. Welche Optionen uns offenstehen. Was wir bewirken können. Im Guten genauso wie im Schlechten. Reiche Menschen wissen das. Sie sehen Geld als Mittel zum Zweck und setzen es für ein Leben nach ihren Vorstellungen ein. War Geld in Ihrer Familie dagegen Mangelware oder jedenfalls etwas, was es zusammenzuhalten galt, lösen Kapital und Kohle möglicherweise gemischte Gefühle in Ihnen aus. Dahinter steckt ein psychologischer Effekt: Ärmer zu sein, schwächt das Selbstwertgefühl. Schlechtergestellte schützen sich dagegen mit Defensivstrategien: Was man nicht haben kann, wird verurteilt oder abgewertet.[2] Diese Prägungen der Kindheit sitzen tief. Auch wenn die Zeit über sie hinweggegangen ist.

Alles in Maßen

Geld sparen, zurücklegen, auf Konsum verzichten. Sich am Black Friday mit dem Bedarf des täglichen Lebens eindecken, auf dem Teppich bleiben, aber auch nicht geizen. Das sind die Mittel, mit denen ärmere und mittlere Familien ihr Auskommen finden. Wenn Sie nicht aus einem Topverdiener-Haushalt stammen, haben Sie vermutlich genau dieses Verhalten gelernt und verinnerlicht. Ich merke seine Spuren bis heute. Sie zeigen sich, wenn ich vor Online-Bestellungen nach Rabattgutscheinen fahnde, auch bei langen Autofahrten auf den Coffee-to-go von der Tankstelle verzichte und zu wenig Geld für das nächste Projekt verhandle, weil es mir widerstrebt, darauf hinzuweisen, dass meine Honorarsätze neben der Arbeitsleistung auch die Kosten für Büro, Krankenversicherung, Urlaub, Altersversorgung und so weiter enthalten. Auch wenn Aufgestiegene den Lebensunterhalt längst nicht mehr erkämpfen müssen, die jahrelange Notwendigkeit zu rechnen und zu sparen, merkt man dem Habitus an. Stimmt die Kasse dann endlich, stürzt uns die wachsende Wohlhabenheit in Konflikte:

- Nicht mehr auf den Cent schauen zu müssen, löst Unbehagen gegenüber denen aus, die weniger haben, erst recht, wenn man mit ihnen verwandt oder befreundet ist.
- Menschen für sich arbeiten zu lassen und von ihrer Leistung zu profitieren, läuft dem Anspruch zuwider, dass man sich nicht auf Kosten anderer bereichern möchte.
- Macht der eigene Job obendrein Spaß, nagt die Frage, ob man überhaupt groß Geld für etwas beanspruchen kann, was sich nur halb wie Arbeit anfühlt.

Normalmenschen arbeiten für Geld, Privilegierte lassen Geld für sich arbeiten

Menschen aus wohlhabenden Verhältnissen geht die Mittelschichtsscheu vor Geld ab. Ihr Money-Mindset ist nüchterner geprägt. *Money makes the world go round. That's it.* Nicht mehr und nicht weniger. Gewinnmaximierung gilt denen, die genug davon haben, als eine Frage der Vernunft. Reichtum und humanitäre Werte werden nicht als Gegensatz wahrgenommen. Die Redewendung »Von den Reichen lernst du sparen« greift deshalb zu kurz. Vor allem können Sie sich von ihnen abschauen, wie Sie Vermögen strategisch aufbauen und auf erfüllende Weise investieren.

Identifizieren Sie Anflüge von Money-Shame. Wer mit Familienregeln aufgewachsen ist wie »Über Geld spricht man nicht« oder »Man muss nicht alles haben«, bleibt davon nicht unberührt. Das Gleiche gilt für Meinungsäußerungen, wie beispielsweise jemand bekäme den Kragen nicht voll oder man könne Geld nicht mit ins Grab nehmen. Sollten Sie verinnerlicht haben, Geld sei nicht so wichtig, ungerecht verteilt oder sogar irgendwie unanständig, werden Sie auch weniger systematisch danach streben.

Schreiben Sie Glaubenssätze um. Fragen Sie sich, wie in Ihrer Familie über Geld geredet wurde. Stimmen die vererbten Überzeugungen noch mit Ihrem heutigen Empfinden überein? Was ist das Beste, was Geld Ihnen ermöglicht hat? Was wäre anders gelaufen, wenn Ihre Eltern wohlhabender gewesen wären? Was würden Sie verwirklichen, wenn Sie genug Geld auf der hohen Kante hätten? Welche inzwischen überholten Denkmuster möchten Sie aktualisieren? Sie müssen dafür nicht alles auf den Kopf stellen, was Sie über Geld zu wissen glauben. Schon kleine Verschiebungen verändern das Money-Mindset: Es liegt ein Unterschied darin, ob Sie denken »Geld verdirbt den Charakter« oder »Geld verrät den Charakter«.

Machen Sie sich klar, was Ihre Arbeit wert ist. Statusärmere kennen es nicht anders: Das Einkommen hängt davon ab, wie lange man für etwas arbeitet. Vermögende rechnen anders: Mehr als die aufgewendete Zeit zählt der erwirtschaftete Wert. Ein Profifußballer zum Beispiel wird nicht dafür bezahlt, dass er neunzig Minuten kickt. In seinen Marktwert fließen seine Zukunftsperspektiven ein, seine Gefragtheit und wie gut sich T-Shirts mit seinem Namen verkaufen. Für Ihren eigenen Finanzerfolg können Sie daraus ablesen: Die Arbeitszeit stellt bei Gehaltsverhandlungen und Preisfestsetzungen nur ein Kriterium dar. Je weiter Sie aufsteigen, desto mehr bestimmen Ihre Ergebnisse die Einkommenschancen. Welchen Wert schöpfen Sie mit Ihrem Können für Ihr Unternehmen, Ihre Kunden, Ihr Publikum oder sogar die Gesellschaft als Ganzes *in deren Augen?*

Lassen Sie sich von Sinn und Spaß nicht (zu sehr) blenden. Forschungen der Wissenschaftlerin Rhia Catapano von der Universität in Toronto förderten zutage: Aufsteigerinnen und Aufsteiger legen mehr Wert als wohlhabend Geborene darauf, dass sie im Beruf Sinn und Freude empfinden. Der Anspruch ehrt, hat aber einen Nachteil: Anders als vermutet behindert er große finanzielle Erfolge eher, als sie zu fördern. Studien bei Gründern zeigen: Am solidesten wirtschaften diejenigen Gründerinnen und Gründer, die primär nach Status und Einkommen trachten. Gründer, denen es vorrangig um Innovation, Sinn oder Unabhängigkeit geht, schneiden signifikant weniger erfolgreich ab.[3]

Stellen Sie sich die Frage: Wie verdiene ich damit Geld? Wenn Sie es ohne Erbe zu ansehnlichem Wohlstand bringen möchten, empfiehlt es sich, bei der Berufswahl genau hinzuschauen. In den Geisteswissenschaften, den Sozialwissenschaften, der Kunst oder den Medien werden die wenigsten ohne ein außerordentliches Talent und einflussreiche Verbindungen reich. Die Gegenwartskünstler Gerhard Richter und Georg Baselitz stehen zwar auf der Liste der tausend reichsten Deutschen, und Stephen King und Joanne K. Rowling haben mit ihren Büchern viele Millionen erschrieben. Mit deutlich größerer Wahrscheinlichkeit verdienen Sie aber in den harten Branchen und klassischen Professionen ein Vermögen: IT, BWL, Medizin, Management, Fluglotse, Pilotin, Partnerschaft in einer Großkanzlei. Die höchsten Gehälter zahlen Unternehmen mit mehr als 1000 Mitarbeitern. Auch die Handwerksbranche boomt und bietet solide und sichere Wohlstandschancen.

Denken Sie darüber nach, sich selbstständig zu machen. Nur knapp ein Viertel der Millionäre und Millionärinnen in Deutschland arbeiten in einer Angestelltenposition, drei Viertel wirtschaften auf eigene Rechnung. Ein Spitzeneinkommen erzielen Sie also statistisch am besten im eigenen Betrieb oder Unternehmen. Zugleich steht außer Frage: Ein Business zu starten, birgt höhere Risiken als die Festanstellung mit Homeoffice-Regelung und unbefristetem Arbeitsvertrag. Nichts garantiert Freiberuflerinnen und Gründern, dass die Rechnung aufgeht, und längst nicht jede Geschäftsidee hebt ab. Wenn es aber gelingt, gibt es nach oben keine Grenzen.

Mehren Sie Ihr Finanzwissen. Die Studie »Finanzwissen in Deutschland« förderte zutage: Von den Bewohnern der Haushalte, die mit unter 1500 Euro im Monat auskommen, kennen sich nur 30 Prozent gut mit Finanzen aus. Bei den Bewohnern von Haushalten, die über mehr als 3 800 Euro verfügen, sind es fast 70 Prozent.[4] Daraus lässt sich ablesen: Aufsteigerinnen und Aufsteiger haben in der Kindheit gelernt, wie man Preise vergleicht, Schnäppchen jagt und unnötige Kosten vermeidet, aber nicht unbedingt, wie man aus Geld das meiste macht. Erwägen Sie deshalb, sich gezielt und regelmäßig mit dem Thema Finanzen zu befassen. Lesen Sie sich Wissen über Finanzprodukte an, Inflationsraten, Zinseszinseffekte, Risikoklassen, Fonds, Social Trading, Immobilien, ETFs, Gold. Verfolgen Sie den Aktienmarkt. Hören Sie Podcasts über Börsenpsychologie, Risikoabschätzung und Denkfehler beim Ausgeben und Investieren. Setzen Sie sich mit der Frage auseinander, was reich sein für Sie bedeutet, was Ihre größte Angst in Bezug auf Geld ist, welche Freiheiten Ihnen Besitz eröffnet, wie bei Ihnen zu Hause mit Geld umgegangen wurde, wie über Unternehmer und Managergehälter gesprochen wurde und ob man wirklich umso reicher ist, auf je mehr man verzichten kann.

Streben Sie nach möglichst großer finanzieller Unabhängigkeit. Wohlstand bemisst sich zwar nicht nur am Kontostand. Doch auf jeden Fall lässt Geld Sie ruhiger schlafen. In jedem Lebensbereich und jedem Lebensalter eröffnet es Möglichkeiten und puffert Unbilden ab. Verfolgen Sie deshalb Ihre finanzielle Unabhängigkeit genauso hartnäckig wie Bildungs- und Karriereziele. Idealerweise überlegen Sie mindestens einmal im Monat eine Maßnahme, wie Sie Ausgaben senken oder Einkommen steigern können. Je mehr Sie zurücklegen, je erfolgreicher Sie anlegen und investieren, desto mehr arbeitet Ihr Geld mit den Jahren für Sie, desto weniger müssen Sie für Ihr Geld arbeiten. Ausschließlich vom eigenen Vermögen können allerdings nur 1 Prozent der Deutschen leben.[5]

Investieren Sie in sich. Hat man kein Geld im Hintergrund, liegt der Gedanke nahe: Man schränkt sich ein und legt beiseite, so viel man kann. Das Verhalten ist sinnvoll. Achten Sie nur darauf, dass Sie am Ende nicht ärmer dastehen, als Sie müssen. Die beste Rendite erzielen Sie nämlich, wenn Sie in sich selbst investieren: Das Geld, das Sie für Bücher und Seminare ausgeben, zahlt sich ein Leben lang aus. Das Gleiche gilt für Erfahrungen, die Ihre Persönlichkeit stärken, Ihren Horizont erweitern, Ihren Geschmack verfeinern oder neue Ambitionen wecken. Es lohnt sich daher, das Budget gelegentlich für etwas auszureizen, was wie ein ultimativer Luxus erscheint, langfristig aber unbezahlbar ist.

Geld ist Zeit. *Do it yourself* genießt in der breiten Bevölkerung hohes Ansehen. Ob im Haushalt oder beim Hausbau, es ist verpönt, Geld für etwas auszugeben, was man ebenso gut selbst erledigen kann. Aufsteigerinnen und Aufsteiger zögern deshalb mehr als privilegiert Aufgewachsene, Dienstleistungen zuzukaufen. Natürlich spart Selbermachen Geld. Andererseits verschaffen Ihnen die Handwerker, der Putzservice oder das Essen vom Lieferdienst Freiräume. Sie ermöglichen Ihnen, das zu tun, was niemand besser kann als Sie: das Beste aus Ihrem Leben zu machen.

Kassensturz: Vielleicht sind Sie schon weiter, als Sie denken

Eine Umfrage der Bundesbank förderte Erstaunliches zutage: Nur 3 Prozent der Bürger ordnen sich selbst den reichsten 20 Prozent zu.[6] Wohlhabende Menschen realisieren also höchst selten, wie gut sie relativ gesehen gestellt sind. In Zahlen ausgedrückt:

Fast 17 Millionen Deutsche gehören dem wohlhabendsten Fünftel an. 16,5 Millionen sind sich dessen nicht bewusst.

Die Chancen stehen nicht schlecht, dass auch Sie zu dieser Gruppe der ahnungslos Vermögenden zählen. Das klingt zu schön, um wahr zu sein? Das habe ich zuerst auch gedacht. Die Zahlen sprechen aber eine andere Sprache: 2020 hat das Institut der deutschen Wirtschaft Köln entschlüsselt, mit welchem Haushaltsnettovermögen Sie in Ihrem Alter einer bestimmten Gesellschaftsschicht angehören.[7] Unter Haushaltsnettovermögen versteht man die Summe aller Vermögenswerte einschließlich dem selbstgenutzten Wohneigentum abzüglich aller Verbindlichkeiten, also Hypotheken-, Haus-, Konsum- und Ausbildungskredite. Um im reichsten Fünftel mitzuspielen, brauchen Sie als Paar mit oder ohne Kinder:

- mit 30 ein Haushaltsnettovermögen ab 75 000 Euro,
- mit 40 ab 300 000 Euro und
- mit 55 ab 400 000 Euro.

Zu den obersten 10 Prozent gehören Sie, wenn Sie mit 30 in einem Haushalt leben, der über mehr als 200 000 Euro netto verfügt. Mit 40 liegt die Schwelle bei knapp 450 000 Euro und mit 55 bei gut 625 000 Euro. Am stärksten in den obersten 10 Prozent vertreten ist die Altersgruppe zwischen 55 und 59 Jahren.

Wie schätzen Sie die genannten Summen ein? Können Sie von so viel Reichtum nur träumen, haben Sie die Schwellenwerte schon fast erreicht, oder liegen Sie sogar deutlich darüber? Verrücken die Zahlen Ihre Selbsteinschätzung, oder bestätigen Sie sie? Mich versetzen sie immer wieder aufs Neue in Erstaunen: Wie es scheint, bin ich weiter, als ich denke. Auch wenn ich es nicht glauben kann, stehe ich nicht nur beim Bildungskapital, sondern auch finanziell trotz eines wenig marktgängigen Studiums ganz ordentlich da. Und trotzdem. Irgendwie stelle ich mir unter Reichtum etwas anderes vor, als dass mein Griff automatisch zu den Bioeiern geht und ein mittelteures E-Bike drin ist, ohne dass ich dafür groß sparen muss. Mein Gefühl spiegelt wider, was die meisten empfinden, die einen vorderen Platz in der gesellschaftlichen Rangordnung einnehmen: Reich sind immer die anderen. Natürlich kann man nicht klagen, wenn man dem 75sten bis knapp unter dem 99sten Perzentil der Menschen angehört, die das Deutsche Institut für Wirtschaftsforschung (DIW) als »wohlhabend« einstuft und deren Nettovermögen von 126 000 Euro bis unter 1 Million Euro reicht.[8] Doch ist man deshalb reich? Relativ: ja. Absolut: nein.

»Als reich würde ich mich nicht empfinden«, sagte Olaf Scholz, als er noch Bundesfinanzminister war.[9] Ein Blick in die *Forbes*-Liste der tausend reichsten Deutschen gibt Aufschluss, warum selbst der erste Mann vom Fach seinen Wohlstand unterschätzte. Die Namen, Zahlen und Rangfolgen darauf wechseln zwar, aber so in etwa sieht die Größenordnung aus: Als der reichste oder jedenfalls einer der reichsten Deutschen gilt im Moment der Lidl-Gründer Dieter Schwarz mit einem Vermögen von über 40 Milliarden Euro. Auf Platz 27 steht Biontech-Gründer Uğur Şahin mit gut 4 Milliarden.[10] Der Inhaber von Platz 1 000 liegt mit 15 Millionen Euro schon weit abgeschlagen dahinter. 1,5 Prozent der Deutschen gehören der Gruppe der Millionärinnen und Millionäre an. Sie besitzen im Durchschnitt ein Nettovermögen von etwa 3 Millionen Euro.

Guter Platz im Leben hin, gesellschaftliche Position her: Die Vermögen konzentrieren sich in Deutschland auf die obersten 1,5 Prozent. Nur diese winzige Gesellschaftsgruppe ist reich wie im Märchen. Nur hier findet sich, was wir landläufig mit Reichtum assoziieren: Luxusimmobilien, Privatflugzeuge, Kunstsammlungen, Stiftungen und vor allem: die finanzielle Freiheit, ausschließlich von Kapitaleinkünften leben zu können, wenn man es denn will. Alle anderen in den oberen 10 oder 20 Prozent der Gesellschaft wirtschaften im Vergleich dazu bodenständig. Zwar wirken sie von weiter unten betrachtet bemerkenswert abgesichert und bevorzugt. Selbst nehmen Normal-Wohlhabende ihre Finanzkraft anders wahr, und vollkommen daneben liegen sie nicht: Trotz aller Anstrengung, trotz allem Erfolg, trotz eines wirklich guten Auskommens stehen selbst sehr gut situierte Besserverdiener finanziell den Allerärmsten viel, viel näher als den Allerreichsten. Kulturell verhält es sich umgekehrt.

UND JETZT?

Haben Sie sich schon einmal bewusst gemacht: Wenn Bill Gates 1,2 Millionen Dollar ausgibt, ist das relativ zu seinem Vermögen so viel, wie wenn ein Durchschnittsamerikaner 1 Dollar in die Parkuhr wirft. Diesen Vergleich zog die amerikanische Journalistin Katie Warren auf der Business-Plattform Insider.[11] Die Unwucht zwischen superreich und total normal offenbart: Egal, wie hoch Sie steigen, die Wahrscheinlichkeit, dass Sie irgendwann auch nur annähernd an die finanzielle Situation der reichsten Menschen der Welt heranreichen, geht gegen null. So gut und angenehm es sich auf einem der vorderen Plätze des Lebens lebt, auch dort baden die wenigsten in Geld wie Onkel Dagobert. Alle anderen stehen vor der Herausforderung, die finanziellen Unterschiede zwischen Wohlstand, Reichtum und Superreichtum sportlich zu nehmen. Ab einem gewissen Schwellenwert entsteht Zugehörigkeit nämlich nicht mehr durch Geld, sondern durch das Selbstbild und den Habitus: zu welchen Themen man sich zu äußern weiß, welches Bild man abgibt und auch wie unbefangen man sich mit Menschen freuen kann, die so viel mehr haben als man selbst.

17

GEHEN SIE IN FÜHRUNG

Als Spitze gilt, wer an ihr steht

Kajaks. Segelboote. Frachtkähne. Ein Kreuzfahrtschiff. Kanadier. SUPs. Ich sitze am Fluss, Schiffe ziehen vorbei und meine Gedanken ziehen mit. Zwar kann ich weder segeln, noch habe ich einen Bootsführerschein. Doch ich weiß: In meinem Leben, da will ich Eignerin und Steuerfrau sein, das Ruder führen, den Kurs bestimmen und den Wind in den Haaren spüren. Auf welchem Schiff ich fahre, ist mir nicht egal. Natürlich nicht. Doch wenn ich wählen müsste, würde ich lieber als Einhandseglerin unterwegs sein, als auf einer Luxusyacht als Crewmitglied anzuheuern. Weniges hat sich daher subjektiv so richtig für mich angefühlt, wie vom sicheren Arbeitsplatz im Konzern in die berufliche Selbstständigkeit zu wechseln. Was von beidem objektiv den höheren Status einträgt, hängt vom Einzelfall ab und lässt sich nicht pauschal beantworten. Eines ist allerdings sicher: Wer in welcher Form auch immer in Führung geht, verbessert seine Position im Feld.

Denn Verantwortung zu übernehmen, sei es als Leader, als Managerin, als Unternehmer, Meinungsführer oder im One-Woman-Büro, zahlt sich nicht nur in Geld und Ansehen aus. Es erweitert obendrein die Handlungsspielräume, verleiht Sichtbarkeit und stärkt das Selbstbewusstsein. Erbinnen und Erben braucht man diesen Zusammenhang nicht zu erläutern. Führung und Leadership gehören zu ihrem Lebenskonzept wie Abitur und Avocado-Toast. Aufsteigerinnen und Aufsteiger kommen oftmals lange nicht auf die Idee, nach Führung zu greifen, und wenn doch, fühlen sie sich ihr erst gewachsen, wenn sie glauben, alle Voraussetzungen dafür beisammenzuhaben: die inhaltliche Kompetenz, den Habitus, den Überblick, die Autorität. Die

Einstellung ehrt Sie. Es wäre aber keine kluge Idee, ihr gedankenlos zu folgen.

Mehr Sichtbarkeit gewinnen

Ganz ehrlich? Welcher Spieler beeindruckt Sie bei einem Fußballmatch am meisten? Der, der am fleißigsten läuft? Der die elegantesten Pässe schießt? Der Trainer, der von der Bank aus motiviert? Oder doch der Kicker, dem der Siegestreffer gelingt? Ob Traumschuss oder Zufallstor, vermutlich ist es sein Name, der sich ins Fangedächtnis brennt. In anderen Lebensbereichen verhält es sich ähnlich. Schon in der Schule kennt die Direktorin nur wenige Kinder persönlich, die Schülersprecher aber auf jeden Fall. Später krallt sich in die Erinnerung der Name des CEO, der Projektverantwortlichen, des Gründers, des Erfinders, der Hauptdarstellerin, der Top-Influencerin, des einen Golfers, der sich mit dem entscheidenden Putt in die Annalen des Ryder-Cup einschreibt. Im Licht unserer Aufmerksamkeit stehen die Menschen, die herausragen. Die an der Spitze stehen oder sich dorthin setzen, sich zum Sprecher machen, die Initiative ergreifen, in Leitungspositionen berufen werden, Einmaliges wagen, in den sozialen Medien ihre Stimme erheben, ihr Feld anführen oder etwas als Erste erreichen. Von der Mannschaft an ihrer Seite bewirken manche genauso viel oder vielleicht sogar mehr.

Sie bekommen aber selten das gelbe Trikot überreicht.

»Erfolg wird immer denen oben in der Hierarchie zugesprochen – egal von wo sie gestartet sind«, twittert der Unternehmer und Politikberater Erik Flügge unter dem Hashtag #Arbeiterkind.[1] Das ist so. Leitung und Status, Führung und Aufstieg, Verantwortung und Vorankommen bedingen einander zwar nicht, liegen aber dicht beisammen. Jedes Mal, wenn Sie formell und informell in Führung gehen, erhöhen Sie Ihren Bekanntheitsgrad, erweitern Sie Ihre Handlungsspielräume, stärken Sie Ihre Persönlichkeit, erschließen Sie sich weiterführende Ressourcen: Mitarbeiter, Kontakte, Plattformen, Budgets. Zudem drückt sich Leadership oft in klingenden Titeln aus: CEO, Geschäftsführerin, Inhaberin, Projektleiter, Präsident, Associate Partner, Stationsleiterin, Co-Gründer, Vice President. Aber auch informelle Führung schlägt sich in Worten nieder: die Klima-Ikone, der Sprachpapst, der Managementguru, die Diversity-Flüsterin. Man mag Jobtitel, akademische Würden und mediale Zuschreibungen für Verbalakrobatik halten. Doch wer sie hat, verfügt über ein wertvolles symbolisches Kapital:

> **Selbst Titel ohne Mittel, wie etwa der eines Lions Past District Governor, zeugen von einer herausgehobenen Position.**

Titel aller Arten verleihen Autorität und charakterisieren Sie als Persönlichkeit, mit der zu rechnen ist. Sie müssen dafür Ihre Aufgaben und Kompetenzen, Ihre Verantwortung und Vergütung nicht einmal an die große Glocke hängen. Im Gegenteil. Dank einer Leitungsfunktion oder Spitzenposition treten Sie ohne weiteres Zutun in Erscheinung. Die fast unmerkliche Wirkung von Titeln, Jobbezeichnungen und Ehrungen beruht darauf, dass Menschen beim Denken gern Ressourcen sparen: Trägt jemand einen Eindruck machenden Titel, ist er oder sie nicht irgendwer, sondern bekommt einen Vertrauensvorschuss gewährt. Wie ein Akkustaubsauger, der von der Stiftung Warentest zum Testsieger gekürt wurde.

Was Sie dafür brauchen? In meinem Fall ist es der Doktortitel, der mir hilft, anderen etwas vorauszuhaben. Er hat mir einige Jahre angestrengter Arbeit abverlangt. Dafür ist er das wohl wichtigste symbolische Kapital, das ich besitze. Zwei Buchstaben und ein Punkt tragen dazu bei, dass sich manche Türen öffnen, ohne dass ich dafür Klinken putzen muss. Natürlich kann sich die gleiche und größere Art von Prestige und Reputation auch aus anderen Quellen speisen: In Ihrem Fall ist es vielleicht die Managerposition, die Pionierleistung, das eigene Geschäft, der hochkarätige Kundenstamm, ein wichtiger Preis, ein angesehenes Ehrenamt, eine große Sportkarriere, Ihre Veröffentlichungsliste, Ihre Sternebewertung, Ihre Reichweite auf YouTube oder eine beeindruckende Zahl von Followern. Alles davon hebt sie heraus und trägt Ihnen den Zugang zu noch anspruchsvolleren Aufgaben, renommierteren Aufträgen oder höheren Ehren ein.

Früh übt sich, wer in Führung geht

Führung. Verantwortung. Leadership. Wenn der Großvater keine Kanzlei führt, Mama keine Geschäftsreisen macht und Papa seinen Chef nicht abkann, sind diese Begriffe von der eigenen Lebenswirklichkeit so weit entfernt wie Berlin-Wedding von Berlin-Charlottenburg. Sie lassen an holzgetäfelte Büros denken, Dienstlimousinen, Nadelstreifen und den Wirtschaftsteil der *F.A.Z.*, auch wenn sich viele dieser Erfolgsinsignien bereits überlebt haben. Für sich selbst zöge man vielleicht eine Existenzgründung in der Garage in Betracht, wenn es denn eine gäbe und die Eltern nicht so dringend zu einem sicheren Job raten würden.

Tatsächlich beginnt Führung viel kleiner: Kurt, der in der Oberstufe eine Reihe hinter mir saß, war unser Klassensprecher und dreißig Jahre später der Oberbürgermeister meiner Heimatstadt. Die Juristin und Gründerin der Aufsteiger GmbH, Stefanie Mattes, führte die Kinderschar in ihrem Dorf als »Bandenführerin« an. Peter, der heute mein Schwager ist, war mit elf von Agentenfilmen und Super-8-Kameras fasziniert. Mit endloser Zähigkeit gewann er Freunde und Geschwister als Drehbuchschreiber, Schauspielerinnen und Kameraleute und produzierte seine eigenen Action-Filme. Heute zählt seine Firma zu den international führenden Herstellern und Verleihern von Filmtechnik.

Die Beispiele zeigen: Man gelangt nicht wie aus dem Nichts in führende Positionen, sondern wächst an kleinen und kleinsten Verantwortlichkeiten. Am meisten sind sich dessen die oberen Schichten bewusst. Eine Forschungsgruppe rund um die Professorin für Leadership Krista M. Soria legte Zahlen vor: Studierende, deren Eltern unter 20 000 Dollar im Jahr verdienten, engagierten sich um 28 Prozent seltener als Studierendenvertreter oder Mannschaftskapitäninnen als Altersgenossen, deren Eltern über 100 000 Dollar im Jahr erwirtschafteten. Studierende aus Haushalten mit einem Einkommen zwischen 20 000 und 50 000 Dollar lagen um 17 Prozent hinter den topsituierten Kommilitonen zurück. Die Unterschiede sind nicht gigantisch, aber signifikant. Studentinnen und Studenten aus wohlhabendem Haus gehen am häufigsten in Führung, mit allen positiven Folgen für die Sozialkompetenz und den Lebenslauf. Weniger gut betuchte Studierende konzentrieren ihre Energie stärker auf Noten und Credit-Points. Die Notwendigkeit, Geld zu verdienen, ist dafür nur ein Grund. Ein zweiter liegt in der Ehrfurcht vor Leitungsrollen und vergleichsweise banalen Unsicherheiten im Umgang mit Menschen: »wie man mit Fremden spricht, ihnen die Hand drückt und in die Augen schaut.«[2]

Weil sie es nicht anders kennen, tappen Aufsteigerinnen und Aufsteiger immer wieder in die gleiche Falle: Sie denken, vor der Leitung käme die fachliche Leistung.

Die Fehleinschätzung lässt sie die ersten, unscheinbaren Schritte in Richtung Führung verpassen. Vielleicht haben Sie es selbst erlebt: Als Sie sich für größere Aufgaben bereit fühlten, waren die anderen Ihnen schon vorausgeeilt, in der Erfahrung, der Entscheidungsfreudigkeit, dem Fingerspitzengefühl, der Strahlkraft. Entsprechend früh nahmen sie die ersten Stufen der Karriereleiter. Wo auch heute eine Führungsposition eben doch mehr gilt als eine ebenso anspruchsvolle Spezialistenstelle. Oder wie es auf dem Karriereportal jobkomm.de steht: »Die Leitungsfunktion ist oftmals die wichtigste Karriereoption, die ein Unternehmen seinen Mitarbeitern anbieten kann.«[3]

Wenn Sie schon genau dort sind, wo Sie sein wollen, braucht Sie diese Einschätzung nicht zu interessieren. Wenn nicht, dann lautet mein Appell an Sie: Unterschätzen Sie bei aller Begeisterung für die Inhalte, das Fachliche oder eine vernünftige Work-Life-Balance nicht den Respekt, den Führungsaufgaben eintragen. Leitungspositionen und unternehmerische Verantwortung sind ebenso wie akademische Titel mehr als schmückende Rangabzeichen. Sie heben Sie aus der Masse heraus.

Von Anfang an die Weichen stellen

Wenn Sie je mit einer Katze zum Tierarzt mussten, wissen Sie: Hauptsache, man bekommt sie zu fassen und kriegt sie rein in den Katzenkorb. Ist die Klappe zu, folgt alles Weitere fast von allein, sofern man sich von Protest nicht beirren lässt. Will man in Führung gehen, ist es genauso: Die größte Herausforderung besteht darin, einen Zipfel davon zu erhaschen. Reden wir deshalb nicht über die Schaltstellen der Macht und wie Sie es in den Vorstand schaffen. Wenn Sie darüber nachdenken, haben Sie sich längst etabliert und kennen die Aufstiegsmodelle selbst am besten. Reden wir über das Fundament. Wenden wir uns der Frage zu, wie Sie überhaupt die Voraussetzungen legen, für eine Führungsposition infrage zu kommen. Was können Sie tun, um Führungswillen zu zeigen und Leadership-Qualitäten zu entwickeln, obwohl es in Ihrer Familie keine Vorbilder für eine solche Rolle gibt? Mein Tipp ist: Fangen Sie klein an, nutzen Sie Chancen und vor allem: Tun Sie Ihre Lust auf Führung kund.

Einfach mal anfangen: Um in Führung zu gehen, brauchen Sie zunächst keine Führungsposition. Viel wichtiger ist es, dass Sie sich das Skillset einer Führungskraft aneignen. Was sind denn typische Managementaufgaben? Unter Unsicherheit entscheiden, Konflikte lösen, Abläufe organisieren, Trends aufspüren, Ziele formulieren, das Team repräsentieren, Ideen zusammenführen, das große Ganze im Blick haben und vor allem und immer wieder: mit Menschen umgehen. Genau darin üben Sie sich bei jeder sich bietenden Gelegenheit: in der Studierendenvertretung, im Sportverein, in der Projektgruppe, bei der freiwilligen Feuerwehr. Die besten Leader, sagt der Managementberater, Bestsellerautor und TED-Speaker Simon Sinek, sind die, denen wir folgen, »nicht weil wir es müssen, sondern weil wir es wollen«.[4] Mit Ihrem Engagement laufen Sie sich für höhere Aufgaben warm. Und ziemlich sicher fällt Ihre Initiative auch den Entscheiderinnen und Entscheidern der nächsthöheren Ebene auf.

Bälle annehmen: Der Einspringjob, die spezielle Weiterbildung, die Einladung zu einem hochkarätigen Vortrag, die stellvertretende Teamleitung, die Chance, an einer wissenschaftlichen Veröffentlichung mitzuarbeiten. Jedem von uns spielt das Schicksal Bälle zu, mit denen wir nicht rechnen. Selten sind sie identisch mit dem, was wir uns vorgestellt haben. Mit Blick auf das Hauptziel lassen wir solche Außenseiterchancen leicht an uns vorbeiziehen. Dafür kann es gute Gründe geben. Natürlich passt nicht jedes Angebot zu jeder Zeit, und fraglos macht es wenig Spaß, in Bamberg Assistent einer C-Level-Managerin zu werden, wenn man gerade in Brandenburg ein Haus renoviert. Schauen Sie aber, ehe Sie absagen, wenigstens genau hin. Wie viel setzen Sie gerade aufs Spiel? Bieten sich Ihnen vergleichbare Gelegenheiten wie Sand am Meer? Oder wollen Sie gerade etwas ausschlagen, was sehr wahrscheinlich einmal und nicht wieder kommt? Wenn es um den Weg nach oben geht, bietet mehr Verantwortung eine Steilvorlage. Stellen Sie deshalb sicher, dass nicht Ängste und Unlust Sie davon abhalten, den zugespielten Pass in einen Treffer zu verwandeln. Abgelehnte Chancen stoßen wohlmeinende Förderer vor den Kopf, und hat man eine Tür zugeworfen, geht ohne starkes Netzwerk nicht notwendigerweise eine andere auf.

Führungswillen kundtun: Die nächste Geschichte gibt mein Mann gern Absolventinnen und Absolventen mit auf den Weg. Sie ereignete sich, als er den Grundwehrdienst, der damals noch nicht freiwillig war, bei einem Musikkorps der Bundeswehr antrat. Der Auswahlprozess dafür war hart, und alle Neuen beherrschten ihr Instrument ziemlich erstklassig. Als sich das Sinfonieorchester zur ersten Probe traf, standen die neu ernannten Gefreiten unschlüssig herum. Nur einer nahm ohne Zögern Platz, stimmte seine Geige und saß fortan am Pult des Konzertmeisters. Zwölf Monate lang gab er dort den Ton an, führte die ersten Violinen und kam in der Hierarchie gleich nach dem Dirigenten. Übrigens unangefochten. Keiner machte ihm den eroberten Platz streitig. Vielleicht denken Sie jetzt: »Wie arrogant.« Oder: »Das kann man doch nicht machen.« Oder: »Ich würde nie so vorpreschen.« Doch. Wer Führung will, muss Führungswillen zeigen. Wenn Sie Ihre Bereitschaft, Verantwortung zu tragen, klipp und klar signalisieren, ist das ein kluger Zug. Nur: Wie stellt man das an? In den seltensten Fällen steht ja ein freier Stuhl herum.

Als Leader (m/w/d) wahrgenommen werden

Die amerikanischen Wissenschaftler Suzanne J. Peterson, Robin Abramson und R. K. Stutmandas bringen uns dem Geheimnis näher. In ihren Forschungsarbeiten identifizieren sie die sozialen Marker, mit denen Menschen in beruflichen Kontexten verbal und non-verbal ihren Status anzeigen. Die Signale fallen in zwei Kategorien: Durchsetzungskraft und Anziehungskraft. Keines der beiden Sets ist besser oder schlechter. Um als führungsstark wahrgenommen zu werden, kommt es darauf an, Elemente aus beiden sinnvoll zu verbinden.

Durchsetzungssignale erwecken den Eindruck von Kompetenz, Selbstvertrauen und Einfluss, aber auch von Arroganz und Dominanz. Typisch dafür sind Merkmale wie: sich zurücklehnen, mehr Abstand, ernster Gesichtsausdruck, Augenkontakt beim Sprechen, Unterbrechen, abrupte Themenwechsel, Unaufmerksamkeit, längere Redezeit, weniger Füllwörter, klare Artikulation, lautes Sprechen, ich-bezogene Sprache (ich, mich, mein). Durchsetzungssignale in Reinform senden Sie zum Beispiel, wenn Sie sich unaufgefordert setzen, jemandem auf die Schulter klopfen oder eine spannende Aufgabe an sich ziehen.

Anziehungssignale erwecken den Eindruck von Menschlichkeit, Nahbarkeit und Augenhöhe, aber auch von Unsicherheit und Unschlüssigkeit. Typisch dafür sind Merkmale wie: sich nach vorn beugen, weniger Abstand, freundlicher Gesichtsausdruck, Augenkontakt beim Zuhören, ausreden lassen, behutsame Themenwechsel, Aufmerksamkeit, kürzere Redebeiträge, mehr Füllwörter, verschliffene Artikulation, leises Sprechen, wir-bezogene Sprache (wir, uns). Pure Anziehungssignale senden Sie zum Beispiel, wenn Sie die Teamleistung betonen, jemanden umarmen oder Selbstzweifel sichtbar machen.

Die meisten Menschen verwenden Marker aus beiden Kategorien. Je nach deren Verteilung fällt ihr natürlicher Verhaltensstil in eine der folgenden fünf Kategorien:

durchsetzend | eher durchsetzend | gemischt | eher anziehend | anziehend

Anders als Sie vielleicht denken, zeichnen sich die Menschen, die als Leader wahrgenommen werden, nicht etwa durch betonte Durchsetzungsstärke aus. Sie bewegen sich in der Mitte des Spektrums und senden zu etwa gleichen Teilen Machtsignale und Attraktivitätssignale aus. Je nach Situation passen sie die verwendeten Marker unmerklich an ihre Absichten und ihr Gegenüber an, abhängig davon, ob sie etwa als respektierte Verhandlerin oder als reflektierter Welterklärer wahrgenommen werden möchten. Das gekonnte Jonglieren mit Anziehungs- und Durchsetzungskraft sagt wenig über die fachliche Kompetenz aus. Es suggeriert sie aber. »Ein großartiger Leadership-Stil lässt Menschen kompetenter erscheinen als sie sind«, resümieren die Wissenschaftler um Suzanne Peterson. »Ein schlechter Leadership-Auftritt bewirkt, dass selbst ausgewiesene Experten schlecht aussehen.«[5]

Das Forschungsteam leitet daraus die Empfehlung ab, das Spiel mit Anziehungs- und Durchsetzungssignalen zu trainieren und Statusgefälle gezielt zu steuern. Das gelingt am besten, wenn Sie sich angewöhnen, den Raum zu lesen, wie es in den USA heißt: »to read the room«. Welche Statussignale erhalten Sie von anderen? Entsprechend regeln Sie Ihr eigenes Statusverhalten herauf und herunter: Bei einem auftrumpfenden Gesprächspartner senden Sie ein, zwei Machtsignale mehr aus, als es sonst Ihre Art ist. Bei einem ruhig argumentierenden Gegenüber schalten Sie einen Gang zurück. Gleiches gilt, wenn Sie sich gezielt Respekt verschaffen oder umgekehrt bewusst Verbundenheit herstellen möchten: mit ein, zwei Durchsetzungs- beziehungsweise Anziehungssignalen mehr oder weniger steuern Sie subtil den Ton.

Wer Führung will, bekommt sie auch

Aktuell stammen 80 Prozent der Vorstandsvorsitzenden aus der Oberschicht, also ungefähr den obersten 5 Prozent der Gesellschaft. Was sie heraushebt, ist nach Aussage des Eliteforschers Michael Hartmann ihre natürliche Souveränität: »Dass sie signalisieren: ›Ich weiß, dass ich hier der Richtige bin‹ und entsprechend locker und selbstbewusst auftreten. Alles andere ist variabel, die Bedeutung des Allgemeinwissens zum Beispiel nimmt ab. Souveränität dagegen ist invariabel. Sie ist der Kern des Ganzen.«[6] Keine Frage: Der Habitus zählt viel und je höher die Position, desto mehr. Vergessen wir aber nicht:

Die Zeiten verändern sich massiv und mit Chefsesseln verhält es sich wie mit Diesel-SUVs: Viele wollen sie nicht mehr.

Die Boston Consulting Group (BCG) hat 5 000 Führungskräfte und Angestellte nach ihren beruflichen Ambitionen befragt. Heraus kam, was bis vor kurzem undenkbar schien: Führungsaufgaben stehen nicht mehr oben auf der Liste der Begehrlichkeiten. Nur 7 Prozent der Mitarbeitenden in Deutschland wollen in den nächsten 5 bis 10 Jahren eine Führungsposition übernehmen. Vor allem die 27- bis 41-Jährigen können sich zwar vorstellen, eine eigene Firma zu gründen, bekunden aber wenig Interesse an einer Kaminkarriere bei einem Arbeitgeber. Das heißt nicht, dass top ausgebildete, eloquente, weltläufige Millennials sich beruflich nicht einbringen möchten. Familie, Gesundheit, Freiheit und Freizeit stehen aber genauso hoch im Kurs. Macht ihnen die Geschichte keinen Strich durch die Rechnung, kann die voraussichtlich reichste Erbengeneration sich den Anspruch leisten. 40 Prozent der Altersgruppe rechnen laut einer Befragung mit ansehnlichen Erbschaften oder Schenkungen. »Man muss darauf hinweisen, dass die Millennials die wohlhabendste Generation sein wird, die wir je erlebt haben«, sagt Paul Donovan, der Chefökonom von UBS Wealth Management. »Wenn ich sterbe, werden meine Nichten das Vermögen erben, das ich angesammelt habe. Und dazu das Vermögen, das meine Eltern angesammelt haben.«[7]

Vielleicht können Sie von so viel Glück nur träumen. Wer schlechter startet, erbt auch seltener und weniger. Doch immerhin: Auf anderem Gebiet tun sich Chancen auf. Mit der Führungsunlust Ihrer Generation steigen Ihre Talente im Kurs. Plötzlich sind mehr richtig gute Plätze frei, als Interessenten dafür vorhanden sind. Den Rest besorgt der demografische Wandel: Die Generation der Babyboomer, die einen Großteil der Führungspositionen besetzt, verabschiedet sich demnächst in die nachberufliche Phase.[8] Dann werden nicht nur die Fachleute, sondern auch die Führungskräfte so rar wie gute Vorstadtgrundstücke. Trotz

Zeitwende stehen die Zeichen deshalb auf grün: Wenn Sie Führung anstreben, bekommen Sie sie wahrscheinlich auch.

Alle Achtung

Kennen Sie die Geschichte des talentierten Mr. Ripley? Der gleichnamige Film begeistert mich nicht nur wegen des Soundtracks, er eröffnet auch interessante Einblicke in den gesellschaftlichen Aufstieg. Aber fangen wir von vorne an: Der amerikanische Schiffsbauer Herbert Greenleaf bangt um sein Lebenswerk. Sein Sohn Dickie genießt in Italien das süße Leben und denkt nicht daran, Verantwortung in der elterlichen Firma zu schultern. In dieser verfahrenen Situation lernt Greenleaf Tom Ripley kennen, einen vermeintlichen Studienfreund seines Sohnes. Tom, gespielt von Matt Damon, schlägt sich als Pianist durchs Leben. In seinem linkischen Habitus verkörpert er das Gegenteil der Greenleafs. Doch der Unternehmer bewundert in ihm das strebsame Talent, das er bei seinem Sohn vermisst. Deshalb betraut er Tom, Dickie zur Rückkehr zu bewegen. Sein Glaube an ihn ist so groß, dass er auch dann noch an ihm festhält, als Tom sich als alles, nur nicht als vertrauenswürdiger Charakter erweist.

Wir alle fühlen uns zu Menschen hingezogen, die uns ähnlich sind. Deshalb gereicht es Bewerberinnen und Kandidaten zum Vorteil, wenn sie dem Milieu angehören, in dem sich auch die verantwortlichen Entscheiderinnen und Entscheider bewegen. Zugleich sind die wenigsten Menschen völlig eindimensional motiviert. Vermögende und Erfolgreiche betrachten sich als Leistungselite. Sie verstehen ihren Status in der Gesellschaft als direktes Ergebnis ihres Könnens und ihrer Ideen. Dieser Teil ihrer Selbsteinschätzung kommt Aufsteigerinnen und Aufsteigern zugute: Erfolgreiche Persönlichkeiten erkennen zwar in Menschen gleicher Herkunft etwas von ihrem jüngeren Ich. Dafür sehen sie in Aufsteigerinnen und Aufsteigern ihr Bild von sich selbst bestätigt. Die Tatkraft, die die Spitzenliga sich zuschreibt, den inneren Antrieb, die Zähigkeit – all das werfen Selfmade-Menschen überreichlich in die Waagschale. Mindestens in diesem einen Punkt übertreffen sie die

Töchter und Söhne sehr erfolgreicher Familien, die sich nie um Geld und Ansehen sorgen mussten.

Wenn Sie schon ein Stück des Aufstiegs zurückgelegt haben, wissen Sie selbst am besten: Niemand hat Sie hoch gepusht, gecoacht, gefördert. Der entscheidende Impuls, mehr aus sich zu machen, ist aus Ihnen selbst erwachsen.

Von klein auf haben Sie für Ihr Leben mehr Verantwortung übernommen als die meisten Menschen, die Sie kennen.

Schauen Sie sich doch einmal um: Wer es leichter hatte als Sie, folgt einfach den von den Eltern geebneten Pfaden. Wer es ähnlich schwer hatte, gibt oft den Umständen oder der Gesellschaft Schuld. Sie hingegen halten sich nicht mit Jammern auf: Sie bahnen Ihre Wege selbst, nehmen Ihr Schicksal in die Hand und gleichen aus, was das Geburtslotto Ihnen verwehrt hat. Seien Sie sicher: Ihre Selbstführung und Eigenverantwortlichkeit trägt Ihnen Respekt ein, auch wenn der Stallgeruch vielleicht nicht ganz optimal passt.

Nur selbst verderben dürfen Sie es nicht. Wenn es so weit ist, wenn Ihr Können auffällt und jemand Ihr Führungspotenzial sieht, bleiben Sie ruhig. Reden Sie nicht dagegen an. Nicht jeder Entscheider bringt einem zaudernden Neuling so viel Geduld entgegen wie Gott im Alten Testament dem Propheten Moses. Aus heutiger Sicht erzählt geht die Geschichte so: Gott erkürt Moses, das Volk Israel aus Ägypten in die Freiheit zu führen. Moses hält das Projekt für Wahnsinn und bringt alle möglichen Einwände gegen den unerwarteten Karrieresprung vor, unter anderem den, er sei für eine solche Aufgabe zu wenig kommunikativ. Doch Gott lässt nicht locker und zwingt Moses geradezu zu seinem Glück.[9] Sollten Sie in Moses etwas von sich selbst erkennen, machen Sie es demnächst besser: Bedanken Sie sich für die Chance, das Vertrauen, die Herausforderung oder wie auch immer Sie es formulieren wollen, und packen Sie es an. Aus eigener Erfahrung weiß ich: Entscheidend ist der Mut zum Sprung. Wenn Sie die Chuzpe dafür finden, findet sich auch alles andere. So erging es auch dem Moses. Er wuchs an seinen Aufgaben und ging als Befreier Israels in die Geschichte ein.

UND JETZT?

Manche Dinge ändern sich nie: Auch im Digitalzeitalter ermöglicht die Übernahme von Verantwortung die schnellsten Statuszuwächse, sei es in der Firmenhierarchie oder im eigenen Unternehmen. Setzen Sie die Entwicklung Ihrer Leader-Qualitäten deshalb, wenn Sie es bisher noch nicht getan haben, auf Ihre Agenda. Wenden Sie dafür ähnlich viel Zeit auf wie für Ihre fachliche Weiterbildung. Werden Sie sich über Ihre Stärken und Anliegen klar. Fragen Sie sich, ob Sie sich eher als Manager-, Gründer- oder Unternehmerpersönlichkeit sehen. Suchen Sie sich Rollenvorbilder, lesen Sie Wirtschaftsmagazine und Biografien über Führungspersönlichkeiten, hören Sie Management-Podcasts, erweitern Sie Ihre kommunikative Kompetenz, beschäftigen Sie sich mit der Philosophie von Führung, streben Sie die Aufnahme im Führungskräftenachwuchsprogramm an, arbeiten Sie an Ihrer Persönlichkeit, bauen Sie sich zum Meinungsführer auf, tun Sie Ihre Ziele kund. Und wenn Sie dann an der Spitze stehen, leben Sie vor: Führung dient nicht dazu, dass möglichst viele Menschen, über denen Sie stehen, unter Ihnen arbeiten. Die vornehmste Managementaufgabe besteht darin, mit Menschen für ein Ziel zusammenzuwirken.

18

KNACKEN SIE DIE INSIDER-CODES

Wie sich zeigt, dass Sie dazugehören

Kennen Sie das? Man trägt Führungsverantwortung, bringt sich im IHK-Ausschuss ein, ist zum Herbstgespräch eingeladen, gehört angesehenen Netzwerken an, spielt mit der Landrätin Tennis und wenn eine Schriftführerin gesucht wird oder ein Elternbeirat, kann man fast sicher sein: Der eigene Name ist einer der ersten, der fällt. Man weiß, man gilt viel. Trotzdem kommt man sich manchmal vor wie im falschen Film. Ein wenig ist es auch so. Erfolgreich Aufgestiegene finden sich auf Bühnen wieder, die sie erst seit kurzem kennen, und spielen dort mit, ohne noch vollkommen sicher im Text zu sein. In aller Regel stellen wir uns dabei dank Intelligenz und Beobachtungsgabe ziemlich gut an. Doch keine Frage: Einfacher wäre es zu wissen, an welchen unsichtbaren Bewertungskriterien Menschen mit hohem sozialen Status einander als gleichgestellt erkennen. Hier ist eine Aufstellung der großen Werte und kleinen Empfindlichkeiten, die das Selbstverständnis der oberen Zirkel prägen.

Familienstolz und -ehre

Herkunft, Abstammung, Nachfolge. Öfter als unten oder in der Mitte bedeutet Familie weiter oben eine Union von Gefühl und Geschäft. Besonders in Unternehmerfamilien gilt die paradoxe Verschmelzung, die der österreichische Dichter Adalbert Stifter zur Sprache brachte: »Die Familie ist die natürlichste, festeste und innigste Körperschaft.« Heute mutet der juristische Begriff der Körperschaft im Zusammenhang mit der emotionalsten Einheit der Gesellschaft seltsam an. Wenn Sie wie ich irgendwo in der traditionellen Mitte aufgewachsen sind, bedeutet Familie Liebe und Geborgenheit. Mutter, Vater, Kind 1, Kind 2, Bausparvertrag, Taschengeld und Haushaltskasse. Kinder sind für den Gefühlshaushalt wichtig, nicht aber um den materiellen Fortbestand oder die Ehre einer Dynastie zu sichern. In alteingesessenen Familien, Geschäftshaushalten, inhabergeführten Betrieben oder Ärzte- oder Verlegerdynastien hingegen ähneln die familiären Bande einer Art Körperschaft: einem auf Dauer angelegten Zusammenschluss von Personen, der einen überindividuellen Zweck verfolgt.[1] Auch in Ministerialverwaltungen oder bei reizvollen Stellen im Kulturbereich gibt es Erbhöfe.

Aus der Verbindung von Liebe und Kommerz erwachsen Privilegien und Dramen, die Aufsteigerinnen und Aufsteigern oft verborgen bleiben. Klar, dass es sich in Geschäfts- und Akademikerhaushalten in der Regel gut und sehr gut lebt, weiß jeder. Weniger bekannt ist, dass sich Status weiter oben an anderen Kriterien festmacht als unten und in der Mitte. Den Unterschied begann ich zu ahnen, als ich meine künftige Schwiegerfamilie kennen lernte. Mein Schwiegervater führte damals einen Maschinenbaubetrieb mit dreißig Mitarbeitern in der dritten Generation. Dessen Wohl und Wehe war ein Hauptthema bei jedem Familientreffen, und auch der erst am Anfang eigener Karrieren stehende Nachwuchs identifizierte sich vollkommen damit. Mit Befremden sah ich, wie mein Mann und seine Brüder ihr Selbstbewusstsein aus dem Lebenswerk der Eltern, Großeltern und Urgroßeltern bezogen. Dabei hatten sie doch, so erschien es mir, persönlich nichts zur elterlichen Firma beigetragen. Ich selbst unterschied ab dem Abitur genau zwischen dem, was ich aus eigener Anstrengung zuwege brachte, und dem, was ich den Zuwendungen meiner Eltern verdankte. Erst viel später wurde mir klar: Je höher der geerbte Status, desto selbstverständlicher setzen die Nachgeborenen auf den Besitz, die Verbindungen, die Wirkkraft und Souveränität ihrer Vorfahren auf. Wirft man einen Blick in die Liste der reichsten Deutschen, fällt auf: Wo sich die Vermögen ballen, wurden sie häufig von Generation zu Generation weitergereicht.

Der Zusammenhalt in gut situierten Familien ist deshalb nie nur Herzenssache. Er dient auch dem Erhalt und der Reproduktion von Status.

Die Interessen einzelner Familienmitglieder müssen dahinter zwar notfalls zurückstehen, etwa wenn es um Erbe und Nachfolge geht. Dafür dürfen sie sich als Teil einer Spitzenmannschaft verstehen, deren Glanz auf die Einzelnen abstrahlt. Auch wer nicht direkt in die Fußstapfen der Eltern tritt, setzt leichter unverwechselbare Zeichen, wenn die Rahmenbedingungen günstig sind. Und selbst wenn ein Familienmitglied selbst nichts Berühmtes auf die Beine stellt: Der gute Name verleiht Ansehen, der parkettsichere Auftritt macht Eindruck. Insolvenzen, Skandale, Status- und Wohlstandsverluste kommen zwar vor, ihre Folgen halten sich aber in Grenzen. Denn mehr denn je sichern gut gestellte Familien der nachfolgenden Generation jeden erdenklichen Startvorteil. Werden die Kinderbetreuungsplätze und Bildungschancen für alle hochwertiger, legen Wohlhabende einfach eine Schippe drauf: die internationale Schule, das Sommerferienprogramm des kunsthistorischen Museums, die Ivy-League-Uni, der Zugang zu Alumni-Netzwerken, Wirtschaftsbossen, Medien, Politik. Die Strategie geht auf. Die Wirtschaftswissenschaftler Guglielmo Barone und Sauro Mocetti weisen dies eindrücklich nach. Im Rahmen einer Studie haben sie sich Rang und Namen der Florentiner Bevölkerung ab dem Jahr 1427 angeschaut. Sie dürfen raten: Wie heißen heute die reichsten Familien von Florenz? Genau. Die Namen sind die gleichen wie im 15. Jahrhundert, als die Stadt der Medici das Zentrum der Künste und des Finanzwesens war.[2]

Aufsteigerinnen und Aufsteiger aus den unteren und mittleren Etagen der Gesellschaft bewegen sich im Vergleich zu Erbinnen und Erben als Einzelkämpfer und einsame Heldinnen durch die Welt. Anders als der Nachwuchs wohlhabender und oft weit verzweigter Familien machen sie sich aus eigener Kraft einen Namen. Doch auch wenn sie mit Talent und Bildung, Anstrengung und Innovation neue Gefilde erobern, hat sich die Sache mit der Herkunft nicht erledigt. Persönliche Leistung trägt in den oberen Kreisen zwar Achtung ein, erübrigt aber nicht die Frage nach den Wurzeln. »Ich habe Sie hier noch nie gesehen. Darf ich Sie fragen, wie Sie zu der Einladung kommen?«, fragte mich eine Gästin bei einem Neujahrsempfang der Stadt, bei dem ich tatsächlich zum ersten Mal dabei war. Ich staune immer wieder, mit welcher Direktheit sich Arrivierte und Angestammte der Vorgeschichte neu hinzukommender Menschen vergewissern. Inzwischen habe ich aber gelernt: Unergründlich zu lächeln oder unbehaglich zu schweigen, bringt nichts. Noch verfehlter wäre es, den eigenen Hintergrund großzureden. Die passende Reaktion liegt aber näher, als Sie vielleicht denken: Kommen Sie Nachfragen zuvor, und zeigen Sie von sich aus Familiensinn und Heimatnähe.

Reden Sie, wenn das Gespräch darauf kommt, aber auch sonst gelegentlich, zwanglos über Persönliches, Familiäres, Alltägliches.

Dabei geht es nicht um private Einblicke, detaillierte Angaben oder Umstände Ihrer Herkunft, die Ihnen bis heute zu schaffen machen. Lassen Sie einfach Dinge einfließen, wie dass der Kartoffelsalat Ihres Vaters an Weihnachten für Sie dazugehört, posten Sie auf Instagram ein Kinderfoto mit den Schwestern, reden Sie davon, dass Sie Tante geworden sind oder wie es war, als Sie sich als Schüler Ihr Taschengeld mit Zeitungsaustragen verdient haben. Am meisten befreit es, wenn Sie unumwunden zu Ihrer Herkunft stehen. Martina Voss-Tecklenburg, die Bundestrainerin der deutschen Frauen-Fußball-Nationalmannschaft, macht es vor: »Mein Vater hat bei Thyssen in Wechselschicht gearbeitet und sich dazu noch etwas in einer Gärtnerei verdient. Und Mama hat neben der Erziehung noch in einem Kindergarten geputzt. Alles war gut organisiert, und es gab feste Regeln für mich und meine vier Geschwister. Aber wir sind auch schon mal ausgebrochen.«[3]

Sie bestimmen das Narrativ. Wenn Sie selbst mit Ihrer Herkunft im Reinen sind, werden auch andere Menschen Sie so sehen. Nur eines darf nicht passieren: Vermeiden Sie den Eindruck, Sie hätten keine Wurzeln. Familie, schwarze Schafe eingeschlossen, steht in statushohen Gruppen für Erdung und Dynastie – ein Wort übrigens, das seinem griechischen Ursprung nach nichts anderes als Macht und Herrschaft bedeutet.[4]

Verdienst und Vorurteil

Sie hat in Berlin und Paris studiert, leitet ein Team mit zwanzig Leuten, hat stattlich geerbt, schickt die Jüngste in den Waldkindergarten und den Ältesten ins walisische Internat, liebäugelt mit einem eigenen Segelflugzeug und ist sich absolut sicher: Sie hat das gute Leben verdient. Warum auch nicht? Sie und ihr Mann arbeiten viel und auf höchstem Niveau, und jeder, der die Weichen sinnvoll stellt und sich so anstrengt wie sie, kann das Gleiche erreichen. Nun gut, vielleicht nicht ganz. Nicht jeder erbt ein Vermögen. Aber davon abgesehen? Jeder in Deutschland kann studieren und sich optimieren. Dafür braucht es nicht einmal ein Elitestudium. Jede regionale Hochschule liefert das Rüstzeug, Karriere zu machen, und hat nicht das Handwerk den goldensten Boden überhaupt?

Nur dass es sich so einfach nicht verhält. Definitiv leisten die oberen Prozent viel und manchmal Großes. Die wenigsten von ihnen ruhen sich auf ererbten Besitztümern aus. Viele führen die Erfolge der Eltern fort oder setzen sogar noch eins drauf. Studien zufolge arbeiten sie mehr Stunden als die Normalbevölkerung,[5] schaffen Arbeitsplätze, und ihre Ambitionen und Innovationen kommen uns als Gesellschaft zugute. Das alles ändert aber nichts an der Tatsache: Bei aller Eigenleistung ist unser Lebenserfolg vom Geburtslotto beeinflusst, vom Zugang zu Prestige und Macht, davon, wohin die Liebe fällt, und von dem kleinen Unterschied, ob die eigene Mutter mit dem Personalchef der Traumfirma verlinkedIn ist oder dort nach Büroschluss die Fußböden wischt. Damit sollte eigentlich klar sein:

> Persönlicher Erfolg ergibt sich nicht allein
> aus der Summe von Talent und Mühe.
> Die Addition stimmt erst, wenn man die
> »Zufälligkeiten des Lebens« miteinrechnet.

So nennt der politische Philosoph und Harvard-Professor Michael Sandel den Anteil, den Glück und Gnade in unserer Biografie spielen.[6] Statushohe blenden diese Komponente gern aus. Sie glauben fest daran, dass unsere Gesellschaft nach dem meritokratischen Prinzip funktioniert: Wer viel leistet, verdient viel, und hohe Fähigkeiten und Qualifikationen rechtfertigen steile Statusunterschiede. Weil die Spitzenliga in einem ungeheuer anstrengenden Umfeld agiert, sieht sie sich in dieser Einstellung Tag für Tag bestätigt. »Zur Oberschicht zu gehören, ist heute alles andere als ein Spaß«, gibt Sandel zu bedenken. Gerade Menschen, die sich bis zum Burnout verausgaben, sei es unmöglich, »Erfolg als etwas anderes zu betrachten als das Ergebnis ihres ganz individuellen Efforts und ihrer ganz persönlichen Leistung.«[7]

An der meritokratischen Illusion zu rütteln, lockt. Allerdings nehmen Ihnen die oberen Prozent nichts mehr übel, als wenn Sie durchklingen lassen, das Statusspiel sei manipuliert. Einen Gedanken sollten Sie deshalb besser nicht äußern, wenn Sie zur Spitze nicht nur aufschließen, sondern dort auch dazugehören möchten: Sie hätten sich alles selbst erarbeitet. So sehr die Aussage zutrifft, sie enthält einen Widerhaken: Ihr Gegenüber könnte den Eindruck gewinnen, Sie hielten sich für die einzige Person im Raum, die sich anstrengt und durchbeißt. Heißt das also, Sie stellen Ihre Leistung besser unter den Scheffel? Nein. Sprechen Sie gern über Ihren Hintergrund, Ihre Ziele, Ihre Lernerfahrungen und Stationen, die Menschen, denen Sie viel verdanken. Nur sparen Sie sich die trotzig-vorwurfsvolle Aussage, Ihnen sei nichts geschenkt worden. Egal, wie weit oben Menschen schon sind, genau wie Sie wünschen sie sich, dass ihr Platz in der Gesellschaft als das Ergebnis von Leistung und Tatkraft gesehen wird. Und nicht bloß als Folge irgendwelcher ungerechter Startvorteile.

Verantwortung und Unternehmergeist

Verantwortung tragen. Meinungen machen. Vorbild sein. In Unternehmer- und Akademikerkreisen gehört es zum Selbstverständnis, dass man in Führung geht, sei es im angestammten Beruf, sei es im Ehrenamt. Die Eigenwahrnehmung, die daraus resultiert, wird an den Nachwuchs weitergereicht. Dafür bedarf es keiner großen Worte: Wenn Manuels Mama tobt, hat wahrscheinlich ihre Chefin schon wieder den Dienstplan umgeschmissen. Max hingegen weiß: Mama ist die Chefin. Sie steuert das Projekt, findet Lösungen, hat eine Assistentin, und wenn

Max mal Fieber hat, organisiert sie sich so, dass sie die Strategiesitzung aus dem Homeoffice leitet.

Auch in Sachen Management und Leadership öffnet sich von klein auf die Schere. Kinder aus statushohen Familien erleben am Küchentisch, was Verantwortung bedeutet, werden ermutigt, sich zu artikulieren, und gehen früh selbst in Führung: als Schülersprecher, Oberministrantin, beim Young-Leaders-Symposium, als Kapitän beim Fußball, als Mitorganisatorin von Klimademos. Sie üben sich in Leadership, Entscheidungsfindung und überzeugender Kommunikation und greifen zuversichtlich nach Verantwortung und Macht. Wer dagegen damit groß wurde, dass die Eltern viel zu arbeiten, aber wenig zu melden hatten, begegnet Weisungen und Hierarchien mit deutlicher Skepsis.

> **Managerinnen und Chefs werden als Menschen wahrgenommen, die sich als etwas Besseres fühlen und die Leistung anderer missachten.**

»Ich weiß noch, wie wütend mich Geschichten meiner Eltern am Küchentisch gemacht haben«, erinnert sich Stefanie Mattes. »Über manche Ärzte, die meine Eltern trotz ihrer Erfahrung und Kompetenz nicht wertgeschätzt und das auch offen gezeigt haben. Ich habe ja gesehen, wie viel sie gearbeitet haben: Meine Mutter hat Nachtschichten gemacht, mein Vater Vollzeit gearbeitet.« Heute trägt Stefanie Mattes selbst Führungsverantwortung bei einem der beliebtesten Arbeitgeber des Landes. Die Eindrücke ihrer Kindheit fließen in ihren Managementstil ein: »Von meinen Eltern habe ich gelernt, wie wichtig Respekt und Integrität sind – genauso wie das Revoluzzer-Verhalten, wenn jemand schlecht behandelt wird.«

Diskretion und Understatement

Die soziologische Landschaft bei uns ist gut erforscht. Doch ein verpixelter Fleck auf der Landkarte bleibt: An der Spitze der Spitze können auch Soziologen und Reichenforscher nur Hypothesen anstellen. Denn die allerobersten Prozent der Gesellschaft leben zurückgezogen, fast unsichtbar. Wer in ihre Zirkel vordringt, kann beobachten und Rückschlüsse ziehen. Die ganze Wahrheit erfährt er nicht. Denn ja, es gibt ihn natürlich, den Lifestyle, den Menschen wie Sie und ich bloß ahnen, die Bussi-Gesellschaft, das Leben in Saus und Braus, die Privatflugzeuge und Juwelen, die Weine, die ein beliebig hohes Vielfaches von denen kosten, die man selbst so trinkt, die Privatbunker, die Infinity-Pools und die Gartenfeste, bei denen ein Clubfreund in kindlicher Freude zehnmal nacheinander das E-Verdeck seines Jaguar XK Cabrio auf- und zufahren lässt. Wo Wohlstand unter sich bleibt, wird er auch zelebriert, und nur zufällig Hinzugestoßenen wie der sehr geschätzten Rechtsberaterin des Gastgebers fällt auf, dass es einen gigantischen Unterschied macht, ob man am unteren Ende der reichsten 10 oder der reichsten 2 Prozent angesiedelt ist.

Wie im Film leben die meisten Reichen trotzdem nicht. Die wenigsten lassen es so krachen, wie Reichen-Dokus glauben machen. Dafür sehen sich große Teile der Oberschicht denn doch zu sehr als Mittelschicht. Mir ist völlig klar, dass die Golfpartnerin, die einer der bekannten Familien der Stadt angehört, über die Kosten ihres Porsche Cayenne so wenig nachdenkt wie ich über den Kauf einer Apple Watch. Natürlich erfasst sie, dass ich weniger gut situiert bin als sie. Ich zweifele allerdings, ob sie sich die Dimension des Unterschieds bewusst macht. Denn beim flüchtigen Hinsehen unterscheiden sich unsere Lebensformen nicht so sehr. Nach einer Golfrunde bei 28 Grad sieht jede Frisur verklebt aus, und ein weißes Poloshirt ist ein weißes Poloshirt. Wir unterhalten uns über eine neue Ausstellung, Dörfer der Provence und warum eine Nespresso-Maschine zwar an eine Siebträgermaschine nicht heranreicht, aber trotzdem Vorteile hat.

Aufgeklärter Reichtum gibt sich diskret. Auf jeden Fall nach außen hin. Kein Auftrumpfen, keine anstrengenden Ansprüche, keine Exzesse, kein Bling-Bling, nicht einmal unbedingt optische Perfektion. Wie Mittelschicht, bloß marginal besser. Eben so, wie es Lana Del Rey in ihrem Song *Old Money* anklingen lässt: »Cashmere, cologne and hot sunshine / Red racing cars, sunset and vine«. Nichts davon ist unerreichbar, sieht man vom roten Sportwagen ab, und selbst der lässt sich für überschaubares Geld leasen. Studien an der London Business School bestätigen die Erfahrung: Als Angeber im landläufigen Sinn zeigen sich nicht etwa Reiche, sondern vor allem Menschen, die ein hohes Geltungsbedürfnis haben und sich finanziell unterlegen oder sozial ausgebootet fühlen.[8] Menschen, die in sich ruhen, verzichten dagegen auf Statussignalisierung. Statt Klassenunterschiede für alle sichtbar zur Schau zu stellen, setzen sie auf Gegen-Signalisierung: also den bewussten Verzicht darauf. Hinter dem Verhalten steht keine falsche Bescheidenheit, sondern eine besonders effektive Art der Selbstdarstellung. Unterschwellig wird vermittelt: Ich bin so frei vom Urteil anderer, dass ich niemanden beeindrucken muss. So wenig oben Angekommene eine Handtasche mit auffälligem Logo tragen, so wenig tun sie sich mit ihren Job-Titles, vollen Auftragsbüchern und Forschungsarbeiten hervor, der Zahl ihrer Mitarbeiter, ihren Geheimtipps, ihren gelaufenen Kilometern, besuchten Restaurants, erhaltenen Ehrungen, namhaften Bekannten oder gar Goldbarren im Tresor.

Und wenn Sie klug sind, halten Sie es genauso.

Denn Sie sind ja schon drin. Bei den obersten x Prozent. Die Kreise, in denen Sie angekommen sind, sind Ihnen allenfalls noch ein wenig fremd. Wozu sollten Sie sich also extra aufspielen? »When in Rome do as the Romans do«, lautet ein englisches Sprichwort. Es bedeutet, dass man sich in einer fremden Umgebung am besten entsprechend der dortigen Angewohnheiten verhält. Freuen Sie sich also, dabei zu sein. Gehen Sie es entspannt an, zeigen Sie lächelnd Interesse, lassen Sie es sich gut gehen. Ansonsten gilt: Bloß kein Angeben, kein Namedropping, kein Dominanzgebaren. Oder wie es Andy Warhol plakativ formulierte: »Think rich, look poor.«

UND JETZT?

Eines Tages ist es so weit: Sie haben sich in die nächste Liga hochgespielt, vielleicht als Junior Professorin, Mitglied des Führungsteams oder Gründer eines boomenden Betriebs. Trotzdem werden Sie das Gefühl nicht los: Großer Erfolg müsste sich besser anfühlen. Das spüren Sie richtig, und dafür gibt es auch einen Grund:

Sie sind an einem Punkt angelangt, wo die erprobten Erfolgsmuster nicht mehr greifen – das Streben, Leisten und Sich-selbst-Darstellen. So etwas wie »Wenn ich es nicht anschieben würde, wäre unsere Firma bis heute nicht mit der Wissenschaft vernetzt« stört in den Ohren erfolgsgewisser Menschen die Harmonie.

Im neuen Umfeld kommt es darauf an, dass alle gut aussehen – nicht nur Sie. Dafür brauchen Sie ein paar neue rhetorische Pfeile im Köcher. Leiten Sie Sätze mit Worten ein wie: »Ich bewundere es, wenn …« oder »Es beschäftigt mich, wie …«. So gelangen Sie zu Formulierungen wie: »Ich sehe eine große Chance darin, wenn Wirtschaft und Wissenschaft voneinander lernen. Wie lösen Sie das in Ihrem Unternehmen?« Merken Sie den Unterschied? Ein gekonnter Dreh und aus Ihren Worten sprechen genau die Werte, mit denen sich die oberen Prozent identifizieren.

19

LASSEN SIE ES ENTSPANNT ANGEHEN

Total normal: Wer oben ankommt, gehört nicht automatisch gleich dazu

Vor ein paar Jahren bin ich zum ersten Mal den Jochberg hochgewandert. Der Anstieg durch den Wald stellt für erfahrene Berggänger sicher keine Herausforderung dar. Trotzdem war ich stolz auf mich, als ich die letzten felsigen Meter zum Aufstiegsgipfel geschafft hatte. Dann stand ich oben und verlor mich in der Aussicht auf Kochelsee, Herzogstand, Walchensee. Erst dann nahm ich wahr: Der Gipfelgrat war bis auf den letzten Platz mit fotografierenden, jausenden, sonnenden Menschen besetzt. Alle waren vor mir dagewesen, alle waren mit sich beschäftigt und nicht einer rückte freiwillig zur Seite. Ein bisschen enttäuscht suchte ich mir einen Platz unterhalb des Kamms.

Woher wir auch kommen, wie hoch wir auch steigen: Wenn wir den Zugang geschafft haben, sind wir am Ziel. Nur die Zugehörigkeit zur neuen Gruppe steht noch aus. Sie lässt sich schwer auf Knopfdruck erzeugen und fliegt uns nicht automatisch mit dem Erreichen des Gipfels, der errungenen Position, der gewachsenen Verantwortung zu. Durch diese Anspannung müssen wir als letzte Bewährungsprobe hindurch. Den einen fällt das schwerer als den anderen. Am Jochberg war es übrigens zum Schluss ganz leicht. »Komm doch hier hoch«, sagte einer aus einer Gruppe, die zum Abstieg aufbrach. »Hier oben in der Sonne sitzt du schöner.«

Vom Steilaufstieg zum Spitzentanz

Es ist wie verhext. Man ist, wo man hinwollte, legt los, mit allem, was man kann, fühlt sich auf Wolke sieben und, ehe man sich versieht, steht man knietief im Fettnapf. Michelle Obama erging es so, als sie für ihren Mann auf Stimmentour ging. Ohne jedes Medientraining sprach sie eloquent, frei und mit vollem Einsatz. Das kam anfangs gut an und nahm bald eine schlechte Wendung. Jemand schnitt ihre Rede zu einem Zehn-Sekunden-Clip zusammen und übrig blieb ein einziger Satz: »Zum ersten Mal, seit ich erwachsen bin, bin ich stolz auf mein Land.« Plötzlich stand das Bild einer Politikerehefrau im Raum, die ihr Land kleinredet. Michelle Obama trat einen Schritt zurück. Gemeinsam mit Wahlkampfberatern analysierte sie Videoaufzeichnungen ihrer Auftritte. Um der besseren Wirkung willen gewöhnte sie sich an, Intensität rauszunehmen, mehr zu lächeln und sich weniger in die Themen reinzuhängen, die sie bewegten. Wider Erwarten taten die Veränderungen nicht nur ihrem Image, sondern auch ihrer Seele gut: »Auf einmal fühlte ich mich wieder ganz leicht.«[1]

Leichtigkeit, das ist das Schlüsselwort. Oben angekommen haben die Bergstiefel ausgedient. Beim Aufstieg haben sie Ihnen geholfen, Höchstleistungen zu bringen, wegloses Gelände zu bewältigen, mitzuhalten, voranzukommen. Jetzt, auf der neuen Höhe, ändert sich die Gangart: Auf den Steilaufstieg folgt der Spitzentanz. In seiner Wirkung ist das Bewegungsmuster der neuen Lebensphase das Gegenteil des alten: elegant, leichtfüßig, schwerelos. Zwar bleiben die Anforderungen an Kondition, Konzentration und Koordination weiterhin hoch. Doch die Anstrengung darf jetzt nicht mehr sichtbar sein. Daraus ergibt sich als Handlungsempfehlung auf den letzten Gipfelmetern:

Lockerlassen. Tempo rausnehmen.
Ein bisschen fluffiger werden.
Und unbedingt: Ellenbogen einfahren.

Denn die, die schon da sind, haben zwar nichts gegen Sie. Sie warten aber so wenig auf Sie wie Sie im Flugzeug darauf, dass sich der Sitz neben Ihnen füllt. Klar macht man dem oder der Neuhinzukommenden Platz. Aber sicher geht es Ihnen wie mir: Angenehmer reist es sich auf nicht beengtem Raum.

Auch Götter sind nicht frei von Neid

Machen wir uns nichts vor: Die Plätze an der Spitze sind gezählt, und wer aufsteigt, verschiebt das soziale Gefüge. Entsprechend genau schauen Schon-immer-Dagewesene hin, ob neu Aufgestiegene ins Bild passen. Studien belegen: Das Verhalten tritt weiter oben stärker auf als weiter unten. Nirgendwo gibt es so viel In-Group-Bias, also die Bevorzugung der eigenen Gruppe, wie an der Spitze der Gesellschaft.[2] Das liegt daran, dass Personen mit dem höchsten Selbstwertgefühl am meisten zu verlieren haben, wenn Aufsteigende in ihre Gruppe drängen: Das Niveau könnte sinken, der eigene Platz in der Rangordnung wackeln, Aufmerksamkeit muss geteilt werden, womöglich dringen gehütete Informationen oder unsichtbare Verflechtungen nach außen. Kann es sein, dass es am Standesbewusstsein der Topliga liegt, wenn unsere Gesellschaft für Aufsteigende und Aufgestiegene bis heute kein einziges positives Wort gefunden hat?

Weder die Soziologie noch die Psychologie liefern darauf eine Antwort. Mehr Aufschluss gibt, wie oft, die Literatur. 1815 erschien der Roman *Emma* der britischen Schriftstellerin Jane Austen. Er erzählt von Emma Woodhouse, einer jungen Erbin, von der die Autorin sagte, vermutlich würde niemand außer ihr selbst sie mögen. Emma lebt mit ihrem Vater auf dem Landsitz Hartfield und fühlt sich als strahlender Mittelpunkt unter den ersten Familien am Ort. So begegnet sie auch Augusta Elton, einer der energischsten Aufsteigerinnen der Literaturgeschichte. Augusta zieht als Ehefrau des Ortsgeistlichen neu nach Highbury. Sie verfügt über ein beträchtliches eigenes, wenn auch nicht altes Vermögen und fühlt sich Emma ziemlich ebenbürtig. Zu ebenbürtig. Bei ihrem Antrittsbesuch bewundert sie Hartfield in den höchsten Tönen, zieht dabei aber unentwegt Vergleiche zum Anwesen ihres Schwagers: »Mein Schwager und meine Schwester werden von Ihrem Besitz begeistert sein. Leute, die selbst ausgedehnte Ländereien besitzen, sind immer begeistert, wenn etwas ihrem eigenen Stil entspricht.« Emma, die von vornherein gegen die Neue eingestellt war, stört sich an dem großspurigen Verhalten. Entsprechend fällt ihr Urteil aus: »Was für eine kleine gemeine Kletterpflanze.«[3]

Die Szenerie ist von gestern. Doch die soziale Dynamik kennen wir alle: Zwei erfolgreiche Personen rangeln um die Pole-Position. Die eine ist sich ihres Status von Geburt an gewiss und hat wenig Lust, neben sich Platz zu machen. Die andere muss die Zugehörigkeit zu den ersten Kreisen erst noch erobern und spürt, was jeder spürt, der Anschluss zur nächsthöheren Gruppe sucht: Wenn die Luft dünner wird, müssen Aufgestiegene sich auf eine abwartende Haltung einstellen. Selbst Abwehrhandlungen kommen vor.

Diesen Schluss zog auch der deutsche Philosoph Friedrich Nietzsche: Je mehr Menschen haben und sind, desto eifersüchtiger hüten sie ihren Status. Den »Neid der Götter« nannte er die Skepsis der Erfolgreichsten gegenüber Menschen, die wachsen und mehr erreichen, als ihre Herkunft vermuten lässt: »Innerhalb der gesellschaftlichen Rangordnung stellt dieser Neid die Forderung auf, dass ein jeder kein Verdienst über seinem Stande habe, auch dass sein Glück diesem gemäß sei und namentlich dass sein Selbstbewusstsein jenen Schranken nicht entwachse.«[4]

So verquer es auf weniger Privilegierte wirkt: Auch Arrivierte und Etablierte sind um ihren Status besorgt. Sie beobachten eifersüchtig, ob andere ihnen allzu forsch auf die Fersen oder gar die Pelle rücken. Zwar können Schon-immer-Dagewesene erfolgreich Aufgestiegenen schlecht Können und Besitz absprechen. Dafür haben sie bereits zu viel erreicht. Also nimmt man den Schliff der Neulinge in den Blick, die Souveränität, das soziale Geschick. Am Hier-komme-ich-Auftritt der Augustas glauben die Emmas dieser Welt zu erkennen, dass es fast Angekommenen halt doch am Feingespür fehlt. Irgendein kleiner oder großer Fauxpas findet sich immer, um die eigene Vorzugsposition zu rechtfertigen. Wie in allen Situationen, in denen man gut ankommen möchte, empfiehlt sich daher: nur kein Übereifer.

Zugehörigkeitssignale aussenden

Stellen Sie sich eine riesige Hollywoodschaukel vor. Alle anderen sitzen schon gemütlich drin, schwingen gemächlich hin und her, dösen, reden, lassen die Beine baumeln. Alles easy, alles gut. Dabei mittun zu dürfen, das wünschen Sie sich auch für sich, und tatsächlich: Ein, zwei Plätze sind noch frei. Was tun Sie? Vermutlich halten Sie weder die Schaukel an, noch warten Sie, dass einer der Schaukelnden das sacht schwingende Gebilde für Sie zum Stehen bringt. Erst recht schubsen Sie niemanden vom Sitz oder schwärmen von der grandiosen Liegefunktion der Schaukel, die Sie in Ihrem Garten aufgebaut haben. Sehr wahrscheinlich warten Sie ab, nutzen einen guten Moment, lassen sich leichthin nieder und schaukeln im Gleichtakt mit.

Genau auf diese Art entsteht Zugehörigkeit: unkompliziert, störungsfrei, informell. »Einschwingen und mitschwingen«, so definieren es Dorothea Assig und Dorothee Echter, die führenden Expertinnen, wenn es um die Zugehörigkeit zur Topliga geht. Einschwingen und mitschwingen. Nicht entern und kapern. Denn: »Dazugehören ist ein Gestaltungsprozess. Er sollte einfach sein – manchen fehlt aber das Repertoire dafür.« Für die Unbeholfenheit gibt es eine so einleuchtende wie tückische Ursache: »Lange Zeit führt ein Karriereweg über das fachliche Besser-Sein, das Rechthaben, das Sich-Beweisen. Menschen kommen damit sehr weit – nur nicht überall hin. Nicht ins Top-Management, nicht in relevante Führungspositionen und auch nicht zu diesen sagenhaften Gesprächen, in denen die Beteiligten sich in ihrer Größe sehen, gegenseitig spiegeln und unterstützen.«[5] Anders ausgedrückt: Zugehörigkeit lebt nicht vom Wettstreit, sie lebt von der gemeinsamen Erfolgsstimmung. Sie stellen Sie her, indem Sie anderen das gute Gefühl geben:

Wir stechen uns nicht aus, wir schwingen uns gemeinsam hoch. Zu noch mehr Erfolg, noch interessanteren Ideen, noch mehr Verbundenheit.

Diesen emotionalen Prozess können Sie durch lockere, freundliche Zeichen der Zugehörigkeit aktiv beeinflussen. Wichtig: Jedes Signal für sich wirkt so banal, dass es kaum der Rede wert zu sein scheint. Doch in der Summe entfalten sie eine enorme Kraft.

Abgrenzungssignale entfremden	Kreuzen Sie das Verhalten an, das am meisten auf Sie zutrifft	Zugehörigkeitssignale verbinden
Bevorzugt über eigene Inhalte und Themen sprechen	☐ ☐ ☐ ☐ ☐	Sich für Gesprächspartner und deren Themen interessieren
Eigene Erfolge herausstellen	☐ ☐ ☐ ☐ ☐	Erfolge anderer hervorheben,
Widersprechen, urteilen, sich rechtfertigen	☐ ☐ ☐ ☐ ☐	Unvoreingenommen zuhören, nachfragen, bedenken
Es meistens besser wissen	☐ ☐ ☐ ☐ ☐	Gern etwas dazulernen
Grenzen schroff setzen: »Lassen Sie mich ausreden.«	☐ ☐ ☐ ☐ ☐	Grenzen leichthin setzen: »Ich führ das mal zu Ende.«
Sagen, was nicht geht: »Wir müssen endlich wegkommen von der Idee …«	☐ ☐ ☐ ☐ ☐	Verbindende Ziele formulieren: »Wir haben jetzt die Chance, gemeinsam …«
Auf Fehler, Probleme, Misslungenes hinweisen	☐ ☐ ☐ ☐ ☐	Gelungenes aufwerten, Fehler übergehen
Ansprüche und Erwartungen stellen	☐ ☐ ☐ ☐ ☐	Wertschätzend und dankbar formulieren
Von Beziehungen profitieren wollen	☐ ☐ ☐ ☐ ☐	Beziehungen ohne Nutzenkalkül kultivieren
Die eigene Bedeutung betonen: »Die Zeit ist reif, dass die technischen Themen den gebührenden Raum erhalten.«	☐ ☐ ☐ ☐ ☐	Sich über eigene Erfolge freuen: »Ich freue mich wahnsinnig. Das ist genau die Stelle, die ich gesucht habe.«

Find dich gut, sonst tut es keiner

Ich bin mir sicher: Wenig in der Liste der Zugehörigkeitssignale hat Sie wirklich überrascht. Sehr wahrscheinlich senden Sie im bekannten Umfeld, unter Freunden und Kollegen, ganz von selbst viele Zugehörigkeitszeichen aus. Nur auf dem nächsthöheren Level bremst die Angst, wir könnten uns einerseits anbiedern und andererseits unter Wert verkaufen. Damit man uns keine Unsicherheit anmerkt, geben wir uns betont unangreifbar. Und spüren dabei selbst: Die Mischung aus äußerem Hochstatus und innerem Tiefstatus wirkt je nach Naturell zu forsch oder zu scheu und so oder so verkrampft. Dagegen hilft nur eines: Es muss mehr Selbstbewusstsein her.

Spätestens auf den letzten Metern des Aufstiegs brauchen Sie »the real thing«: ein Selbstbewusstsein, das von innen kommt.

Das Ihnen gehört und nicht bloß von anderen geschenkt oder verliehen wird. Erst wenn Sie sich über die Beachtung und Anerkennung anderer freuen, sie aber nicht brauchen, erzielen Sie die natürliche Wirkung, die Sie sich wünschen. Den wenigsten Aufsteigerinnen und Aufsteigern ist so viel innere Gewissheit in die Wiege gelegt. Trotz einer eigenen steilen Karriere haben sie großen Respekt vor dem neuen Umfeld und machen sich viele Gedanken, wie sie wohl auf von jeher erfolgsgewohnte Menschen wirken. Der Professor für Makrosoziologie Heinz Bude brachte es auf den Punkt: Mit dem zunehmenden Erfolg gehe eine »rieselnde Angst vor dem eigenen Ungeschick« einher.[6] Moderne Aufsteigerinnen und Aufsteiger seien zwar zu reflektiert und gut ausgebildet, um sich durch schlechte Manieren, Schrillheit oder Vornehmtuerei zu blamieren. Was sie fürchten, sind winzige Ungeschicklichkeiten, die sie sozial ins Hintertreffen geraten lassen: ein zu lautes Lachen, die nervöse Hektik, das Nicht-beachtet-Werden, die Angst, nicht mithalten zu können, irgendeine kleine Unwissenheit, die Unsicherheit, wie viel Persönliches man preisgibt oder wie man die Dorade wie nebenbei filetiert.

Stop.

Wenn Sie sich auch auf großer Höhe noch im sozialen Vergleich aufreiben, bringen Sie sich selbst ums Gipfelglück.

Wenn Ihnen höchstens noch Ihre Emotionen im Weg stehen

Erfolgsgewissheit kann man sich nicht kaufen oder nur bedingt ancoachen lassen. Sie tragen aber nach dem Aufstieg mehr davon in sich, als Ihnen vielleicht bewusst ist. Mit diesen Techniken lassen Sie den konkurrenzorientierten Aufsteiger, die außengeleitete Aufsteigerin hinter sich. Sie steigern Ihre Außenwirkung von innen heraus und richten sich zu Ihrer vollen Größe auf.

Befreien Sie sich vom sozialen Vergleich. Am Anfang diente das Leben der anderen als Ansporn. Mit zunehmendem Erfolg trübt das Schielen darauf Ihre Freude über das Erreichte, auf einer Ebene und zu einem Zeitpunkt, wo Sie darüber hinaus sein sollten. Statt Erfolgsstimmung spüren Sie Unzufriedenheit. Dagegen hilft nur Entzug: Steigen Sie aus dem Vergleichskarussell aus. Wenn Ihnen das schwerfällt, lenken Sie Ihre Gedanken auf Ihr eigenes früheres Ich. Vergleichen Sie damals und heute. Wo haben Sie angefangen? Wo stehen Sie heute? Was haben Sie auf Ihrer Heldenreise gelernt? Welche Kräfte, Helfer, Erfahrungen waren entscheidend? Worauf sind Sie besonders stolz? Wofür sind Sie besonders dankbar? Was können Sie sich außerdem vorstellen?

Legen Sie Ihre eigenen Maßstäbe an. Auf allen Ebenen, auch den allerhöchsten, kann irgendjemand etwas besser als Sie, formuliert klüger, wirkt angekommener, kennt interessantere Leute, denkt tiefer, ist von der Bilderbuch-Familie umringt, die Sie gern hätten. Das ist so. Die daraus resultierende diffuse Ängstlichkeit vor dem Urteil anderer werden Sie erst los, wenn Sie sich entschließen, nach Ihren eigenen Maßstäben zu leben. Je mehr Sie sich vom außengeleiteten zum innengeleiteten Menschen entwickeln, desto mehr Stabilität bauen Sie auf. Die innere Ruhe überträgt sich durch Ihre Körpersprache, Stimme und Ihr Verhalten nach außen.

Erkennen Sie Ihre individuelle Größe. Zugehörigkeit und Andere-ausstechen-Wollen schließen einander aus. In der Spitzengruppe treffen sich erfolgreiche und sehr erfolgreiche Menschen auf Augenhöhe. Jeder gilt als Ass auf seinem oder ihrem Gebiet. Mit dieser Einstellung begegnet man einander, mit dieser Einstellung hält man aber auch den eigenen Selbstwert stabil, egal, wie viele Menschen sich im Raum befinden, die im Herkunftsmilieu als »große Tiere« oder »die oberen Zehntausend« gegolten hätten. »Der erste Schritt zu einem souveränen Umgang mit der Statusangst liegt sehr wahrscheinlich in der Erkenntnis, dass Status von verschiedenster Seite zu haben ist«, schreibt der Philosoph Alain de Botton, »von Industriellen wie von der Bohème, der Familie wie den Philosophen.«[7] Die Frage heißt deshalb nicht: Was haben sie, was ich nicht habe? Sie lautet: Was zeichnet mich in dieser Runde aus? Worin liegt meine persönliche Größe? Was speziell bringe ich hier ein?

Genießen Sie die Fülle Ihres Lebens. Wer in limitierenden Verhältnissen groß wurde, lernt erst spät die Erfüllung kennen, aus dem Vollen zu schöpfen. Vielleicht sitzt das Gefühl der Zurücksetzung so tief, dass Sie nicht einmal merken: Sie haben die Enge der Herkunft schon überwunden. Es gibt aber einen Weg, damit diese Erkenntnis auch in Ihrem Denken und Fühlen ankommt: Gönnen Sie sich und anderen etwas. Jede Freude, die Sie sich selbst machen, jede Geste der Großzügigkeit, beim Trinkgeld, beim Schenken, an Freundlichkeit, Begeisterung, Geduld programmiert Ihr Gehirn darauf: Sie müssen sich nicht mehr einschränken. Sie sind so reich, dass Sie Zeit verschenken, Bewunderung verströmen und Gutes stiften können. Genuss und Geben entspannen. Beides versetzt Sie in die Stimmung, die Sie brauchen, damit Sie andere faszinieren, inspirieren und, ja, ihnen imponieren. »Wenn du unterschätzt, wer du bist, wird die Welt unterschätzen, was du tust«, sagt die amerikanische Finanzexpertin und Fernsehmoderatorin Suze Orman. Umgekehrt gilt das Gleiche: Sobald Sie selbst Ihre Fülle und Größe erkennen, werden es auch die anderen tun.

UND JETZT?

Ich bin ein Fan vergleichender Überblicke. Deshalb gefällt mir eine Studie der amerikanischen Sozialpsychologin Shelly Gable besonders gut. Sie unterscheidet darin vier Verhalten, wie Menschen aufeinander reagieren: passiv destruktiv, aktiv destruktiv, passiv konstruktiv und aktiv konstruktiv. Die folgenden Beispiele verdeutlichen die Unterschiede: Eine Teilnehmerin beim Wirtschaftsjuniorenfrühstück erzählt, dass sie gerade den Motorbootführerschein macht. Die Freude darüber steht ihr ins Gesicht geschrieben. Eine passiv destruktive Gesprächspartnerin würde die Bemerkung als Sprungbrett für eine eigene Geschichte nutzen. Ihre Tochter sei mal gesegelt, habe es aber wieder gelassen, Kite-Surfing sei einfach cooler, etwas in der Art. Ein aktiv Destruktiver kommentiert, wie sehr der Freizeitbootverkehr den Flüssen schade. Ein passiv konstruktiver Partner sagt: »Das macht bestimmt Spaß«, und winkt einem Vorübergehenden zu. Zu guter Letzt steht die aktiv konstruktive Gesprächspartnerin. Sie findet den Plan super, will wissen, wie der Kurs abläuft, denkt sich rein und freut sich mit. So wie in der letzten Variante klingen Plaudereien an der Spitze. Leicht, zugewandt, aufgeschlossen.

Gables Forschungen zeigen: Menschen, die bevorzugt in einem aktiv konstruktiven Stil kommunizieren, finden überall schnell Anklang. Es kann sich deshalb lohnen, wenn Sie Ihre Reaktionen auf Gesprächsangebote und Zugehörigkeitssignale systematisch unter die Lupe nehmen. Welche der vier Reaktionen nutzen Sie am häufigsten? Schwingen Sie sich auf Ihre Gesprächspartner ein, oder kann es passieren, dass Sie Ihr Gegenüber unbewusst verprellen? Wenn Sie Lust haben, spielen Sie gelegentlich durch, was Sie auch hätten sagen können. Und zwar am besten alle vier Reaktionsmöglichkeiten, das schult am meisten. Sie werden sehen: Solchermaßen geübt, zaubern Sie immer öfter Erfolgsgefühle und eine luftige Atmosphäre herbei.

20

WHEN THEY GO LOW, WE GO HIGH

Weil Haltung und Anstand der Goldstandard sind

Der Lions-Club backt Kuchen für die Ukraine. Der englische Thronfolger Prinz William zeigt sich in einem Video, wie er in London Obdachlosenmagazine verkauft. Yvon Chouinard, der Gründer der Outdoor-Marke Patagonia, überlässt sein milliardenschweres Unternehmen einer Umweltstiftung. Microsoft-CEO Satya Nadella setzt sich auf Twitter für Rassengleichheit und Menschen mit Behinderung ein. Der Mitgründer des Software-Unternehmens SAP Hasso Plattner stiftet der Stadt Potsdam das wunderbare Museum Barberini und stellt dort für alle zugänglich seine private Sammlung impressionistischer Gemälde aus. Im Film kämpft James Bond als Geheimagent Ihrer Majestät seit bald siebzig Jahren für das Gute und vernichtet das Böse. Sind die obersten Prozent die besseren Menschen? Das ist nicht richtig. Es ist aber auch nicht ganz falsch. Denn wie in Geschmacksdingen denken die Klassen in moralischen Fragen unterschiedlich, und das Gute erreicht oben andere Dimensionen. Das Schlechte allerdings auch.

Heilige sind wir alle nicht

Studien belegen, was wir aus dem Alltag kennen: Eine richtig gute Meinung haben die sozialen Klassen voreinander nicht.[1] Vom Job abgesehen, bleiben die sozialen Ebenen meistens unter sich. Entsprechend pauschal klingen die Urteile übereinander: Normalverdiener halten Wohlhabendere für egoistisch, kalt und berechnend. Was soll ein Gerüstbauer oder eine Produktmanagerin auch anderes denken, wenn beispielsweise der CEO von Boeing 2020 eine Vergütung von 21 Millionen Dollar erhält, obgleich der Flugzeughersteller Verluste meldet und 30 000 Angestellte entlassen will?

Vom anderen Ende des Spektrums ertönen ähnlich abwertende Meinungen: Wohlhabende betrachten Ärmere tendenziell als weniger fähig, motiviert und willensstark. Man höre nur, mit welcher Begründung Tesla-Chef Elon Musk seine Belegschaften aus dem Homeoffice ins Büro zurückpfeift: Sich selbst überlassen legten sich Arbeitnehmerinnen und Arbeitnehmer nur auf die faule Haut.[2] Hinter der negativen Einschätzung steht die Logik: *If I can do it, they can too.*[3] Was, wenn nicht Leistungsschwäche, sollte die Normalbevölkerung daran hindern zu verwirklichen, was bei einem selbst so prächtig funktioniert – ein Leben aufzubauen, in dem man nicht nach Urlaub fragen muss? Ärmere würden vermutlich dagegenhalten: dass Reichere mehr Glück oder bessere Voraussetzungen hatten. Doch den Schuh ziehen sich Wohlhabende nicht an, und so einfach verhält es sich auch nicht.

Die meisten Menschen, egal, ob arm, reich oder irgendwo dazwischen, wollen menschlich richtig handeln. In allen Gesellschaftsschichten hat die Mehrheit ein Gespür, was ehrenhaft ist.

Allerdings trägt weiter oben anderes moralisch Achtung ein als weiter unten, ist anderes möglich, macht anderes Sinn.

Es beginnt schon bei der Motivationslage. Für Reiche und Mächtige gibt es keine existenzielle Notwendigkeit, ihre Interessen hintanzustellen. Anders als Ärmere müssen sie weder gut gelaunt noch konform auftreten, um zu gefallen und nicht anzuecken. Ob sie beim Smalltalk gelangweilt schauen, den Range Rover auf dem nächstbesten Anwohnerparkplatz parken, den Assistenten scheuchen oder einen Angriffskrieg beginnen, was soll schon passieren? Unterschiedliche Maßstäbe tragen ihr Übriges bei: Wer im Monat mehr verdient als der Bundeskanzler, nimmt Massagesitze im Dienstwagen nicht unbedingt als empörenden Luxus wahr. Genauso natürlich ist es, wenn jemand, der im Büro fremdbestimmt arbeitet, die Freiheiten im Homeoffice auskostet. Es mag zwar nicht im Sinn der Firma sein, wenn man zwischen zwei

Videokonferenzen mal eben mit dem Hund rausgeht. Wir sind uns aber sicher einig: Es ist auch kein charakterlicher Makel. Sie merken: Was jemand als ethisch vertretbar empfindet, hängt auch von den eigenen Lebensumständen ab. In einem Punkt sind wir aber alle gleich: Unser moralisches Handeln ist nicht nur von Gemeinsinn bestimmt. Auch Eigennutz spielt hinein.

Gutes tun: Warum es oben dazugehört

Es ist zwar nicht richtig, aber es ist so: Je höher der Status, desto mehr können Menschen sich rausnehmen. Denn nicht einmal vor dem Gesetz sind alle gleich: Reichere und Gebildetere werden juristisch seltener zur Rechenschaft gezogen, und wenn doch, pauken exzellente Anwälte sie mit hoher Wahrscheinlichkeit raus.[4] Doch so möchten die oberen Prozent nicht gesehen werden. Vielmehr wollen sie als besonders geachtete, vorbildliche Mitglieder der Gesellschaft gelten. Zu ihrem Selbstverständnis gehört es daher, sich ehrenamtlich zu engagieren, Stiftungen zu errichten oder Summen zu spenden, die nicht nur viel helfen, sondern auch großes Ansehen eintragen.

In den eigenen Kreisen findet die Großzügigkeit nicht nur Anerkennung, sie wird regelrecht erwartet. Statushohe verspüren einen starken sozialen Druck, andere an ihrem Wohlstand teilhaben zu lassen, und er kommt nicht von unten, sondern aus den eigenen Reihen. »Indem sie die vorgeschriebenen Gepflogenheiten einhalten, legitimieren sich Angehörige der Oberschicht als würdige Vertreter ihrer Klasse«, schreibt die Organisationswissenschaftlerin Jennifer Kish-Gebhart, die an der University of Massachusetts Amherst über Klassenunterschiede forscht.[5]

Wie viel der Gedanke des Weitergebens oben zählt, hat eine Klientin von mir erfahren. Sie bewarb sich in ihrer Organisation um eine herausgehobene Position. Die ersten Interviews liefen gut. Doch bei der Frage, ob sie sich ehrenamtlich engagiere, musste sie passen. »Ab dem Punkt kühlte die Stimmung ab. Als ob meine Eignung als Referatsleiterin damit zu tun hätte, ob ich, keine Ahnung, Spenden für die Tafel einsammle.« Dieser Glaube ist verbreitet. Es lässt aber einen der wichtigsten Codes der oberen Prozent außer Acht: An Wohltaten und am gesellschaftlichen Engagement erkennen Vermögende ihresgleichen. Wenn Sie sich am Einsatz für das Gemeinwohl aus welchen Gründen auch immer nicht beteiligen können oder wollen, signalisieren Sie:

Sie verkennen normative Regeln beziehungsweise erkennen sie nicht an.

Es mag sein, sehr wahrscheinlich sogar, dass die Motivation hinter ehrenamtlichen Tätigkeiten, Charity-Festen und steuerlich absetzbaren Wohltaten keine rein altruistische ist. Klar beruhigt Philanthropie das Gewissen, natürlich machen sich Scheckübergaben gut im Lokalteil. Doch diese Sichtweise ist vornehmlich bei denen verbreitet, die nicht schon privilegiert auf die Welt gekommen sind. »Der Arme rechnet dem Reichen die Großmut niemals als Tugend an«, wusste schon die Dichterin und Gesellschaftskritikerin Marie von Ebner-Eschenbach. Aufsteigerinnen und Aufsteiger, die sich von dieser Einstellung überhaupt nicht lösen können, senden Abwehrsignale in die Liga, der sie angehören möchten, und verschenken Möglichkeiten, die ihnen eigentlich offenstehen. Was übrigens meine Klientin betrifft: Ein Jahr später gibt sie einmal im Monat eine Yogastunde in einem Altenheim bei ihr um die Ecke. Das liegt ihr, und sie macht es nicht nur, um gut dazustehen: »Bei meinen Kursteilnehmern geht jedes Mal die Sonne auf.«

Moral ist meistens ein Dilemma

Machen wir einen Schwenk. Das folgende Gedankenexperiment erinnert nämlich an einen Horrorfilm. Ein Eisenbahnwaggon bewegt sich auf einem Zuggleis in hohem Tempo auf fünf Arbeiter zu. Geschieht nichts, sind die Arbeiter verloren. Und jetzt stellen Sie sich vor: Sie überqueren genau in diesem Moment eine Fußgängerbrücke über den Schienen und sehen das Unglück kommen. Die Arbeiter ignorieren

Ihre Rufe. Doch neben Ihnen steht ein Ihnen fremder, ziemlich schwergewichtiger Passant. Würden Sie ihn von der Brücke auf das Gleis stoßen, hielte sein Körper den Waggon auf. Wie zeigt man in dieser Situation Charakter? Halten Sie es für moralisch vertretbar, einen Menschen zu opfern, um das Leben von fünf anderen zu retten? Oder ist es ethischer, dem Geschehen seinen Lauf lassen?

Eine richtige Antwort darauf gibt es nicht. Doch der soziale Status scheint zu beeinflussen, wer welcher Entscheidung zuneigt. Das haben Psychologen von der University of Toronto und der University of California in Berkeley herausgefunden. Von fast 300 befragten Frauen und Männern aus unterschiedlichen Gesellschaftsschichten lehnten zwei Drittel eine Einflussnahme auf das Geschehen ab. Ein Drittel hielt es hingegen für das richtigere Vorgehen, einen Unbeteiligten preiszugeben, angesichts der größeren Zahl von Menschen, die auf diese Weise überleben können. In dieser Gruppe waren überproportional viele Menschen vertreten, die der Oberschicht angehörten.[6] Die Wissenschaftler schlossen daraus:

Je höher der soziale Status, desto stärker fließen utilitaristische Abwägungen in Moralentscheidungen ein.

Welches Handeln richtet in einer Situation den geringsten Schaden an, welches Vorgehen bewirkt den höheren Nutzen? Eliten und Spitzenpersönlichkeiten finden es legitim, solche Fragen zu stellen und notfalls mit der gebotenen Härte zu handeln. Teilnehmende aus der Normalbevölkerung fühlen sich im Vergleich dazu stärker den gängigen Moralvorstellungen verpflichtet. Das Mitgefühl für den unschuldigen Passanten verbietet ihnen, sich zu Entscheidern über Leben und Tod aufzuschwingen.

Das Eisenbahn-Dilemma polarisiert. Machen Sie sich aber bewusst: Egal, welche Entscheidung Sie getroffen haben, sie ist so ausgefallen, dass Sie sich am Ende für einen guten Menschen halten. Genau das Gleiche denken allerdings auch Vertreterinnen und Vertreter einer gegenteiligen Meinung. Auch sie wähnen sich auf der Seite der Guten. Die folgende Tabelle stellt dar, was Menschen von ihrer Moralentscheidung halten – und was von der der Gegenseite:

	Sie halten das eigene Handeln für:	Sie halten das konträre Handeln für:
Sie halten es nicht für vertretbar, einen Menschen zu opfern, um fünf andere zu retten	menschlich differenziert gut	anmaßend unmenschlich zynisch
Sie halten es für vertretbar, einen Menschen zu opfern, um fünf andere zu retten	logisch verantwortungsvoll zielbewusst	sentimental irrational schwach

Auch in Fragen von Gut und Böse, Falsch und Richtig dividiert der Habitus die Schichten auseinander: Die Normalbevölkerung lässt sich eher vom Einzelschicksal leiten, die oberen Prozent haben oft stärker das große Ganze im Blick. Beide Grundeinstellungen verdienen Respekt. Weder muss es zwangsläufig verkehrt sein, harte Entscheidungen zu fällen, noch erweist sich zu viel Empathie generell als die beste Idee. Auch das lernen wir beim Aufstieg: Jenseits der eigenen moralischen Grundprägung gibt es viele andere Arten, ein gutes, integres Leben zu führen. Versuchen Sie daher, die moralische Vernunft oder die guten Absichten hinter befremdlichen Ansichten und Verhaltensweisen zu erkennen. Sie wachsen bei dieser Übung über enge Moralvorstellungen hinaus und lernen, dass die Wertmaßstäbe anderer in der Regel auch nicht ganz schlecht sind. Im Gegenteil. Sie zwingen uns, unsere geistigen Kräfte anzuspannen und weiter und tiefer zu denken.

Die Maßstäbe der Statushöheren

Vergessen wir einmal Machtwahn, Selbstbereicherung, Übergriffe, Brüllen, Vetternwirtschaft, Steuertrickserei und was sich einzelne Menschen, die sich privilegiert fühlen, sonst so herausnehmen. Absahner und Ausnutzerinnen stehen zwar prominent im Fokus der Medien. Daraus lässt sich aber nicht ableiten, dass sie ihre Klasse repräsentativ vertreten. Den meisten in der Spitzenliga geht es nicht anders als Ihnen und mir: Sie sind zwar keine Heiligen, wollen aber vor sich und anderen gut dastehen. Laut der New Yorker Wissenschaftlerin Taylor Phillips, die die Psychologie von Privilegien erforscht, ist dieses Ich-Erleben fundamental für die menschliche Psyche.[7]

Schon aus diesem Grund gebärden sich die wenigsten Statushohen wie Oligarchen.

Eher trifft sogar das Gegenteil zu. Aus Phillips sozialpsychologischen Studien geht hervor: Menschen mit Startvorteilen hüten zwar ihren Stand. Sie handeln dabei aber mehrheitlich so, dass sie von sich glauben können, ihr Erfolg beruhe auf Talent, Integrität und einer disziplinierten Lebensführung. Diese meritokratische Überzeugung spiegelt sich in den ethischen Grundprinzipien der Spitzenliga wider: Verantwortung, Freiheit, Tatkraft, Zuversicht.[8] Alle vier Werte gehören zwar in allen sozialen Gruppen zum Kanon. Das höchste Ansehen genießen sie aber bei den oberen Prozent. Entsprechend oft werden sie dort im Mund geführt. Sie machen deshalb sicher nichts falsch, wenn Sie sie auf Ihrer Werteskala nach vorn rücken.

Verantwortung: Die Vorstandsvorsitzende des Pharmakonzerns Merck Belén Garijo sieht es als ihre Verantwortung an, 24 Stunden am Tag erreichbar zu sein.[9] Der Geschäftsführer des Fußballvereins Werder Bremen stellt sich der Verantwortung für den Abstieg aus der Ersten Liga. Und Aldi Nord hat es sich sogar in den Slogan geschrieben: Wir übernehmen Verantwortung. Es ist fast ein Klischee: Wo Erfolg ist, ist das Wort Verantwortung nicht weit. Um Haftung und Rechenschaft geht es dabei nur zum Teil. Vor allem meint Verantwortung den Anspruch, zu steuern, zu lenken, Weichen zu stellen, Vorstellungen zu verwirklichen und mit den eigenen Ressourcen auch gesellschaftlich Einfluss zu nehmen.

Freiheit: Statushohe sehen sich als Gestalter der Umstände. Sie misstrauen Einmischung, Kontrollwahn und Gängelei und dringen auf die individuelle Freiheit, ihre Entscheidungen autark und nach eigenem Ermessen zu treffen. »Das Ungeheure, das einem Menschen eingeräumt ist, ist die Wahl, die Freiheit«, sagte der dänische Philosoph Søren Kierkegaard, einer der Begründer des Freiheitsbegriffs der Moderne. Weiter oben, wo Menschen fast alles aus eigener Kraft regeln können, besitzt dieses Privileg naturgemäß mehr Anziehungskraft als weiter unten.

Tatkraft: Die Spitze der Gesellschaft sieht sich als treibende Kraft und fühlt sich zu konstruktivem Handeln verpflichtet. Ein Satz auf der Website von Annalena Baerbock spiegelt die Haltung wider: »Die Zukunft entsteht nicht einfach so – sie wird gemacht.«[10] Also packt man an, liefert greifbare Ergebnisse, legt Lösungen auf den Tisch. Denken, Forschen und Philosophieren reichen nicht aus, was man tut, muss Wirkung zeigen, und gemessen wird am Ergebnis. Das Selbstverständnis entbehrt nicht der Logik: Anders als Untere und Mittlere wissen »die da oben« keine Menschen über sich, die es schon irgendwie richten werden.

Zuversicht. Auch wenn es mal nicht so gut läuft: Jammern gilt nicht. Ebenso wenig wie Nörgeln, Dampf ablassen oder das Herumhacken auf ungünstigen Bedingungen. Die Topliga deutet Negativität und pessimistisches Denken als Ausdruck von Überforderung und Verletzlichkeit. Das Leben optimistisch anzugehen, diese Haltung steht auch Aufsteigerinnen und Aufsteigern offen: »Diese Einstellung ist kein Schicksal, sondern eine Entscheidung, die es gilt im Leben zu treffen«, sagt der Mediziner und Wirtschaftswissenschaftler Cay von Fournier. Allerdings falle dies Menschen je nach Prägung unterschiedlich leicht oder schwer.[11]

Luxury beliefs: Moral ist das neue Statussymbol

Wenn ich bei Zalando ein Paar Sneakers bestelle, füge ich 0,25 Euro hinzu, um den CO2-Abdruck meiner Bestellung auszugleichen. Ich esse vegane Butter fürs Tierwohl, und da eines meiner Lieblingscafés einen Namen hat, den es genaugenommen nicht mehr haben dürfte, treffe ich mich dort am liebsten mit mir selbst. Natur, Nachhaltigkeit und eine nichtdiskriminierende Sprache sind mir wichtig, und sollten meine Beiträge dazu auch wenig bewirken, nimmt zumindest niemand daran Schaden. Zugleich bin ich mir aber bewusst: Was ich da tue, steigert nebenbei mein Prestige. Es hebt mich von Menschen ab, die existenziellere Sorgen haben als die Bezugsgruppe, der ich angehöre. Obwohl mein Handeln nicht eigennützig ist, ist es auch nicht uneigennützig. Dafür trägt es, sobald andere davon erfahren, zu viel Achtung ein. Gleiches und erst recht gilt, wenn jemand sich als Lesepatin engagiert, Geflüchteten die Einliegerwohnung zur Verfügung stellt oder Hilfsgüter nach Rumänien transportiert. Wer hilft, kann gar nicht anders: Er oder sie hebt sich heraus.

»Luxury beliefs« nennt der US-Psychologe Rob Henderson jene Werte, in die sich die oberen Prozent einhüllen wie in ein Pelzcape zu Zeiten, als man noch Tierfell trug.

Luxuswerte statten Menschen, die ohnehin schon mehr haben, auch noch mit moralischer Überlegenheit aus. Natürlich machen wir mit dem Ehrenamt, den Hilfsleistungen oder Turnschuhen, die zu 100 Prozent aus recycelten Materialien hergestellt sind, absolut nichts falsch. Wahr ist allerdings auch: Das vorbildliche Verhalten signalisiert Charakter und Integrität. Wie die Rolex oder das Haus in Wattenmeerlage wird so auch die Moral zu einer der Währungen im Statusspiel.

»When they go low, we go high«, mit diesem Satz distanzierte Michelle Obama sich von Donald Trump. Die großmütige Haltung beflügelte Michelle Obamas Aufstieg zu einer moralischen Autorität. Natürlich ist Ihre und meine Reichweite im Vergleich dazu winzig. Doch auch wir können uns dank unserer sozialen Medien leichter denn je überhöhen und mit moralischen Taten und Worten vorteilhaft abheben. Der Philosoph Florian Eichel bringt es in einem klugen Essay auf den Punkt: »Die Dauerpräsenz in den Social Media gestattet es, politische, moralische und ästhetische Haltungen gleichsam unverschlüsselt in Bild und Text zu kommunizieren. Wie Poster an der Wand eines Teenagerzimmers reihen sich die gesammelten Statements auf den Web-Präsenzen.«[12]

Der vorgezeigte Anstand bewirkt Gutes und hebt den Status. Daraus resultiert eine problematische Ambivalenz. Es zeugt von einem feinen Gespür, wenn Sie sich davon unangenehm berührt fühlen. Andererseits bleibt die Tatsache bestehen: Ohne Luxusüberzeugungen und ansehensförderlichen Edelmut blieben viele Schecks ungeschrieben und viele richtige Taten ungetan. Wobei völlig außer Frage steht: Nobler handelt, wer im Verborgenen das Gute tut. Oder jedenfalls absichtslos.

UND JETZT?

In den gesammelten Aussprüchen des chinesischen Philosophen Konfuzius begegnet uns das Ideal des edlen Menschen. Im Gegensatz zu Kleingeistern, die vor allem an den eigenen Vorteil denken, bemühen sich edle Menschen, einem menschlichen, ethischen Verhalten möglichst nahe zu kommen. Sie wissen, dass sie dieses Ideal nicht hundertprozentig verwirklichen können, wie dies auch Konfuzius selbst nicht gelingt: »Zum Weg des Edlen gehört dreierlei, aber ich bewältige es nicht: Richtiges Verhalten zu anderen Menschen – es befreit von Sorgen. Weisheit – sie bewahrt vor Zweifeln. Entschlossenheit – sie überwindet die Furcht.« Nichts davon ist uns in die Wiege gelegt, alles wird erst durch Anwendung entfaltet. Moralische Autorität zu gewinnen, ist demnach ein Prozess, den Sie selbst in Gang setzen. Zu den Grundregeln für die »Edlen« des 21. Jahrhunderts gehört es:

- Begegnen Sie anderen wertschätzend und großzügig.
- Tun Sie, was Sie sagen. Oder moderner: »Talk the talk and walk the walk.«

- Selbst wenn Sie die Interessen anderer nicht erfüllen können, denken Sie sie wenigstens mit.
- Lassen Sie andere gelten: mit ihrem Wissen, ihren Werten, ihren Lebensvorstellungen, ihrer Überlegenheit in ihren Bereichen.
- Seien Sie berechenbar in Ihren Stimmungen, Aussagen und Handlungen.
- Geben Sie es zu, wenn die Wirklichkeit Ihnen Entscheidungen abverlangt, die nicht blütenrein sind.
- Sprechen Sie nicht schlecht über Konkurrenten und Rivalen, auch nicht unterschwellig.
- Nennen Sie Ihre Fehler wirklich Fehler.
- Sprechen Sie positiv über sich selbst, aber täuschen Sie keine Möglichkeiten oder Kompetenzen vor, die Sie nicht besitzen.
- Moralische Autorität baut sich langsam auf, geht aber schnell verloren. Ist das passiert, lässt sie sich nur schwer wiederherstellen.

21

HOLEN SIE DEN AUFSTIEG AUS DER TABUZONE RAUS

Denn wer den Weg gegangen ist, kann ihn am besten weisen

Er war schon dreimal im Weltraum. Er trägt das Bundesverdienstkreuz 1. Klasse. Sogar ein Asteroid wurde nach ihm benannt. Sein Ausnahmeerfolg war dem Vulkanologen und Astronauten Alexander Gerst nicht in die Wiege gelegt. Seine Vorfahren waren handwerkliche Betriebsinhaber: Metzger, Baustoffhändler, Schlossermeister. Als die wichtigsten Wurzeln seines Erfolgs nennt Alexander Gerst die Tatsache, dass es bei uns jedem offensteht, nach den Sternen zu greifen: »Ich bin froh und glücklich, dass ich in einem Land aufwachse, wo wir die freie Wahl haben, freie Berufswahl, wo wir etwas studieren können, auch wenn unsere Eltern vielleicht nicht reich sind.«[1] Heute engagiert er sich als UNICEF-Botschafter dafür, dass jedes Kind seine Potenziale entfalten kann.

Das Zurückgeben genießt in den oberen Schichten hohes Ansehen. Man setzt freiwillig Geld, Zeit oder Erfahrung ein, um gesellschaftlichen Nutzen zu stiften. Das philanthropische Engagement – Gutes für andere Menschen tun – kann sich auf jedes Anliegen erstrecken, das Ihnen am Herzen liegt, vom Einsatz für den Planeten bis hin zur Förderung von Kunst. Oder Sie tun, was angesichts Ihrer Biografie besonders nahe liegt: Sie reichen denen die Hand, die Ihnen beim Aufstieg nachfolgen. Selbstverständlich ist ein solches Engagement allerdings nicht. Viele Aufgestiegene entschwinden ohne einen Blick zurück. Als würden sie, wenn sie sich umdrehen, zur Salzsäule erstarren wie Frau Lot im Alten Testament.

Statusunterschiede sind in unserer Gesellschaft eine Tatsache, aber kein großes Thema. Wer oben steht, ist nicht betroffen. Wer unten ist, hat keine Stimme. Die breite Mitte begreift sich als Normalfall. Und wer den Aufstieg bewältigt hat, hat sich gehäutet. Die kleinen Verhältnisse, die Beengtheit, die limitierten Perspektiven gehören der Vergangenheit an. Der Schmetterling ist der Raupe entschlüpft und schwingt sich in die Lüfte empor.

Es wäre deshalb nur zu verständlich, wenn Sie sich über Ihre Anfänge und somit auch Ihren Weg eher bedeckt halten. Die wenigsten Aufgestiegenen tun das so rigoros wie Coco Chanel, die ihre Herkunft ihr ganzes Leben lang zurechtbog und die traurigen Jahre im Waisenhaus in eine behütete Kindheit in der Provence umdichtete. An die große Glocke hängt man den Aufstieg aber auch nicht. Zu groß erscheint die Gefahr des Prestigeverlusts. Überdies kennen Sie vermutlich die Erfahrung: Niemand hat es gern, wenn soziale Unterschiede wie ein Elefant im Raum stehen. Die Schriftstellerin Anke Stelling hat diesem Unbehagen einen ganzen Roman gewidmet. In ihrem Buch *Schäfchen im Trockenen* erzählt sie von einer Freundesclique in der Lebensmitte, von denen die einen erben und die anderen nicht. »Ingmar mag genauso ungern reich sein wie ich arm«, heißt es da.[2] Der Satz trifft ins Schwarze: Es fühlt sich beklemmend an, wenn unter intellektuell Gleichen die Erfahrungswelten und Möglichkeiten spürbar auseinanderklaffen. Also glossen wir über Ungleichheiten hinweg. Soziologen bezeichnen dieses soziale Spiel als »Passing«, abgeleitet vom Englischen *to pass for* = als jemand durchgehen. Wir betreiben es immer dann, wenn wir uns je nach Situation ein bisschen reicher oder ärmer, bodenständiger oder abgehobener geben, als wir sind, und alle, Ärmere, Reichere und Wohlhabend-Gewordene, spielen es mit.

Aufgestiegene fügen sich aber nicht nur ohne Aufsehen auf der neuen Höhe ein. Die meisten fühlen sich auch wenig berufen, anderen den Weg nach oben zu spuren. Das jedenfalls förderte kürzlich ein Forschungsteam an der University of California Irvine zutage. Eine Studie mit über tausend Teilnehmenden zeigte: Zu Wohlstand gekommene Teilnehmer hielten es für einfacher, sich hochzuarbeiten, als im Wohlstand geborene Probanden. Offenbar befördert der erfolgreiche Aufstieg den Gedanken: Na bitte, geht doch! Hängt euch halt rein.[3] Ich kann diese Einstellung gut nachvollziehen. Sie bedeutet aber im Klartext:

Der Aufstieg begünstigt die Entsolidarisierung mit den Zurückgebliebenen.

Wer sich selbst die Erfolgsleiter hochmühte, empfindet tendenziell besonders wenig Empathie für Menschen, die weniger leisten, und hält weniger von sozialer Umverteilung als von Haus aus Wohlhabende. Es sei denn, wir finden die Größe und steuern bewusst dagegen an.

Warum soll es anderen besser ergehen als mir?

Wenn Sie sich den Weg nach oben bahnen, erleben Sie gerade live: Sie arbeiten härter und länger auf Ihre Ziele hin als Menschen mit mehr sozial ererbten Vorteilen. Vielleicht haben Sie gegen die Skepsis von Lehrern oder das Unverständnis der eigenen Familie angekämpft, vielleicht verdienen Sie sich Exkursionen und Auslandsaufenthalte im Call Center, finanzieren das Wohneigentum ohne elterliche Finanzspritze und warten mit dem Kinderkriegen sicherheitshalber, bis die angestrebte Höhe ins Sichtfeld rückt. Möglicherweise arbeiten Sie in einem Beruf, der viel einbringt, Ihnen aber weniger Gestaltungsräume lässt, als Sie es sich gewünscht hätten. Sehr wahrscheinlich erreichen Sie begehrte Karrierestufen später als gewünscht und finden sich des Öfteren in Situationen wieder, die andere spielend meistern, während Sie improvisieren und probieren. Niemand kann Ihnen daher verdenken, wenn Sie am Ziel oder Zwischenziel durchatmen und sich orientieren möchten. Nehmen Sie sich dafür unbedingt Zeit. Genießen Sie das Erreichte. Lassen Sie das neue Leben auf sich wirken. Vielleicht nicht gleich, aber irgendwann geht Ihnen auf: Sie haben Ihren persönlichen Durchbruch verwirklicht. Sie sind zwar weder superreich noch CEO. Sie sind aber auch weit von dem Punkt entfernt, von dem aus Sie gestartet sind. Sie sind gut vorangekommen und werden auch so wahrgenommen, allen voran von denen, die hinter Ihnen zurückliegen. Bei dieser Erkenntnis können Sie es bewenden lassen. Oder Sie sehen: Sie müssen Ihre Herkunft nicht um der glänzenden Zukunft willen abspalten. Sie verfügen über Möglichkeiten, zwei Welten konstruktiv zusammenzubringen.

Michelle Obama hat es für sich so entschieden: »Wenn du hart gearbeitet und es geschafft hast und durch diese Tür der Gelegenheit gegangen bist, dann schlägst du sie nicht hinter dir zu. Du wendest dich zurück und eröffnest anderen die gleichen Chancen, die dir geholfen haben.«[4] Anderen Selfmade-Menschen die Tür offenhalten, diesen Weg wählt auch die Juristin Stefanie Mattes, und sie lässt es nicht bei kleiner Münze bewenden. Mit ihrer Plattform für Erststudierende unterstützt sie Erstakademikerinnen und Studienpioniere, Spitzenkarrieren selbstbewusst anzustreben. Denn: »Man kann auch CEO werden, wenn man aus einem anderen Umfeld kommt.« Getriggert wurde ihre Initiative von einem Headhunter. Sie solle froh sein, sagte er mit Blick auf ihre Herkunft, es so weit geschafft zu haben. Seither setzt sie sich dafür ein, dass Menschen mit gleicher Intelligenz und gleichem Potenzial auch gleich viel erreichen können, soziale Herkunft hin, gesellschaftlicher Background her. »Ich will nicht, dass Menschen mit meinem Werdegang sich mit weniger begnügen und dankbar sein sollen.« Mit ihrem Mentoring-Programm für Aufsteigerinnen und Aufsteiger unterstützt sie aber nicht nur Erstakademikerinnen und Studienpioniere, Spitzenkarrieren selbstbewusst anzustreben: »Auch die Unternehmen profitieren von Menschen, die ein Riesenmaß an Leistung und Flexibilität aufbringen, um etwaige Nachteile ihrer Herkunft auszugleichen.«[5]

Aufgestiegene, die sich zurückwenden und Nachfolgenden die Hand reichen, leben vor: Der Aufstieg beschert ungeahnte Kräfte. Je weiter wir uns vorarbeiten, desto mehr entfaltet sich unsere Wirkmacht, desto mehr können wir als Expertin, Vorbild oder Multiplikator bewirken. Wenn wir uns denn dazu durchringen. Der Aufwand dafür muss nicht groß sein: Um den sozialen Aufstieg aus der Tabuzone zu befreien, müssen Sie weder eine Initiative gründen, noch ein Buch darüber schreiben. Es ist schon viel gewonnen, wenn sich mehr Aufsteigende und Aufgestiegene aus der Deckung wagen. Und deutlich machen:

Es gibt Abstände, die nichts mit Leistung und Können zu tun haben, und sie gehören nicht unter den Teppich, sondern auf den Tisch.

Zeige deine Klasse

Nur: Wer will da schon ran? Ich merke es an mir selbst. Fast alle meine Buchthemen haben mich auch persönlich berührt. So ist es auch bei diesem. Trotzdem habe ich länger überlegt als sonst, ob ich es wirklich anpacken soll. Denn auch wenn es immer eine Frage ist, wie viel man über sich selbst preisgeben will, den eigenen alten und neuen Background auszuleuchten, offenbart noch einmal mehr. Bis heute ist es nämlich fürs eigene Standing alles andere als egal, ob die Eltern und Großeltern Unternehmer oder Unterschicht waren, alter Adel oder neue Mitte, Großbürgertum oder gehobene Beamte. Aus eigener Erfahrung weiß ich: Nicht nur am Anfang der Karriere, unser ganzes Leben lang werden wir auch nach unserer Herkunft eintaxiert. Im Kindergarten, bei der Partnerwahl, im Bewerbungsinterview, im Gesellschaftsclub, bei jedem neuen Erfolg, der mit mehr Sichtbarkeit und Stimme verknüpft ist.

Die Erfahrung scheint allgegenwärtig zu sein. Schon bei den ersten Recherchen über Herkunft und Aufstieg merke ich: Menschen zeigen sich über ihre Eltern bevorzugt dann auskunftsfreudig, wenn deren Status den eigenen Erfolg unterstreichen. Über Giovanni di Lorenzo, den Chefredakteur der Wochenzeitung *Die Zeit*, erfahre ich beispielsweise auf Wikipedia: Mutter Psychotherapeutin, Vater Firmenleiter, Großvater Historiker, Onkel Topmanager bei Olivetti.[6] Ob sich vergleichbare Angaben zur familiären Herkunft auch fänden, wenn es sich anders verhielte: wenn beispielsweise die Mutter Rentensachbearbeiterin gewesen wäre, der Vater Baumarkt-Mitarbeiter und der Onkel Lagerist? Wohl eher nicht. Denn ja, groß- und bildungsbürgerliche Wurzeln tragen Ehre ein. Fehlen sie, wägt man ab, ob man die eigene Klasse in aller Deutlichkeit zeigen soll, womöglich samt aller daraus resultierenden Unsicherheiten und Verletzungen.[7] Wenn überhaupt, stehen Aufgestiegene deshalb erst zu ihrer Herkunft, wenn sie sie sich des eigenen Erfolgs gewiss sind. Wenn der Auftritt mühelos wirkt und der Habitus aufgehört hat, ein suchender zu sein. Wenn die Familie superstolz ist und man so unangefochten im Sattel sitzt, dass der bescheidene Hintergrund das Prestige nicht eintrübt, sondern das Erreichte als nahbare Erfolgsstory abrundet.

Das kann man so machen, und niemand könnte es Ihnen übelnehmen. Keine Aufsteigerin und kein Aufsteiger hat die Pflicht, mitzuhelfen, dass es endlich egal wird, wo jemand herkommt. Schade wäre es trotzdem. Bezogen aufs gesellschaftliche Ganze sowieso. Aber auch bezogen auf die eigene Biografie. Denn solange wir unsere Herkunft wie einen Makel kaschieren, rauben wir uns eine große Portion Selbstrespekt.

Starke Worte

»Ein Wesen, das verachtet seinen Stamm, kann nimmer fest begrenzt sein in sich selbst«, heißt es in Shakespeares Tragödie *König Lear*.[8] Schon im eigenen Interesse lohnt es sich also, den Aufstieg salonfähig zu machen. Das geht. Denn Voranzukommen ist ja nicht peinlich. Andere sollen Vergleichbares erst einmal zuwege bringen. So weit stimmen Sie mir wahrscheinlich zu. Vielleicht fragen Sie sich aber, wie Sie den Aufstieg gut kommunizieren können. Eine überzeugende Antwort darauf kennen die Topmanagement-Beraterinnen Dorothea Assig und Dorothee Echter, deren Klienten an der Spitze der internationalen Wirtschaft, Politik und Wissenschaft stehen: »Aufgestiegen zu sein braucht keine Erläuterung, weder Sozialromantik noch raffiniertes Storytelling. Die schlichte Wahrheit reicht. Mit Dank und Wertschätzung für die Personen, die Sie begleitet haben.« Das bedeutet konkret:

> **»Wählen Sie Worte, die Ihre Eltern nicht diskreditieren, Ihre Zuhörenden nicht in Verlegenheit bringen und Sie selbst nicht herabsetzen.«**

In der Praxis hört sich das dann vielleicht so wie bei dem CEO eines mittelgroßen Unternehmens an: »In unserer Familie wurde nicht gelesen, meine Mutter arbeitete im Supermarkt an der Kasse, mein Vater bei einem Autozulieferer am Band. Beide haben nicht verstanden, warum ich so gern lernte. Sie haben mich machen lassen und mich unterstützt, so gut sie nur konnten. Bis heute.« Oder wie bei der Psychologin, die die Arbeiterwohlfahrt in einer hessischen Großstadt leitet: »Meine Mutter arbeitete ganztags als Putzfrau und wir Geschwister waren früh für den Haushalt verantwortlich. Widerspruch war nicht erlaubt. Anders wäre es auch nicht möglich gewesen, dass wir alle studieren konnten.«[9]

Jede Aufstiegssituation gestaltet sich anders, und am besten weiß man oft hinterher, was man hätte sagen sollen. Idealerweise überlegen Sie daher in Ruhe, wie Sie über Ihre Herkunft sprechen möchten:

- Was hat Sie geprägt? Zum Beispiel: »Mit unseren Verwandten aus dem Iran haben wir eine unterstützende Gemeinschaft gebildet.«
- Wer hat Ihnen wie geholfen? Zum Beispiel: »Ohne meine Mathematiklehrerin wäre ich heute nicht Physikprofessor.«
- Welche Anliegen, Interessen oder Werte haben Ihre Erfahrungen in Ihnen geweckt? Zum Beispiel: »Meine Mutter hat uns vorgelebt, wie wichtig der soziale Zusammenhalt ist. So bin ich auch zu meinem Beruf gekommen.«

Die schlichte Wahrheit befreit. Vermutlich stellen Sie sogar fest: Mit einem Mal äußern sich auch andere erfolgreiche Menschen ungewohnt offen. Der Personalvorstand, dessen Mutter sich mit dem Sozialamt stritt, damit er einen Schulranzen bekam. Die Intendantin, die auf dem Hof ihrer Eltern vor der Schule das Vieh versorgen musste. Der Senior Consultant, dessen Eltern keinen Schulabschluss hatten. Der Florist mit den internationalen Preisen und der eigenen TV-Serie, dessen Eltern ihm nicht einfach so das Geld für die Meisterschule vorschießen konnten. Die Biochemikerin, deren Eltern drei Autos, aber keine zehn Bücher besaßen. Genau diese Erfahrung hat mich am Ende bewogen, das Thema sozialer Aufstieg anzupacken: Bei einem Abendessen mit einem Manager-Ehepaar, das wir zum ersten Mal zu Gast hatten, habe ich die Idee versuchsweise in die Runde geworfen. Ohne dass ich damit gerechnet hatte, bewegte sich das Gespräch weg von Reisen,

Sport und Essen, und vier Menschen sprachen über ihre Herkunftserfahrungen. Es zeigte sich: Alle am Tisch waren von unterschiedlichen Positionen aus gestartet. Alle hatten finanziell, kulturell und/oder gesellschaftlich mehr verwirklicht, als ihnen das Geburtslotto zugespielt hatte. Und alle rührten das Thema selten an.

Dabei beschäftigt es fast unser halbes Land. Vielleicht haben Sie die Zahlen noch im Kopf: 12 Millionen Menschen in Deutschland haben mehr erreicht als ihre Eltern. 23 weitere Millionen wollen es ihnen nachtun.[10] Aufsteigen zu wollen oder aufgestiegen zu sein, ist so gesehen nichts Besonderes mehr. Deshalb, wenn Sie auf dem Gipfel des Erfolgs wieder einmal nach Ihrer Familie gefragt werden, dann sagen Sie in schöner Selbstverständlichkeit wie die sehr einflussreiche, sehr wortgewandte Autorin und Literaturkritikerin Elke Heidenreich etwas wie: »Ich bin als Arbeiterkind im Ruhrgebiet aufgewachsen.«[11] Was eigentlich auch sonst? Natürlich ist eine gehobene Abstammung eine schöne Sache. Doch der Ruhm dafür gebührt den Ahnen. Die Weisheit stammt von dem antiken Philosophen Plutarch, der es mit seinen eigenen Vorfahren nebenbei bemerkt ziemlich gut getroffen hatte, und sie gilt heute kein bisschen weniger als vor zweitausend Jahren. Es ist an der Zeit, finde ich, dass wir das mal alle begreifen: Ärmere, Reichere und alle dazwischen.

UND JETZT?

Ich weiß nicht, wie es Ihnen geht. Für mich hat Aufstieg immer bedeutet, dass sich mit jedem Schritt die Welt weitet. Und zwar nicht, weil man sich ein Haus am See leisten kann, so schön das auch wäre, oder wenigstens die Himbeeren mit dem Biosiegel. Sondern weil mit dem Wunschplatz im Leben ängstliches Denken und kleinliches Handeln auch noch den letzten Sinn verliert. Je weniger Ihre Gedanken um Ihre Existenzsicherung kreisen, je mehr die Welt sich Ihnen entfaltet, desto leichter können Sie über die eigene Person hinausdenken. Aufgestiegene haben die glückliche Position erreicht, dass sie andere wachsen lassen können. Kleine und große Möglichkeiten dafür gibt es genug:

- Teilen Sie Aufstiegserfahrungen, und zeigen Sie Nachrückenden Wege, Irrwege und Abkürzungen.
- Nutzen Sie Ihre Position und Ihr Standing, um andere Selfmade-Menschen zu inspirieren und die Leistungskraft von Aufsteigerinnen und Aufsteigern öffentlich ins Bewusstsein zu rücken.
- Öffnen Sie aufsteigenden Talenten Türen und, das finde ich fast noch wichtiger, die Fenster zu einer größeren Welt.

- Etablieren Sie als Entscheiderin oder Manager Prozesse, die Aufsteigenden den Karriereeinstieg erleichtern.
- Sprechen Sie als Unternehmerin oder Firmeninhaber soziale Aufsteigerinnen und Aufsteiger aktiv als Bewerber an.
- Bringen Sie sich finanziell oder ehrenamtlich in Förderorganisationen ein.

Verbundenheit und großzügiges Zurückgeben sind Ausdruck eines gehobenen Habitus. Aus ihnen spricht: Ich schöpfe aus dem Vollen. Ich muss andere nicht klein und auf Abstand halten, um selbst am besten dazustehen.

LITERATUREMPFEHLUNGEN

Assig, Dorothea; Echter, Dorothee. *Ambition. Wie große Karrieren gelingen.* Campus, 2. Edition, 2019

Botton de, Alain. *StatusAngst.* Fischer 2006

Bourdieu, Pierre. *Die feinen Unterschiede. Kritik der gesellschaftlichen Urteilskraft.* Suhrkamp, Erschienen 1987, 26. Auflage 2018

El-Mafaalani. Aladin. *Bildungsaufstieg – (K)eine Frage von Leistung allein?* Bundeszentrale für politische Bildung, 22. April 2015. Online verfügbar unter: https://www.bpb.de/themen/bildung/dossier-bildung/205371/bildungsaufstieg-k-eine-frage-von-leistung-allein/#node-content-title-3 (Abgerufen am 7. September 2022)

Graf, Alexander. »Im Fokus: Aufsteigerkinder«. Interview mit Aladin El-Mafaalani. *Psychologie heute*, 01/2022. Seite 46–49

Gray, B. & Kish-Gephart, J. »Encountering social class differences at work: How ›class work‹ perpetuates inequality«. *Academy of Management Review*, 38, 2013, 670-699

Helsper, Werner; Kramer, Rolf-Torsten; Thiersch, Sven; Ziems, Carolin. Bildungshabitus und Übergangserfahrungen bei Kindern. In: *Bildungsentscheidungen: Zeitschrift für Erziehungswissenschaft*, Sonderheft 12, 2009. Seiten 126–152.

Hopf, Wulf; Edelstein, Benjamin. *Chancengleichheit zwischen Anspruch und Wirklichkeit.* Bundeszentrale für politische Bildung 2018. 91–100. Online verfügbar unter: https://www.bpb.de/themen/bildung/dossier-bildung/174634/chancengleichheit-zwischen-anspruch-und-wirklichkeit/ (Abgerufen am 7. September 2022)

Lubrano, Alfred. Limbo: *Blue-Collar Roots, White-Collar Dreams.* Wiley 2005

Märtin, Doris. *Habitus. Sind Sie bereit für den Sprung nach ganz oben?* Campus 2019

Reuter, Julia; Gamper, Markus; Möller, Christina; Blome, Frerk (Hg.). *Vom Arbeiterkind zur Professur. Sozialer Aufstieg in der Wissenschaft.* Transcript Verlag 2020

Schröder, Carsten; Bartels, Charlotte; Göbler, Konstantin; Grabka, Markus; König; Johannes. MillionärInnen unter dem Mikroskop: Datenlücke bei sehr hohen Vermögen geschlossen – Konzentration höher als bisher ausgewiesen. *DIW Wochenbericht*, 29/2020. Online verfügbar unter: https://www.diw.de/

documents/publikationen/73/diw_01.c.793785.de/20-29-1.pdf (Abgerufen am 7. September 2022)

Sievers. Alexandra. Muss es wirklich eine Rolex sein? Was Sie über Statussymbole wissen sollten. *Der Große Knigge.* Ausgabe 08/Juni/Juli 2022. Seiten 51–66

Stewart, Emily. The Problem with America's Semi-Rich. *Vox*, Oct 12, 2021. Online verfügbar unter: https://www.vox.com/the-goods/22673605/upper-middle-class-meritocracy-matthew-stewart (Abgerufen am 7. September 2022)

Stifterverband für die Deutsche Wissenschaft e.V. *Vom Arbeiterkind zum Doktor. Der Hürdenlauf auf dem Bildungsweg der Erststudierenden.* Oktober 2021. Online verfügbar unter: https://www.stifterverband.org/medien/vom_arbeiterkind_zum_doktor (Abgerufen am 7. September 2022)

Aufstiegsgeschichten in Literatur und Film

Baron, Christian. *Ein Mann seiner Klasse.* Ullstein Taschenbuch 2021

Dröscher, Daniela. *Zeige deine Klasse.* Hoffmann und Campe Verlag 2018

Eribon, Didier. *Rückkehr nach Reims.* Suhrkamp 2016

Ernaux, Annie. *Die Jahre.* Suhrkamp 2019

Ferrante, Elena. *Neapolitanische Saga* (4 Bände). Suhrkamp 2020

Hillbilly Elegy (2020). Regie: Ron Howard

Kordić, Martin. *Jahre mit Martha.* S. FISCHER 2022

Obama, Michelle. *Becoming.* Goldmann 2018

Stelling, Anke. *Schäfchen im Trockenen.* Btb Verlag 2020

Maid (Miniserie 2021). Regie: John Wells, Helen Shaver, Nzingha Stewart, Lila Neugebauer, Quyen Tran

Ulla Hahn. *Das verborgene Wort.* DVA 2001

Zweig, Stefan. *Rausch der Verwandlung.* Fischer 1982

Beim Aufstieg helfen auch

Arbeiterkind.de. Für alle, die als Erste in ihrer Familie studieren. https://arbeiterkind.de/

Aufsteiger.de. Verbindet Menschen, die wissen, dass auch soziale Hintergründe Lebensläufe beeinflussen. https://aufsteiger.org/

BMBF Aufstiegs-BAföG. Fördert Aufsteigerinnen und Aufsteiger mit Zuschüssen zu Lehrgangsgebühren und zum Lebensunterhalt. https://www.aufstiegs-bafoeg.de/aufstiegsbafoeg/de

Roland Berger Stiftung. Fördert mit dem Deutschen Schülerstipendium begabte Kinder und Jugendliche. https://www.rolandbergerstiftung.org/

SBB – Stiftung Begabtenförderung berufliche Bildung. Fördert engagierte Fachkräfte mit Weiterbildungs- und Aufstiegsstipendien. https://www.sbb-stipendien.de/aufstiegsstipendium

YouTube-Kanal Dr. Wlodarek Lifecoaching. Praktische Tipps für alle, die mehr wollen im Leben. https://www.youtube.com/c/DrWlodarekLifeCoaching/videos

ANMERKUNGEN

Wie der soziale Status das Leben bestimmt

1 Stifterverband für die Deutsche Wissenschaft e.V. *Vom Arbeiterkind zum Doktor. Der Hürdenlauf auf dem Bildungsweg der Erststudierenden*. Oktober 2021. Online verfügbar unter: https://www.stifterverband.org/medien/vom_arbeiter kind_zum_doktor (Abgerufen am 7. September 2022)

2 Paola Zaninotto et al. Socioeconomic Inequalities in Disability-free Life Expectancy in Older People from England and the United States: A Cross-national Population-Based Study. *The Journals of Gerontology*: Series A, Volume 75, Issue 5, May 2020, Pages 906–913. Online verfügbar unter: https://doi.org/10.1093/gerona/glz266 (Abgerufen am 7. September 2022)

3 Aldous Huxley. *Schöne neue Welt*. Fischer 1980

4 Matthias Janson. *Dänemark bietet beste Chance für sozialen Aufstieg*. Statista, 20. Januar 2020. Online verfügbar unter: https://de.statista.com/infografik/20542/laenderranking-nach-dem-social-mobility-index/ (Abgerufen am 7. September 2022)

5 V. Pawlik. *Anzahl der Personen in Deutschland, die im Leben großen Wert auf sozialen Aufstieg legen, von 2017 bis 2021*. Statista, August 2021. Online verfügbar unter: https://de.statista.com/statistik/daten/studie/264181/umfrage/lebenseinstellung-bedeutung-von-sozialem-aufstieg/ (Abgerufen am 7. September 2022)

6 Alexander Graf. Im Fokus: Aufsteigerkinder. Interview mit Aladin El-Mafaalani. *Psychologie heute*, 01/2022, Seiten 46–49

7 V. Pawlik. *Anzahl der Personen in Deutschland, die eine höhere soziale Stellung als ihre Eltern haben, von 2017 bis 2021*. Statista 20. August 2021. Online verfügbar unter: https://de.statista.com/statistik/daten/studie/1314038/umfrage/so ziale-aufsteiger-in-deutschland-nach-soziooekonomischem-status/ (Abgerufen am 7. September 2022)

8 Stefanie Mattes. Aufsteiger gGmbH. Online verfügbar unter: https://aufsteiger.org/ (Abgerufen am 7. September 2022)

1 Stellen Sie sich den Tatsachen

1 Allison Pearson. Kate Middleton: The Commoner Who Could Save the Royal Family. *Newsweek*, 4/3/11. Online verfügbar unter: https://www.newsweek.com/kate-middleton-commoner-who-could-save-royal-family-66427 (Abgerufen am 7. September 2022)

2 Pierre Bordieu. *Die verborgenen Mechanismen der Macht*. VS Verlag 1997, Seite 33

3 Gray, B. & Kish-Gephart, J. Encountering social class differences at work: How »class work« perpetuates inequality. *Academy of Management Review*, 38, 2013, 670–699, Seite 674

4 Die Prozentzahlen sind entnommen aus: Holger Lengfeld; Jessica Ordemann. *Soziale Schichtung und die Entwicklung der gesellschaftlichen Mitte in Ost- und Westdeutschland nach 1990*. Bundeszentrale für politische Bildung. 14. September 2020. Online verfügbar unter: https://www.bpb.de/geschichte/deutsche-einheit/lange-wege-der-deutschen-einheit/314255/soziale-schichtung (Abgerufen am 7. September 2022)

5 Institut der deutschen Wirtschaft Köln e.V. *Die Abstiegsgefahr wird überschätzt. Arm & reich*. Online verfügbar unter: https://www.arm-und-reich.de/verteilung/mittelschicht/ (Abgerufen am 7. September 2022)

6 *ZDF heute*. Schäfer-Gümbel zur Vermögensteuer. »45 Familien besitzen so viel wie 50 Prozent der Bundesbürger«. 26. August 2019. Online verfügbar unter: https://www.zdf.de/nachrichten/heute/schaefer-guembel-verteidigt-plaene-zur-vermoegenssteuer-100.html (Abgerufen am 7. September 2022)

7 Andreas Kemper. *Bewusst gedachte Vertikalismen*. 24. Juli 2013. Online verfügbar unter: https://andreaskemper.org/2013/07/24/bewusst-gedachte-vertikalismen/ (Abgerufen am 7. September 2022)

8 Paul Ingram. Die vergessenen Arbeiterkinder. In: *Harvard Business manager*, 4/2021. Online verfügbar unter: https://www.manager-magazin.de/harvard/strategie/diversity-warum-die-soziale-herkunft-wichtig-ist-a-34cc278c-0002-0001-0000-000176140190 (Abgerufen am 7. September 2022)

9 Wissenschaftliche Dienste des Deutschen Bundestages. Einzelfragen zum Diskriminierungsmerkmal »soziale Herkunft«. Aktenzeichen: WD 3-3000-065/21. Abschluss der Arbeit: 14. April 2021. Online verfügbar unter: WD-3-065-21-pdfVorlage--data.pdf (bundestag.de) (Abgerufen am 7. September 2022)

10 Tijen Onaran. *Diversity Notes – Ausgabe #4*. LinkedIn, 22. Juni 2021. Online verfügbar unter: https://de.linkedin.com/pulse/diversity-notes-ausgabe-4-tijen-onara (Abgerufen am 7. September 2022)

11 Renate Köcher. Aufstiegshoffnungen und Abstiegsängste. In: Kauder, Volker (Hrsg.); Beust, Ole von (Hrsg.). *Chancen für alle. Die Perspektive der Aufstiegsgesellschaft*. Herder 2008. 36–44, Seite 40

2 Helfen Sie Ihrem Glück auf die Sprünge

1 Wikipedia. Bootstrapping. Online verfügbar unter: https://de.wikipedia.org/wiki/Bootstrapping (Abgerufen am 7. September 2022)

2 Biörn Ivemark, A. Ambrose. Habitus Adaptation and First-Generation University Students' Adjustment to Higher Education: A Life Course Perspective. *Sociology of Education*, 2021–01–01

3 Stifterverband für die Deutsche Wissenschaft e.V. (Hg.). *Vom Arbeiterkind zum Doktor. Der Hürdenlauf auf dem Bildungsweg der Erststudierenden*. 2021, Seite 5. Online verfügbar unter: https://d-nb.info/113782980X/34. (Abgerufen am 7. September 2022)

4 Finnish minister Sanna Marin, 34, to become world's youngest PM. BBC, 9 December 2019. Online verfügbar unter: https://www.bbc.com/news/world-europe-50709422 (Abgerufen am 7. September 2022)

5 Michelle Obama. *Becoming*. Goldmann 2018, Seite 65

6 *Wie wurde Beyoncé berühmt? – Die Erfolgsgeschichte*. Popkultur.de, aktualisiert am 10. Januar 2020. Online verfügbar unter: https://popkultur.de/wie-wurde-beyonce-beruehmt-die-erfolgsgeschichte/ (Abgerufen am 7. September 2022)

7 Der Informationsdienst des Instituts der deutschen Wirtschaft. *Der soziale Aufstieg aus dem Elternhaus gelingt*. 15. Januar 2018. Online verfügbar unter: https://www.iwd.de/artikel/der-soziale-aufstieg-aus-dem-elternhaus-gelingt-375787/ (Abgerufen am 7. September 2022)

8 Nils Lindenberg. *Replikation: »Bildungserfolg von Kindern in Abhängigkeit von der Stellung in der Geschwisterreihe.«* Universität Leipzig, 21. September 2016

9 Martin Kordić. *Jahre mit Martha*. S. FISCHER; 2. Edition (31. August 2022)

10 Biontech-Chef: Lieblingslehrerin hat Anteil am Impferfolg. *Süddeutsche Zeitung*, 16. September 2021, dpa-infocom, dpa:210916-99-242922/3. Online verfügbar unter: https://www.sueddeutsche.de/leben/leute-koeln-biontech-chef-lieblingslehrerin-hat-anteil-am-impferfolg-dpa.urn-newsml-dpa-com-20090101-210916-99-242922 (Abgerufen am 7. September 2022)

11 Arnfrid Schenk. Wer fremdelt, schafft es nicht. *DIE ZEIT*, Nr. 35/2013, 22. August 2013. Online verfügbar unter: https://www.zeit.de/2013/35/hochschule-migranten-elite/komplettansicht (Abgerufen am 7. September 2022)

12 Mesut Bayraktar. Solange du in deinem Milieu lebst, merkst du gar nicht, dass du unterdrückt wirst. *TAZ Blogs*, 08. Juli 2019. Online verfügbar unter: https://blogs.taz.de/stilbruch/2019/07/08/solange-du-in-deinem-milieus-lebst-merkst-du-gar-nicht-dass-du-unterdrueckt-wirst/ (Abgerufen am 7. September 2022)

13 Thomas Klein. Der Trugschluss von der Liebe. *Ruperto Carola*, 1/2000. Online verfügbar unter: https://www.uni-heidelberg.de/presse/ruca/ruca1_2000/klein.html (Abgerufen am 7. September 2022)

14 Elizabeth Barrett Browning, Robert Browning. *The Love Letters of Elizabeth Barrett and Robert Browning*. e-artnow ebooks, 2015

15 Suzanne Kellner. The American Dream of Family: Ideals and Changing Realities (Summer 1991). *Journal of Comparative Family Studies*, Vol. 22, No. 2, pp. 159–182

3 Treten Sie aus Ihrem Schatten heraus

1 Stefan Braun. Ende einer Ära. *Süddeutsche Zeitung*, 8. Dezember 2021, Nr. 284, Seite 2
2 »aschenbrödel«, in: *Deutsches Wörterbuch von Jacob Grimm und Wilhelm Grimm*, Erstbearbeitung (1854–1960), digitalisierte Version im Digitalen Wörterbuch der deutschen Sprache, Online verfügabar unter: https://www.dwds.de/wb/dwb/aschenbr%C3%B6del (Abgerufen am 7. September 2022)
3 *Manager Magazin*. Marilyn-Monroe-Porträt für Rekordpreis versteigert. 10. Mai 2022. Online verfügbar unter: https://www.manager-magazin.de/lifestyle/stil/andy-warhol-portraet-von-marilyn-monroe-bei-christie-s-fuer-rekordpreis-versteigert-a-b002d124-27b7-47a6-822f-cac7d8728c8f (Abgerufen am 7. September 2022)
4 Aladin El-Mafaalani. *Bildungsaufstieg – (K)eine Frage von Leistung allein?* Bundeszentrale für politische Bildung, 22. April 2015. Online verfügbar unter: https://www.bpb.de/themen/bildung/dossier-bildung/205371/bildungsaufstieg-k-eine-frage-von-leistung-allein/#node-content-title-(Abgerufen am 7. September 2022)3
5 Adrian Schräder. Jack Harlow: Der coolste Nerd aller Zeiten an der Spitze der Charts. *Neue Zürcher Zeitung*, 2. Februar 2022
6 Muhammad Ali Center. | Red Bike Moment©. Online verfügbar unter: https://alicenter.org/red-bike-moment/ (Abgerufen am 7. September 2022)
7 YouTube-Kanal Dr. Wlodarek Lifecoaching. Online verfügbar unter: https://www.youtube.com/c/DrWlodarekLifeCoaching?app=desktop (Abgerufen am 7. September 2022)
8 Michelle Obama. *Becoming*. Goldmann 2018, Seite 27

4 Legen Sie die bestmöglichen Grundlagen

1 My GrandStory. *Ugur Sahins GrandStory*. Online verfügbar unter: https://mygrandstory.org/ugur-sahin/ (Abgerufen am 7. September 2022)
2 Rainer Zitelmann. Sie wären gerne Millionär? Dann steht vielleicht nur Ihre Persönlichkeit im Weg. *Finanzen100*, 10. April 2022. Online verfügbar unter: https://www.finanzen100.de/finanznachrichten/boerse/sie-waeren-gerne-millionaer-dann-steht-vielleicht-nur-ihre-persoenlichkeit-im-weg_H1681817225_79563858/ (Abgerufen am 7. September 2022)
3 Wikipedia Abiturientenquote. Online verfügbar unter: https://www.google.de/search?q=Abiturientenquote+%E2%80%93+Wikipedia&ie=UTF-8&oe= (Abgerufen am 7. September 2022)

4 Wulf Hopf; Benjamin Edelstein. *Chancengleichheit zwischen Anspruch und Wirklichkeit.* 12. September 2018. Online verfügbar unter: https://www.bpb.de/themen/bildung/dossier-bildung/174634/chancengleichheit-zwischen-anspruch-und-wirklichkeit/ (Abgerufen am 7. September 2022)

5 Karl Lauterbach, Katrin Göring-Eckardt, Prof. Dr. Andreas Pinkwart und Dr. Dietmar Bartsch. Und Ihre Bildungshürde? *Die Zeit*, Nr. 22/2017, 24. Mai 2017. Online verfügbar unter: https://www.zeit.de/2017/22/chancengleichheit-bildung-ausbildung-politiker (Abgerufen am 7. September 2022)

6 Annette Bruhns. Was können IQ-Tests leisten? *Spiegel Wissenschaft*, 18. Januar 2018. Online verfügbar unter: https://www.spiegel.de/spiegelwissen/intelligenzforscher-aljoscha-neubauer-ueber-iq-einflussfaktoren-a-1188104.html (Abgerufen am 7. September 2022)

7 Werner Helsper u. a. Bildungshabitus und Übergangserfahrungen bei Kindern. In: *Bildungsentscheidungen: Zeitschrift für Erziehungswissenschaft*, Sonderheft 12, 2009. 126–152, Seite 128

8 Peter Alheit. Die Exklusionsmacht des universitären Habitus. In: Ricken N., Koller H. C., Keiner E. (eds). *Die Idee der Universität – revisited.* Springer VS, Wiesbaden, 2013. Online verfügbar unter: https://doi.org/10.1007/978-3-531-19157-7_10 (Abgerufen am 7. September 2022)

9 Kai Maaz, Jürgen Baumert, Cornelia Gresch, Nele McElvany (Hrsg.). *Der Übergang von der Grundschule in die weiterführende Schule. Leistungsgerechtigkeit und regionale, soziale und ethnisch-kulturelle Disparitäten.* Bildungsforschung Band 34. Bonn 2010. Online verfügbar unter: https://www.nds-zeitschrift.de/fileadmin/user_upload/nds_6-7-2018/PDFs/16_Der_U__bergang_von_der_Grundschule_in_die_weiterfu__hrende_Schule.pdf (Abgerufen am 7. September 2022)

10 Michelle Obama. *Becoming.* Goldmann 2018, Seite 68

11 Joachim Tiedemann, Elfriede Billmann-Mahecha. Wie erfolgreich sind Gymnasiasten ohne Gymnasialempfehlung? *Zeitschrift für Erziehungswissenschaft*, 2010/12/01, Seiten 649–660

5 Arbeiten Sie mit dem, was Sie haben

1 Helmut Schmidt. *Wer Visionen hat, sollte zum Arzt gehen.* NDR, 10. November 2020. Online verfügbar unter: https://www.ndr.de/geschichte/koepfe/Helmut-Schmidt-Die-besten-Zitate,schmidtzitate102.html (Abgerufen am 7. September 2022)

2 *Wie wurde Beyoncé berühmt? – Die Erfolgsgeschichte.* Popkultur.de, aktualisiert am 10. Januar 2020. Online verfügbar unter: https://popkultur.de/wie-wurde-beyonce-beruehmt-die-erfolgsgeschichte (Abgerufen am 7. September 2022)

3 Joe Miller, Uğur Şahin, Özlem Türeci. Projekt Lightspeed. *Der Weg zum BioNTech-Impfstoff – und zu einer Medizin von morgen.* Rowohlt Buchverlag 2021

4 Claudia Pöhlmann, Bettina Hannover, Ulrich Kühnen und Norbert Birkner. Independente und interdependente Selbstkonzepte als Determinanten des Selbstwerts. *Zeitschrift für Sozialpsychologie* (2002), 33, pp. 111–121. Online verfügbar unter: https://doi.org/10.1024//0044-3514.33.2.111 (Abgerufen am 7. September 2022)
5 Aldous Huxley. *Two or three graces.* Cosimo Classics 1926
6 Stephen Covey. *Die 7 Wege zur Effektivität: Prinzipien für persönlichen und beruflichen Erfolg.* Gabal, Offenbach 2005
7 Takis Würger. Die arbeitslose Bürokauffrau, die aus Trotz einen Bestseller schrieb. *Spiegel,* 3/2020. 16. Januar 2020. Online verfügbar unter: https://www.spiegel.de/kultur/literatur/rita-falk-eine-arbeitslose-buerokauffrau-wird-mit-bestsellern-reich-a-00000000-0002-0001-0000-000168892077 (Abgerufen am 7. September 2022)
8 Rita Falk. Der Anfang von meinem ganz persönlichen Märchen. *26 Zeichen – Der dtv Blog.* 17. März 2015. Online verfügbar unter: https://blog.dtv.de/hintergrund/rita-falk-teil1/ (Abgerufen am 7. September 2022)

6 Fragen Sie nicht ständig nach dem Nutzen

1 Werner Sombart. *Liebe, Luxus und Kapitalismus.* 2. Auflage, 1922
2 Jules Renard. *Ideen, in Tinte getaucht. Aus dem Tagebuch.* dtv 1990
3 Lambert Wiesing. *Luxus tut gut.* Domradio.de, 13. Juni 2016. Online verfügbar unter: https://www.domradio.de/artikel/professor-lambert-wiesing-ueber-echte-luxuserfahrungen (Abgerufen am 7. September 2022)

7 Nehmen Sie Äußerlichkeiten ernst

1 Johann Wolfgang von Goethe. Maximen und Reflexionen. In: *Werke*; Hamburger Ausgabe; Kunst und Literatur: Schriften zur Kunst, Schriften zur Literatur, Maximen und Reflexionen; Bnd. 12; Deutscher Taschenbuch Verlag 1982, Seite 369.
2 Elena Ferrante. *Die Geschichte eines neuen Namens.* Suhrkamp 2019, Seite 604f.
3 Wolf-Rüdiger Pfrang. *Mai Thi Nyuyen Kim in prominenter Gesellschaft.* Penguin Tappers, Juli 2019. Online verfügbar unter: https://www.penguin-tappers.de/wp-content/uploads/Mai-Thi-HJ-Friedrichspreis-2019-1.pdf (Abgerufen am 7. September 2022)
4 Michelle Obama. *Becoming.* Goldmann 2018, Seite 385
5 Benkí, José; Broome, Jessica; Conrad, Fred; Groves, Robert; Kreuter, Frauke. *Effects of Speech Rate, Pitch, and Pausing on Survey Participation Decisions.* 2022
6 media.zeit.de. DIE ZEIT Objektprofil. Online verfügbar unter: https://media.zeit.de/wp-content/uploads/2022/02/220125_Print_Praesentation-Buchverlage_2022.pdf (Abgerufen am 7. September 2022)

7 Johann Peter Eckermann. *Gespräche mit Goethe in den letzten Jahren seines Lebens 1823–1832.* Sonntag, den 12. April 1829. Projekt Gutenberg-DE. Online verfügbar unter: https://www.projekt-gutenberg.org/eckerman/gesprche/gsp2036.html (Abgerufen am 7. September 2022)

8 Laura Weißmüller. MAK-Chefin Lilli Hollein. »Hey, geh rein und schau, was du entdeckst!« *Süddeutsche Zeitung*, 26. Januar 2022

8 Ziehen Sie Ihre Familie mit

1 Gregory Clark. *The Son also Rises. Surnames and the History of Social Mobility.* Princeton Univers. Press 2015

2 Peony Hirwani. »My daughters are so much wiser and more sophisticated and gifted than I was at their age,« says Obama. *Independent*, 08 June 2021. Online verfügbar unter: https://www.independent.co.uk/life-style/obama-daughters-malia-sasha-cnn-b1861514.html (Abgerufen am 7. September 2022)

3 Büchner, Peter; Brake, Anna. Die Familie als Bildungsort: Strategien der Weitergabe und Aneignung von Bildung und Kultur im Alltag von Mehrgenerationenfamilien. Forschungsbericht über ein abgeschlossenes DFG-Projekt. *Zeitschrift für Soziologie der Erziehung und Sozialisation*, 27 (2007) 2, Seiten 197–213. Online verfügbar unter: https://www.pedocs.de/volltexte/2012/5611/pdf/ZSE_2007_2_Buechner_Brake_Familie_Bildungsort_D_A.pdf (Abgerufen am 7. September 2022)

4 Olaf Przybilla. Blaibach sollte überall sein. *Süddeutsche Zeitung*, Nr. 203, 3./4. September 2022, Seite 61

5 Aladin El-Mafaalani. *Bildungsaufstieg – (K)eine Frage von Leistung allein?* Bundeszentrale für politische Bildung. 22. April 2015. Online verfügbar: https://www.bpb.de/themen/bildung/zukunft-bildung/205371/bildungsaufstieg-keine-frage-von-leistung-allein/ (Abgerufen am 7. September 2022)

6 Daniela Dröscher. *Zeige deine Klasse. Die Geschichte meiner sozialen Herkunft.* Hoffmann und Campe 2018, Seite 132

7 Alexander Graf. Im Fokus: Aufsteigerkinder. Interview mit Aladin El-Mafaalani. *Psychologie heute*, 01/2022, Seite 49

8 Didier Eribon. *Gesellschaft als Urteil. Klassen, Identitäten, Wege.* Suhrkamp 2017, Seite 20

9 V. Pawlik. Umfrage in Deutschland zu wichtigen Lebensaspekten, Zielen und Werten bis 2022. Statista, 19. Juli 2022. Online verfügbar unter: https://de.statista.com/statistik/daten/studie/170820/umfrage/als-besonders-wichtig-erachtete-aspekte-im-leben/ (Abgerufen am 7. September 2022)

10 »check your habitus«. Online verfügbar unter: https://checkyourhabitus.com/ (Abgerufen am 7. September 2022)

11 Ivemark B, Ambrose A. Habitus Adaptation and First-Generation University Students' Adjustment to Higher Education: A Life Course Perspective. *Sociology of Education*. 2021; 94(3), 191–207. doi:10.1177/00380407211017060. Online

verfügbar unter: https://journals.sagepub.com/doi/full/10.1177/0038040721 1017060 (Abgerufen am 7. September 2022)

12 Europäische Kommission. *Der Quelle der Diskriminierung auf den Grund gehen.* Cordis, Forschungsergebnisse der EU. Online verfügbar unter: https://cordis.europa.eu/article/id/415931-getting-to-the-source-of-discrimination/de (Abgerufen am 7. September 2022)

9 Lassen Sie sich von Verbündeten nach oben tragen

1 *Sportlexikon.* Windschatten beim Radrennen und seine Auswirkungen. 23. April 2022. Online verfügbar unter: https://www.sportlexikon.com/strasse-windschatten#:~:text=Was%20bringt%20der%20Windschatten%3F,Gegenwind%20h%C3%B6her%20%2D%20ganz%20nach%20situation. (Abgerufen am 7. September 2022)

2 Christian Baron. In der falschen Klasse. *Fluter,* 14. September 2020. Online verfügbar unter: https://www.fluter.de/studieren-als-arbeiterkind-erfahrungsbericht (Abgerufen am 7. September 2022)

3 Cristin Liekfeldt. Die 10 Eigenschaften erfolgreicher Gründer. *Companisto,* 21. Novembar 2017. Online verfügbar unter: https://www.companisto.com/de/blog/allgemeines/die-zehn-eigenschaften-erfolgreicher-gruender-198 (Abgerufen am 7. September 2022)

4 Porter Gale. *Your Network Is Your Net Worth: Unlock the Hidden Power of Connections for Wealth, Success, and Happiness in the Digital Age.* Atria Books, 2013

5 Gabriela Meyer. *Modern Life Etikette.* Humboldt Verlag, 2020

6 Ruth Hutsteiner. *»Erfolgsgesetz«, das nicht immer gilt.* science@orf.at, 15. Oktober 2019. Online verfügbar unter: https://science.orf.at/v2/stories/2992635/ (Abgerufen am 7. September 2022)

10 Verwirklichen Sie, was für Sie das Höchste ist

1 Nele Neuhaus. *Wie ich Schriftstellerin wurde. Juni 2015.* Online verfügbar unter: https://www.neleneuhaus.de/files/user_upload/Welcomebox/Neuhaus_Essay_A5_DE.pdf (Abgerufen am 7. September 2022)

2 Nele Neuhaus Stiftung. Online verfügbar unter: https://www.nele-neuhaus-stiftung.de/ (Abgerufen am 7. September 2022)

3 Michael W. Kraus; Nicole M. Stephens. A Road Map for an Emerging Psychology of Social Class. *Social and Personality Psychology Compass,* 6/9 (2012), 642–656. Online verfügbar unter: https://krauslab.com/Kraus&Stephens.Compass.2012.pdf (Abgerufen am 7. September 2022)

4 John Puthenpurackal. Die Wahrheit hinter meinem Erfolg. Die Krimi-Autorin im BILD.de-Interview, *Bild,* 13. Mai 2013. Online verfügbar unter: https://www.bild.de/unterhaltung/leute/schriftstellerin/die-krimi-autorin-nele-neuhaus-im-interview-30373458.bild.html (Abgerufen am 7. September 2022)

5 Michelle Obama. *Becoming*. Goldmann 2018, Seite 183

11 Stärken Sie Ihr Erfolgs-Mindset

1 Dorothea Siems. Die Deutschen haben ein Problem mit ihren Reichen. *Welt*, 11. Februar 2019. Online verfügbar unter: https://www.welt.de/wirtschaft/article188559111/Millionaere-Die-Deutschen-koennen-den-Reichtum-der-Anderen-kaum-aushalten.html (Abgerufen am 7. September 2022)
2 Als Maßstab für Reichtum wurde ein Geldvermögen von mindestens einer Million Euro ohne Einbeziehung von Wohneigentum genommen.
3 Sabine Pokorny. Gesundheit und Familie vor Arbeit und Einkommen – Studie zum sozialen Aufstieg in Deutschland. Konrad Adenauer Stiftung. Ausgabe 247. Mai 2017. Online verfügbar unter: https://www.kas.de/documents/252038/253252/7_dokument_dok_pdf_49017_1.pdf/128ce812-9ea5-2da5-05ec-382e33dea53a?version=1.0&t=1539649085975 (Abgerufen am 7. September 2022)
4 Paul Smeets, Ashley Whillans, Rene Bekkers et al. Time Use and Happiness of Millionaires: Evidence From the Netherlands. *Social Psychological and Personality Science*. Volume 11, issue 3, pages 295–307. Online verfügbar unter: https://journals.sagepub.com/doi/full/10.1177/1948550619854751 (Abgerufen am 7. September 2022)
5 Sabrina Rutter. *Sozioanalyse in der pädagogischen Arbeit. Ansätze und Möglichkeiten zur Bearbeitung von Bildungsungleichheit*. Springer 2020, Seite 51
6 Kerstin Holzer. Im Gespräch: Karl Lagerfeld: »Ich habe keine Selbstdisziplin«. *SZ am Wochenende* vom 31. Dezember 2010/1./2. Januar 2011
7 Heike Bruch, Bernd Vogel. Die Philosophie der Nummer eins. *Harvard Business Manager*, 06/2008. Online verfügbar unter: https://www.manager-magazin.de/harvard/fuehrung/die-philosophie-der-nummer-eins-a-e0039078-0002-0001-0000-000057023072 (Abgerufen am 7. September 2022)
8 Rainer Zitelmann. New Psychological Studies: How the wealthy really are different from everyone else. *Forbes*, May 8, 2019
9 Leckelt M. et al. (2018): The rich are different: Unraveling the perceived and self-reported personality profiles of high net-worth individuals. *British Journal of Psychology*. Online verfügbar unter: https://doi.org/10.1111/bjop.12360 (Abgerufen am 7. September 2022)

12 Passen Sie sich langsam an die Höhe an

1 Stefan Zweig. *Rausch der Verwandlung*. Fischer 1982, Seite 104
2 Ebd, Seite 136
3 Ebd, Seite 135
4 Colm Toibin. *The Magician*, S. 317
5 William Shakespeare. *Heinrich IV*. Teil 1, Akt V, Szene 4

6 Dagmar v. Taube. Hausbesuch bei Supermodel Claudia Schiffer – »Prüde war ich nie«. *Welt*, 16. Mai 2010. Online verfügbar unter: https://www.welt.de/vermischtes/article7649807/Claudia-Schiffer-Pruede-war-ich-nie.html (Abgerufen am 7. September 2022)
7 Jeroen Van Rooijen. Die berühmteste Deutsche der Moderne. *Bellevue NZZ*, 24. August 2017. Online verfügbar unter: https://bellevue.nzz.ch/mode-beauty/30-jahre-supermodel-claudia-schiffer-die-beruehmteste-deutsche-der-moderne-ld.1312469 (Abgerufen am 7. September 2022)
8 Anke Schipp. Das Model, das kein Model werden wollte. *Faz.net*, 24. August 2020. Online verfügbar unter: https://www.faz.net/aktuell/stil/mode-design/wie-claudia-schiffer-zum-wichtigsten-deutschen-model-wurde-16915619.html (Abgerufen am 7. September 2022)
9 Claudia Schiffer – von der Kö zur Königin der Modewelt. *Stern*, 25. August 2020. Online verfügbar unter: https://www.stern.de/lifestyle/leute/claudia-schiffer-wird-50--von-der-koe-zur-koenigin-der-modewelt-7597514.html (Abgerufen am 7. September 2022)
10 Stefan Zweig. *Rausch der Verwandlung*. Fischer 1982, Seite 115
11 Christina Berndt et al. Mit Herz und Verstand. *Süddeutsche Zeitung*, Nr. 59, 12./13. März, Seite 35

13 Veredeln Sie Ihren Geschmack

1 Selbststaendig.de. *Statussymbole im Wandel: Damit machen Sie im Business heute Eindruck*. Online verfügbar unter: https://www.selbststaendig.de/statussymbole-im-wandel-eindruck-im-business (Abgerufen am 7. September 2022)
2 Richard A. Peterson and Roger M. Kern. Changing Highbrow Taste: From Snob to Omnivore. *American Sociological Review*, Vol. 61, No. 5 (Oct., 1996), pp. 900–907. Online verfügbar unter: https://www.jstor.org/stable/2096460 (Abgerufen am 7. September 2022)
3 Heinz Abels, Alexandra König. Pierre Bourdieu: Über Relationen und kulturelles Kapital, die Einverleibung eines Habitus und ein Subjekt in Anführungszeichen. In: *Sozialisation*. VS-Verlag 2010, Seite 317
4 Sinus-Milieus® einfach erklärt, 07. Januar 2020. Online verfügbar unter: https://www.sinus-institut.de/media-center/videos/sinus-milieus-einfach-erklaert (Abgerufen am 7. September 2022)
5 Jan Kedves, Julia Werner. In aller Bescheidenheit. *Süddeutsche Zeitung*, 22. April 2021. Online verfügbar unter: https://www.sueddeutsche.de/stil/baerbock-laschet-mode-stil-1.5272128 (Abgerufen am 7. September 2022)
6 Mike Cummings. Yale study shows class bias in hiring based on few seconds of speech. *Yale News*, October 21, 2019. Online verfügbar unter: https://news.yale.edu/2019/10/21/yale-study-shows-class-bias-hiring-based-few-seconds-speech (Abgerufen am 7. September 2022)

7 Mauss, M. *Die Gabe. Die Form und Funktion des Austauschs in archaischen Gesellschaften*. Frankfurt am Main: Suhrkamp 1968

8 Ilse Hartmann-Tews, Susanne Eschelbach. *Sport für alle – aber mit feinen Unterschieden. Zum Zusammenhang von sozialer Schichtung und Sportpartizipation.* 2017, Seite 66. Online verfügbar unter: https://www.researchgate.net/publication/330322458_Sport_fur_alle_-_aber_mit_feinen_Unterschieden_Zum_Zusammenhang_von_sozialer_Schichtung_und_Sportpartizipation (Abgerufen am 7. September 2022)

9 Christopher Schwarz. Am wichtigsten ist Souveränität. *WirtschaftsWoche*, Interview von 23. Februar 2019. Online verfügbar unter: https://www.wiwo.de/erfolg/beruf/elitenforscher-michael-hartmann-gestus-der-gelassenheit/24027930-2.html (Abgerufen am 7. September 2022)

10 Pierre Bourdieu. *Die feinen Unterschiede. Kritik der gesellschaftlichen Urteilskraft.* Suhrkamp, Erschienen 1987, 26. Auflage 2018. S. 388

11 Elena Ferrante. *Die Geschichte eines neuen Namens.* Suhrkamp 2019, Seite 614

12 Winfried Menninghaus. *Schönheit, Eleganz, Anmut und Sexiness im Vergleich.* Forschungsbericht 2019 – Max-Planck-Institut für empirische Ästhetik. Online verfügbar unter: https://www.mpg.de/14493770/ae_jb_2019 (Abgerufen am 7. September 2022)

13 Michael L. Thomas. Pro und Contra: Lässt sich über Geschmack streiten? *Philosophie InDebate*, 25. März 2015. Online verfügbar: https://philosophie-indebate.de/2199/pro-und-contra/ (Abgerufen am 7. September 2022)

14 Elena Ferrante. *Die Geschichte eines neuen Namens.* Suhrkamp 2019, Seite 614

14 Bieten Sie Ihrem inneren Hochstapler die Stirn

1 David Keirsey. Scam Artist. *Personology and Relational Science.* March 6, 2022. Online verfügbar unter: http://brainsandcareers.com/inventing-anna (Abgerufen am 7. September 2022)

2 Jaruwan Sakulku. The Impostor Phenomenon. *The Journal of Behavioral Science*, 2011, 6(1), pp. 75–97

3 Rose Leadem. *12 Leaders, Entrepreneurs and Celebrities Who Have Struggled With Imposter Syndrome.* November 8, 2017. Online verfügbar unter: https://www.entrepreneur.com/slideshow/304273 (Abgerufen am 7. September 2022)

4 Marc Brown. Michelle Obama tells London school she still has impostor syndrome. *The Guardian*, Mon 3 Dec 2018. Online verfügbar unter: https://www.theguardian.com/us-news/2018/dec/03/michelle-obama-tells-london-school-she-still-has-imposter-syndrome (Abgerufen am 7. September 2022)

5 Nina Jerzy. Tiefstapler sind ganz hervorragende Führungskräfte. *Wirtschaftswoche*, 23. Februar 2021. Online verfügbar unter: https://www.wiwo.de/erfolg/beruf/karriere-tiefstapler-sind-ganz-hervorragende-fuehrungskraefte/26932884.html (Abgerufen am 7. September 2022)

6 Gabriela Herpell. Ich fand Schreien immer schrecklich. *Süddeutsche Zeitung* Magazin, Nummer 28, 15. Juli 2022. 10–16, Seite 12
7 Elena Ferrante. *Die Geschichte eines neuen Namens.* Suhrkamp 2019, Seite 601
8 Orth, U., Erol, R. Y., & Luciano, E. C. (2018). Development of self-esteem from age 4 to 94 years: A meta-analysis of longitudinal studies. *Psychological Bulletin,* 144(10), 1045–1080. Online verfügbar unter: http://dx.doi.org/10.1037/bul0000161 (Abgerufen am 7. September 2022)
9 Thomas Götz, Franzis Preckel. Der »Big-fish-little-pond-Effekt« (»Fischteicheffekt«): Eine Untersuchung an der Sir-Karl-Popper-Schule und am Wiedner Gymnasium in Wien. *Özbf news & science*; 14 (2006), Seiten 24–26. Online verfügbar unter: https://kops.uni-konstanz.de/bitstream/handle/123456789/13758/G%C3%B6tz%26Preckel_2006_%C3%96zbfNewsletter_Fischteicheffekt1.pdf (Abgerufen am 7. September 2022)
10 Nina Jerzy. Tiefstapler sind ganz hervorragende Führungskräfte. *Wirtschaftswoche,* 20. Juni 2022. Online verfügbar unter: https://www.wiwo.de/erfolg/beruf/karriere-tiefstapler-sind-ganz-hervorragende-fuehrungskraefte/26932884.html (Abgerufen am 7. September 2022)
11 Stephen Johnson. Why it's hard to tell when high-class people are incompetent. *The Present,* May 23, 2019. Online verfügbar unter: https://bigthink.com/the-present/overconfidence/ (Abgerufen am 7. September 2022)
12 Nina Jerzy. Tiefstapler sind ganz hervorragende Führungskräfte. *Wirtschaftswoche,* 20. Juni 2022. Online verfügbar unter: https://www.wiwo.de/my/erfolg/beruf/karriere-tiefstapler-sind-ganz-hervorragende-fuehrungskraefte/26932884.html (Abgerufen am 7. September 2022)
13 Peter Belmi, Margaret A. Neale, David Reiff and Rosemary Ulfe. The Social Advantage of Miscalibrated Individuals: The Relationship Between Social Class and Overconfidence and Its Implications for Class-Based Inequality. *Journal of Personality and Social Psychology: Interpersonal Relations and Group Processes.* 2020, Vol. 118, No. 2, 254 –282, Seite 258. Online verfügbar unter: https://www.apa.org/pubs/journals/releases/psp-pspi0000187.pdf (Abgerufen am 7. September 2022)
14 Wikipedia. Edward Smith (sea captain). Online verfügbar unter: https://en.wikipedia.org/wiki/Edward_Smith_(sea_captain) (Abgerufen am 7. September 2022)

15 Versöhnen Sie Herkunft und Zukunft

1 Didier Eribon. *Rückkehr nach Reims.* Suhrkamp, Berlin 2016
2 Katrin Blum. Einer steigt auf. *ZEIT online,* 15. Februar 2021. Online verfügbar unter: https://www.zeit.de/arbeit/2021-02/sozialer-aufstieg-klassismus-geschwister-aufstieg-familie-entfremdung (Abgerufen am 7. September 2022)
3 Elena Ferrante. *Die Geschichte eines neuen Namens.* Suhrkamp 2019, Seiten 644–646

4 Ingrid Miethe. Der Mythos von der Fremdheit der Bildungsaufsteiger_innen im Hochschulsystem. *Zeitschrift für Pädagogik*, 63 (2017) 6, 686–707, Seite 694, 698. Online verfügbar unter: https://www.pedocs.de/volltexte/2020/18822/pdf/ZfPaed_2017_6_Miethe_Der_Mythos_von_der_Fremdheit.pdf (Abgerufen am 7. September 2022)

5 Alfred Lubrano. A Man's Life: An ongoing conversation about what it means to be a man in the 21st century. *Wabash Magazine Online*. Online verfügbar unter: https://www.wabash.edu/magazine/index.cfm?news_id=2130 (Abgerufen am 7. September 2022)

6 Robert Emmons, Charles M. Shelton. Gratitude and the Science of Positive Psychology. In: Shane J. Lopez, C. R. Snyder. *Handbook of Positive Psychology*. Oxford University Press 2002. 459–471, Seite 460. Online verfügbar unter: http://ldysinger.stjohnsem.edu/@books1/Snyder_Hndbk_Positive_Psych/Snyder_Lopez_Handbook_of_Positive_Psychology.pdf (Abgerufen am 7. September 2022)

7 Motoki Tonn. »Narben aus Gold« – Kintsugi als Metapher für unser Leben. 28. September 2020. *Finde Zukunft*. Online verfügbar unter: https://finde-zukunft.de/blog/narben-aus-gold-nbspkintsugi-als-metapher-fr-unser-leben (Abgerufen am 7. September 2022)

8 Oriel FeldmanHall el al. Stimulus generalization as a mechanism for learning to trust. *PNAS* (2018). Online verfügbar unter: www.pnas.org/cgi/doi/10.1073/pnas.1715227115 (Abgerufen am 7. September 2022)

9 *Stern*. Momente der TV-Geschichte. »Die war nie in Paris« – Karl Lagerfeld vernichtet Heidi Klum. 19. Februar 2022 Online verfügbar unter: https://www.stern.de/kultur/tv/karl-lagerfeld-vernichtet-heidi-klum---die-war-nie-in-paris--9389314.html (Abgerufen am 7. September 2022)

10 Steve Quartz. How the rebel, the beatnik and the hipster became their own status symbols. *PBS*. Sept, 10, 2015. Online verfügbar unter: https://www.pbs.org/newshour/economy/shift-consumerism-1950s-brought-rebel-cool (Abgerufen am 7. September 2022)

11 Inga Michler. Zu laut, zu schräg, zu schnell verdientes Geld. *Welt*, 15. März 2013. Online verfügbar unter: https://www.welt.de/debatte/kommentare/article114481458/Zu-laut-zu-schraeg-zu-schnell-verdientes-Geld.html (Abgerufen am 7. September 2022)

16 Aktualisieren Sie Ihr Verhältnis zu Geld

1 Website Sascha Lobo. Online verfügbar unter: https://saschalobo.com/vortraege/ (Abgerufen am 7. September 2022)

2 Gray, B. & Kish-Gephart, J. Encountering social class differences at work: How »class work« perpetuates inequality. *Academy of Management Review*, 38, 2013, 670–699, Seite 682

3 Lucas Fichter. Warum Menschen gründen – und was das für ihren Erfolg bedeutet. *Gründerszene*, 23. April 2021, Seite 517. Online verfügbar unter: https://www.businessinsider.de/gruenderszene/karriere-startup/warum-grunder-grunden-unternehmenserfolg-studie/ (Abgerufen am 7. September 2022)
4 Finanztip Stiftung. *Finanzwissen in Deutschland.* September 2021, Seite 23. Online verfügbar unter: https://www.finanztip-stiftung.de/finanzwissen-studie/ (Abgerufen am 7. September 2022)
5 Statistisches Bundesamt. 46 % der Bevölkerung lebten 2021 von eigener Erwerbstätigkeit. Pressemitteilung Nr. 140 vom 31. März 2022. Online verfügbar unter: https://www.destatis.de/DE/Presse/Pressemitteilungen/2022/03/PD22_140_122.html (Abgerufen am 7. September 2022
6 Christoph Sackmann. Ober- oder Unterschicht? Neue Studie zeigt, wo Sie mit Ihrem Vermögen stehen. *Focus*. 29. Oktober 2020. Online verfügbar unter: https://www.focus.de/finanzen/boerse/geldanlage/zahlen-fuer-jede-altersgruppe-ober-oder-unterschicht-studie-zeigt-wo-sie-mit-ihrem-vermoegen-stehen_id_12583735.html (Abgerufen am 7. September 2022)
7 Judith Niehues, Maximilian Stockhausen. IW-Kurzbericht 105/2020 Vermögensgrenzen: große gruppenspezifische Unterschiede. 25. Oktober 2020. Online verfügbar unter: https://www.iwkoeln.de/fileadmin/user_upload/Studien/Kurzberichte/PDF/2020/IW-Kurzbericht_2020_Vermoegensgrenzen.pdf (Abgerufen am 7. September 2022)
8 Carsten Schröder, Charlotte Bartels, Konstantin Göbler, Markus M. Grabka, Johannes König. MillionärInnen unter dem Mikroskop. *DIW Wochenbericht*, 29 / 2020, S. 511–521. Online verfügbar unter: https://www.diw.de/documents/publikationen/73/diw_01.c.793783.de/20-29.pdf. (Abgerufen am 7. September 2022) Anmerkung: Die Studie lässt außer Acht, dass der Vermögensaufbau und -abbau ein dynamischer, lebenslanger Prozess ist.
9 Lisa Oenning. »Als reich würde ich mich nicht empfinden«: Scholz empört mit Seitenhieb gegen Merz. *Handelsblatt*, 5. Oktober 2020. Online verfügbar unter: https://www.handelsblatt.com/politik/deutschland/bundesfinanzminister-als-reich-wuerde-ich-mich-nicht-empfinden-scholz-empoert-mit-seitenhieb-gegen-merz/26242912.html (Abgerufen am 7. September 2022)
10 FORBES-LISTE 2022. Das sind die 30 reichsten Deutschen. *Stern*, 12. April 2022. Online verfügbar unter: https://www.stern.de/wirtschaft/forbes-liste-2022--das-sind-die-30-reichsten-deutschen-31775842.html (Abgerufen am 7. September 2022)
11 Katie Warren. 11 mind-blowing facts that show just how wealthy Bill Gates really is. *Business Insider*, May 4, 2021. Online verfügbar unter: https://www.businessinsider.com/how-rich-is-bill-gates-net-worth-mind-blowing-facts-2019–5#7-gates-is-so-rich-that-an-average-american-spending-1-is-similar-to-gates-spending-about-12-million-8 (Abgerufen am 7. September 2022)

17 Gehen Sie in Führung

1 Erik Flügge @erik_fluegge. 13. Juli 2022. Online verfügbar unter: https://twitter.com/erik_fluegge/status/1547156644827734018 (Abgerufen am 7. September 2022)

2 Krista M. Soria, Deeqa Hussein, Carolyn Vue. Leadership for Whom? Socioeconomic Factors Predicting Undergraduate Students' Positional Leadership Participation. *Journal of Leadership Education*, 2014. 14–30. Online verfügbar unter: https://journalofleadershiped.org/wp-content/uploads/2019/02/soria131.pdf (Abgerufen am 7. September 2022)

3 Jobkomm-Redaktion. *Leiter oder Spezialist*. Jobkomm.de, 2. Mai 2021. Online verfügbar unter: https://jobkomm.de/leiter-oder-spezialist-die-2-karrieremoeglichkeiten-innerhalb-eines-unternehmens/ (Abgerufen am 7. September 2022)

4 David Koji. An Inspiring Discussion With Simon Sinek About Learning Your ›Why‹. *Entrepreneur*. Online verfügbar unter: https://www.entrepreneur.com/living/an-inspiring-discussion-with-simon-sinek-about-learning/284791 (Abgerufen am 7. September 2022)

5 Suzanne J. Peterson, Robin Abramson, and R.K. Stutman. How to Develop Your Leadership Style. Harvard Business Review, November/December 2020. Online verfügbar unter: https://hbr.org/2020/11/how-to-develop-your-leadership-style (Abgerufen am 7. September 2022)

6 Christopher Schwarz. »Am wichtigsten ist Souveränität«. *WirtschaftsWoche*, Interview von 23. Februar 2019. Online verfügbar unter: https://www.wiwo.de/erfolg/beruf/elitenforscher-michael-hartmann-gestus-der-gelassenheit/24027930-2.html (Abgerufen am 7. September 2022)

7 Gernot Kramper. Wieso die Millennials die reichste Generation aller Zeiten werden könnten. *Stern*, 12. Dezember 2018. Online verfügbar unter: https://www.stern.de/wirtschaft/geld/wieso-die-millennials-die-reichste-generation-aller-zeiten-werden-koennten-8486918.html (Abgerufen am 7. September 2022)

8 Katharina Lehmann. *Neue Generationen auf dem Arbeitsmarkt: Zeit, dass Führung sich verändert*. Mindset Movers GmbH, 20. Juni 2022. Online verfügbar unter: https://www.mindsetmovers.de/post/neue-generationen-auf-dem-arbeitsmarkt-zeit-dass-f%C3%BChrung-sich-ver%C3%A4ndert (Abgerufen am 7. September 2022)

9 BibleGateway, 2. Mose 4, 15–17. Online verfügbar unter: https://www.biblegateway.com/passage/?search=2%20Mose%204&version=HOF (Abgerufen am 7. September 2022)

18 Knacken Sie die Insider-Codes

1 Veil Raiser. *Kapitalgesellschaftsrecht*. 6. Auflage. 2015, Seite 8

2 Guglielmo Barone, Sauro Mocetti. *What's your (sur)name? Intergenerational mobility over six centuries*. VOXeu, 17 May 2016. Online verfügbar unter: https://

voxeu.org/article/what-s-your-surname-intergenerational-mobility-over-six-centuries. (Abgerufen am 7. September 2022)
3 Petra Verhasselt. Auf einen Kaffee mit Martina Voss-Tecklenburg. *Niederrhein Edition online*, 02/2019. Online verfügbar unter: https://niederrhein-edition.de/magazin/artikeldetails/auf-einen-kaffee-mit-martina-voss-tecklenburg (Abgerufen am 7. September 2022)
4 Wolfgang Pfeifer [Leitung]. *Etymologisches Wörterbuch des Deutschen*. 2. durchgesehene und erweiterte Auflage. Deutscher Taschenbuch Verlag 1993, Stichwort »Dynastie«
5 Paul Smeets, Ashley Whillans, Rene Bekkers et al. Time Use and Happiness of Millionaires: Evidence From the Netherlands. *Social Psychological and Personality Science*. Volume 11, issue 3, pages 295–307. Online verfügbar unter: https://journals.sagepub.com/doi/full/10.1177/1948550619854751 (Abgerufen am 7. September 2022)
6 Isabell Trommer. Wider die Marktmechanismen. *Süddeutsche Zeitung*, 26. November 2020. Online verfügbar unter: https://www.sueddeutsche.de/politik/sandel-philosophie-reagan-1.5093180 (Abgerufen am 7. September 2022)
7 Daniel Binswanger. Gegen die Meritokratie. *Republik*, 6. Februar 2021. Online verfügbar unter: https://www.republik.ch/2021/02/06/gegen-die-meritokratie (Abgerufen am 7. September 2022)
8 Niro Sivanathan, Nathan C. Pettit. Protecting the self through consumption: Status goods as affirmational commodities. *Journal of Experimental Social Psychology*, Volume 46, Issue 3, 2010, Pages 564–570

19 Lassen Sie es entspannt angehen

1 Michelle Obama. *Becoming*. Goldmann 2018, Seite 340 ff.
2 Gray, B. & Kish-Gephart, J. Encountering social class differences at work: How »class work« perpetuates inequality. *Academy of Management Review*, 38, 2013, 670–699. October 2013, Seite 678 f.
3 Jane Austen. *Emma*. Penguin Books 2012 (Übersetzt durch die Autorin)
4 Friedrich Wilhelm Nietzsche. *Der Wanderer und sein Schatten*. Online verfügbar unter: https://www.projekt-gutenberg.org/nietzsch/wanderer/wande009.html (Abgerufen am 7. September 2022)
5 Assig + Echter Topmanagement Ambition, 2019. Online verfügbar unter: https://www.assigundechter.de/newsletter/2019-05-02.htm (Abgerufen am 7. September 2022)
6 Heinz Bude. Interview: Die rieselnde Angst vor dem eigenen Ungeschick. *Wirtschaftswoche*, 28. September 2014. Online verfügbar unter: https://www.wiwo.de/erfolg/trends/psychologie-die-rieselnde-angst-vor-dem-eigenen-unge schick/10708374.html (Abgerufen am 7. September 2022)
7 Alain de Botton. *StatusAngst*. Fischer 2006, Seite 319f.

20 When they go low, we go high

1 Gray, B. & Kish-Gephart, J. Encountering social class differences at work: How »class work« perpetuates inequality. *Academy of Management Review*, 38, 2013, 670–699. October 2013, Seite 673

2 Angela Göpfert. Wer nicht ins Büro kommt, fliegt raus? *Tagesschau*, 02. Juni 2022. Online verfügbar unter: https://www.tagesschau.de/wirtschaft/unternehmen/homeoffice-buero-elon-musk-work-life-balance-101.html (Abgerufen am 7. September 2022)

3 Gray, B. & Kish-Gephart, J. Encountering social class differences at work: How »class work« perpetuates inequality. *Academy of Management Review*, 38, 2013, 670–699. October 2013, Seite 678f.

4 Hardy Funk. Wie unser Rechtssystem Arme benachteiligt. *Bayern 2 Kulturjournal.* 18. März 2022. Online verfügbar unter: https://www.br.de/kultur/klassenjustiz-wie-unser-rechtssystem-arme-benachteiligt-100.html (Abgerufen am 7. September 2022)

5 Gray, B. & Kish-Gephart, J. Encountering social class differences at work: How »class work« perpetuates inequality. *Academy of Management Review*, 38, 2013, 670–699. October 2013, Seite 687.

6 Stéphane Côté, Paul Piff, Robb Willer. For Whom Do the Ends Justify the Means? Social Class and Utilitarian Moral Judgment. *Journal of Personality and Social Psychology,* 2013. Vol. 104, No. 3, 490–503, Seite 293

7 Pia Rauschenberger, Trang Thu Tran. Psychologie und Privilegien: Die unangenehme Wahrheit sozialer Ungerechtigkeit. Deutschlandfunk Kultur, *Zeitfragen*, 27. Juni 2019. Online verfügbar unter: https://www.deutschlandfunkkultur.de/psychologie-und-privilegien-die-unangenehme-wahrheit-100.html (Abgerufen am 7. September 2022)

8 Sie finden die Werte der Spitzenliga in den LinkedIn- und Twitter-Posts von Topmanagern und Spitzenpolitikern abgebildet, auf den Webseiten jedes professionell kommunizierenden Unternehmens und in zehn Grundsätzen zusammengefasst auf dem Portal Perspektive Mittelstand: Cay von Fournier. Zwischen Freiheit und Verantwortung – 10 Grundsätze wirksamer Lebensführung. *Perspektive Mittelstand*, 08. September 2006. Online verfügbar unter: https://www.perspektive-mittelstand.de/Lebensfuehrung-10-Grundsaetze-erfolgreicher-Lebensfuehrung/management-wissen/597.html (Abgerufen am 7. September 2022)

9 Heiner Thorborg. Belén Garijo: Mit Herz und Härte an die Spitze eines Dax-Konzerns. *Handelsblatt*, 31. Dezember 2020. Online verfügbar unter: https://www.handelsblatt.com/politik/deutschland/gastbeitrag-zur-aufsteigerin-des-jahres-belen-garijo-mit-herz-und-haerte-an-die-spitze-eines-dax-konzerns/26716474.html (Abgerufen am 7. September 2022)

10 annalena-baerbock.de (Abgerufen am 7. September 2022)

11 Cay von Fournier. Zwischen Freiheit und Verantwortung – 10 Grundsätze wirksamer Lebensführung. *Perspektive Mittelstand*, 08. September 2006. On-

line verfügbar unter: https://www.perspektive-mittelstand.de/Lebensfuehrung-10-Grundsaetze-erfolgreicher-Lebensfuehrung/management-wissen/597.html (Abgerufen am 7. September 2022)

12 Florian Eichel. Moral als Ware – Die Kapitalisierung der korrekten Haltung. Essaypreis *WirtschaftsWoche* 2021. Online verfügbar unter: https://www.ghst.de/fileadmin/images/02_Formulare_und_Dokumente/Essaypreis_2021/Florian_Eichel_Moral_als_Ware.pdf (Abgerufen am 7. September 2022)

21 Holen Sie den Aufstieg aus der Tabuzone raus

1 Alexander Gerst: Bundesverdienstkreuz für Raumfahre. *Tagesspiegel*, 13. Januar 2015. Online verfügbar unter: https://www.tagesspiegel.de/gesellschaft/panorama/bundesverdienstkreuz-fur-raumfahrer-3602665.html (Abgerufen am 7. September 2022)

2 Anke Stelling. *Schäfchen im Trockenen*. Btb, 2020, Seite 73

3 Hyunjin J. Koo, Paul K. Piff, Azim F. Shariff. If I Could Do It, So Can They: Among the Rich, Those With Humbler Origins are Less Sensitive to the Difficulties of the Poor. *Social Psychological and Personality Science*, June 27, 2022. Online verfügbar unter: https://journals.sagepub.com/doi/pdf/10.1177/19485506221098921 (Abgerufen am 7. September 2022)

4 Gerhard Peters and John T. Woolley. Michelle Obama. Remarks by the First Lady at a Campaign Event in Chapel Hill, North Carolina, *The American Presidency Project*, October 16, 2012. Online verfügbar unter: https://www.presidency.ucsb.edu/node/320415 (Abgerufen am 7. September 2022)

5 https://aufsteiger.org/

6 Wikipedia, https://de.wikipedia.org/wiki/Giovanni_di_Lorenzo (Abgerufen am 7. September 2022)

7 *Zeige deine Klasse* heißt der wunderbar doppeldeutige Titel von Daniela Dröschers Memoir über die Geschichte ihrer sozialen Herkunft.

8 *König Lear*, Akt IV, Szene 2

9 Alle Formulierbeispiele auf dieser Seite haben Dorothea Assig und Dorothee Echter entwickelt. Assig + Echter Topmanagement Ambition. Website: https://www.assigundechter.de/ (Abgerufen am 7. September 2022)

10 V. Pawlik. *Anzahl der Personen in Deutschland, die im Leben großen Wert auf sozialen Aufstieg legen, von 2017 bis 2021*. Statista, August 2021. Online verfügbar unter: https://de.statista.com/statistik/daten/studie/264181/umfrage/lebenseinstellung-bedeutung-von-sozialem-aufstieg/ und V. Pawlik. *Anzahl der Personen in Deutschland, die eine höhere soziale Stellung als ihre Eltern haben, von 2017 bis 2021*. Statista 20. August 2021. Online verfügbar unter: https://de.statista.com/statistik/daten/studie/1314038/umfrage/soziale-aufsteiger-in-deutschland-nach-soziooekonomischem-status/ (Abgerufen am 7. September 2022)

11 Elke Heidenreich. Die Ballade von Willy und Horst. *Süddeutsche Zeitung*, Nr. 170, 26. Juli 2022, Seite 9